聞いて覚えるコーパス英単語

キクタン
【医学部受験】

井上賢一／七沢英文 著

JN260568

アルク
www.alc.co.jp

英語の超人になる！
アルク学参シリーズ

大学合格のために必死で勉強する、これは素晴らしい経験です。しかし、単に大学に合格さえすればいいのでしょうか？ 現在の日本に必要なのは、世界中の人々とコミュニケーションを取り、国際規模で活躍できる人材です。総理大臣になってアメリカ大統領と英語で会談したり、ノーベル賞を受賞して英語で受賞スピーチを行ったり、そんなグローバルな「地球人」こそ求められているのです。アルクは、大学受験英語を超えた、地球規模で活躍できる人材育成のために、英語の学習参考書シリーズを刊行しています。

Preface
医学部受験に必須の976語と
"+α"がこの1冊にある

　一言に医学部受験と言っても、国公立と私立で合計80大学あるので、問題形式や難易度は様々ですし、出題されている長文も各大学によってテーマはばらばらです。センター試験を利用する受験方式に至っては医学系の単語はほとんど知らなくても十分に対応できます。では私立大学を含めどの程度医学・医療系の英単語（専門用語：technical terms）を覚えておけばよいのでしょうか。

　近年の激烈な医学部受験を突破するためには、センター試験対策も含め各教科で高得点を取らなければなりません。限られた時間の中で総合的な学力を付けなければならないのに、英単語ばかり勉強するわけにはいかないのが現実です。それに、単語だけ覚えれば英語の力が付くわけではありませんし、入試問題で高得点を取れるわけでもありません。というわけで、受験に最低限必要な語彙力を付けることを優先すると、まずは学部によらず一般教養レベルのオールマイティな語彙を学習することが求められます。その基盤の上に医学・医療系の語彙を乗せていくのが正攻法と言えるでしょう。

　しかし、例えば prescribe は社会科学系の英文では「（法律や規則など）を規定する」という意味で使う語ですが、医学系の英文では「（薬など）を処方する」の意味で使われます。先に後者の意味を押さえておいた方がいいでしょう。

　また、国公立も私立も単科医科大学の英語入試問題は医学・医療系の英文の出題頻度は高く、専門用語に必ずしも訳注があるとは限りません。そういった意味で、できるだけ多くの医学・医療系を優先して覚えておくことは大きな武器となるのです。

　本書では医学・医療、自然科学分野の専門的な単語から医学部入試で頻出の一般的な単語まで976語をバランスよくピックアップしました。一般的にはよく目にする単語でも専門的には意外な意味を持つ単語もあります。そのような単語については専門的な意味（語義）を優先しました。一見簡単な単語でも注意して確認してみてください。

　専門用語については表やイラストでまとめて覚えやすくしました。また、「キクタン」ならではの楽しいチャンツで発音を確認し声に出してみるなど、「耳と口で」覚えると記憶効果は劇的にアップします。

　本書で語彙力を高めていくことが、医学部合格の一助となり、さらに、進学した後にも役立つことを期待しています。

Contents

1日16語×61日間で医学部必須の976語と「+α」の知識を習得!
医学部合格へ確実な一歩を刻む!

Chapter 1 医学・医療と薬 Page 14 ▶ 66

医学・医療　動詞
医学・医療　動詞以外
薬　動詞
薬　動詞以外

Kikutan Hospital(病院各施設の名前)　Page 58 ▶ 61
Column　Page 62
Review Quiz　Page 63 ▶ 66

Chapter 2 身体と精神 Page 68 ▶ 102

身体　動詞
身体　動詞以外
精神　動詞
精神　動詞以外

Human Body(人体)　Page 92 ▶ 97
Column　Page 98
Review Quiz　Page 99 ▶ 102

Chapter 3 病気・症状 Page 104 ▶ 138

病気・症状　動詞
病気・症状　動詞以外

Common Ailments(家庭の医学)　Page 132 ▶ 133
Column　Page 134
Review Quiz　Page 135 ▶ 138

Preface　Page 3
本書の4大特長　Page 6 ▶ 7
本書の構成と活用法　Page 8 ▶ 11
発音記号の読み方　Page 12
Index　Page 312 ▶ 325

Chapter 4　生物　Page 140 ▶ 170

生物　動詞
生物　動詞以外

Cycle of Life（人の一生）　Page 164 ▶ 165
Column　Page 166
Review Quiz　Page 167 ▶ 170

Chapter 5　科学・化学と環境　Page 172 ▶ 204

科学・化学　動詞
科学・化学　動詞以外
環境　動詞
環境　動詞以外

List of Elements（元素名・記号リスト）　Page 196 ▶ 198
5 nutrients（5大栄養素）　Page 199
Column　Page 200
Review Quiz　Page 201 ▶ 204

Chapter 6　医学部受験必須単語　Page 206 ▶ 305

医学部受験必須単語　動詞
医学部受験必須単語　動詞以外

Column　Page 306
Review Quiz　Page 307 ▶ 310

だから「ゼッタイに覚えられる」!
本書の4大特長

1
医科大、医学部の過去問を徹底分析!

だから

試験に出る!
受かる!

「キクタン」シリーズの大前提は「試験に出る」単語が載っていること。本書『キクタン 医学部受験』もその姿勢を貫き、医科大・医学部の英語入試過去問題を徹底分析。試験に絶対に「出る」単語だけをピックアップしました。また、見出し語が「実際の長文問題でどのように使われているか」を調査し、「例文」や「フレーズ」を抽出もしくは作成しました。この1冊で「出る単語」の「出る使われ方」がバッチリ覚えられます。

2
単語だけじゃない、「+α」が充実

だから

医学部受験長文の読解に役立つ知識を身に付けられる!

医学部受験で有利になる条件として、長文問題などに登場するトピックの「周辺情報」をいかに多く蓄えているかということが挙げられます。そこで、本書では「まとめ」のページを豊富に用意。イラストや表で特定の分野の単語を視覚的にまとめて覚えられるようにしました。また専門的な単語に関しては解説を付記。医学部受験に立ち向かうときに大きな武器となる「+α」の知識が身に付きます。

『キクタン 医学部受験』では、全国医学部の過去問題データと、医学部受験専門予備校のノウハウを基に収録語彙、例文・フレーズを厳選しました。「出る」英単語集としての役割はもちろんのこと、「医学部合格のために何が必要か」にこだわって作られた新しいタイプの「キクタン」です。ここでは、そんな本書のこだわりを「4つの特長」としてご紹介いたします。

3
「耳」と「目」を
フル活用して覚える!

だから

「聞く単(キクタン)」!
しっかり身に付く!

「読む」だけでは、言葉は決して身に付きません。私たちが日本語を習得できたのは、赤ちゃんのころから日本語を繰り返し「聞いてきた」から――「キクタン」シリーズは、この「当たり前のこと」にこだわり抜いています。本書でも、音楽のリズムに乗りながら楽しく語彙の学習ができる「チャンツCD」を2枚用意。「耳」と「目」から同時に語彙をインプットしていきますので、「覚えられない」不安を一発解消。ラクラク暗記ができ、さらに、読解力と聴解力をダブルアップすることができます!

4
1日16語×61日間の
スケジュール学習!
とお好みの学習モード

だから

ムリなく着実に
マスターできる!

「継続は力なり」、とは分かっていても、続けるのは大変なことです。では、なぜ「大変」なのか? それは、覚えきれないほどの量の単語をムリに詰め込もうとするからです。本書では、「ゼッタイに覚える」ことを前提に、1日の学習語彙量を16語にあえて抑えています。さらに、約9週間、計61日の「スケジュール学習」ですので、ペースをつかみながら、効率的・効果的に語彙を身に付けていくことができます。「Listen」モードと「Listen & Check」モードの2種類の学習モードを用意。自分のレベルやペースに合わせて学習分量を調整することができます。

学習する前に必ず読もう!
本書の構成と活用法

Day 1　医学・医療 1 (動詞)

Listen ◉ CD-A1

❶ → Listen ◉ CD-A1

❷ → □ 001 diagnose [dáiəgnòus]
▶ 励 (病気・疾患) を (〜であると) 診断する (as ...)、(人) を (〜と) 診断する (as [with] ...)、(原因) を突き止める
▶ ❶ diagnosis: 診断

❸ ❹

□ 002 control [kəntróul]
▶ 励 〜を抑制する、制御する、〜を防ぐ、〜を照らして確かめる
▶ ❶ (病気の) 抑制、支配、制御
▶ ❶ CDC [Centers for Disease Control and Prevention]: アメリカ疾病予防管理センター

□ 003 dissect [disékt]
▶ 励 (人体・動植物) を解剖する、切開する、〜を詳細に分析 [調査] する、〜を分解する
▶ ❶ dissection: 解剖
▶ ❶ anatomy: 解剖学

□ 004 induce [indjúːs]
▶ 励 〜を誘発する、(分娩・陣痛など) を促す、早める、〜を (〜する) 気にさせる (to do)、〜を引き起こす
▶ ❶ inducer: 誘発促進剤
▶ ❶ induced pluripotent stem cell: iPS細胞 [人工多能性幹細胞]

□ 005 prevent [privént]
▶ 励 〜を予防する、妨げる、防ぐ
▶ ❶ prevention: 予防
▶ ❶ preventive: 予防の、予防する

□ 006 rehabilitate [rìːhəbílətèit]
▶ 励 〜にリハビリを施す、〜を社会復帰させる
▶ ❶ rehabilitation: リハビリテーション、社会復帰、再建

□ 007 screen [skríːn]
▶ 励 (病気になっていないか) (人) を調べる、〜をふるいにかける、〜を保護する、❶ 画面、スクリーン
▶ ❶ screening: 審査、ふるい分け、選ぶこと

□ 008 alleviate [əlíːvièit]
▶ 励 (苦痛・困難など) を軽減する、緩和する、楽にする
▶ ❶ palliative care: 緩和医療

continued

❺ Check
□ Doctors diagnose cases of patients or by labori tests. (医師は患者の徴候を見 ることによって症状を診断する)
□ Stress management is that can be used to help レス管理とは、ストレスの度合い 集約させるためのである) [埼玉医]
□ They dissected all kind struction and their your らの構造と構造的関係を知るため
□ This medication helps known to induce headac ことが知られている)
□ Throughout history scie out success, for a reliab it has settled in. (歴史を通 かってしまった風邪を治療する確実
□ The therapist believed full movement to her ar 取り戻すことができると信じていた
□ Patients giving blood ferent diseases. (採血を行
□ The surgery's premise ate that pain. (手術の前提条 和する)

---

❶ CDトラック
該当のCDトラックを呼び出して、[英語→日本語→英語→ポーズ]の順に収録されている「チャンツ」で見出し語の発音とその意味をチェックしましょう。

❷ 見出し語
1ページに8語が発音記号とともに掲載されています。1日の学習語彙は16語です。「チャンツ」では上から順に語が登場します。最初の8つの見出し語と定義が流れたら、ページをめくって次の8語に進みましょう。

❸ 語義
見出し語の意味です。医学部の入試問題で頻出する意味を第一義としています。

❹ 派生語・関連語・解説
見出し語から派生した語や関連する語、複数形や同義語、類義語、対義語、見出し語に関する解説などを掲載しています。

❺ 例文とフレーズ
見出し語を含む例文、もしくはフレーズを掲載しています。基本的に動詞では例文、動詞以外ではフレーズを紹介しています。例文、フレーズともに医学部の入試問題でよく使われる形で掲載しています。なお、必ず覚えてほしいフレーズが入っている欄は強調されています (欄の下地が斜線になっています)。また、例文とフレーズにおいても特筆すべきものに関しては解説を掲載しています。

❻ 学習チェック
「Listen」モード、「Listen & Check」モードで学習するたびにチェックをつけましょう。5回ずつ繰り返せば必ず単語はモノになります。(→学習モードに関してはP. 11参照)

❼ チェックシート
本書に付属のチェックシートは、復習に活用してください。左ページでは見出し語の定義が身についているか、右ページでは訳を参照しながら、チェックシートで隠されている語がすぐに浮かんでくるかを確認しましょう。

⑧ Quick Review

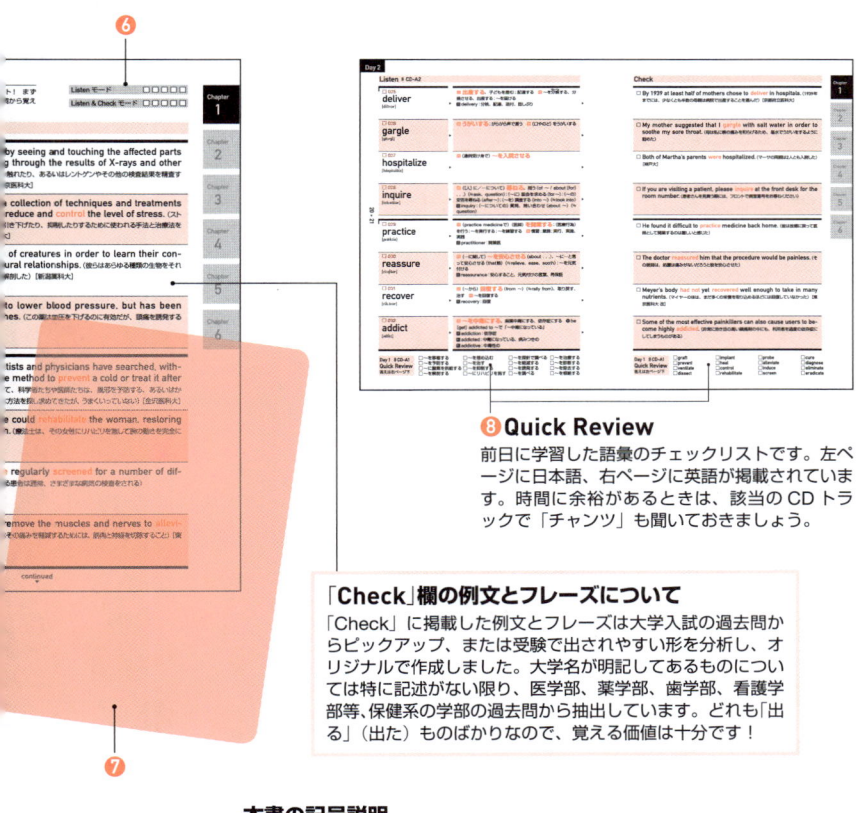

前日に学習した語彙のチェックリストです。左ページに日本語、右ページに英語が掲載されています。時間に余裕があるときは、該当のCDトラックで「チャンツ」も聞いておきましょう。

「Check」欄の例文とフレーズについて

「Check」に掲載した例文とフレーズは大学入試の過去問からピックアップ、または受験で出されやすい形を分析し、オリジナルで作成しました。大学名が明記してあるものについては特に記述がない限り、医学部、薬学部、歯学部、看護学部等、保健系の学部の過去問から抽出しています。どれも「出る」（出た）ものばかりなので、覚える価値は十分です！

本書の記号説明

CD-A1：「CD-Aのトラック1を呼び出してください」という意味です。
❶：発音やアクセント、複数形や多義など注意すべき単語についています。
≒：同意語、または類義語を表します。
⇔：対義語を表します。
自 他 名 形 副 接 前：順に、自動詞、他動詞、名詞、形容詞、副詞、接続詞、前置詞を表します。
➕：補足説明を表します。
関：関連語を表します。
見出し語の定義中の（　）：補足説明を表します。
見出し語の定義中の［　］：言い換えを表します。

まとめページ

Chapte1〜5では日々の語彙学習部分が終わったところで「まとめ」ページを用意しています。視覚的に学ぶと覚えやすい単語に関して、イラストや表でまとめています。中には見出し語として掲載されていない単語も登場しますので、チェックしておきましょう。

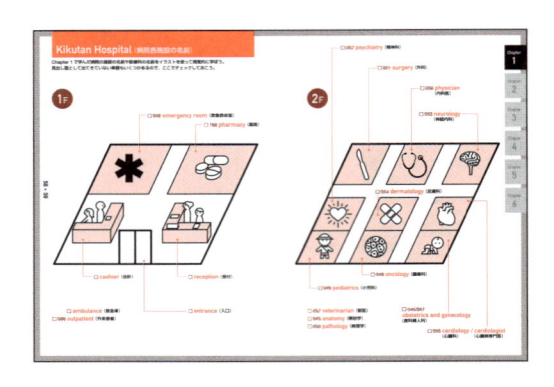

Column

医学部受験に役立つコラムです。これを読んで、単語学習に関する知識を深めたり、受験に対する心構えを習得したりしましょう。

Review Quiz

Chapterで学んだ単語を復習する穴埋めテストです。表面に問題、裏面に解答解説が掲載されています。単語をどれだけ覚えているのか、また、どのような問われ方をしても答えられるかを確認しましょう。

> CDを有効活用した

2つの学習モード

> 忙しいキミに!

1. Listenモード

該当のCDトラックで「チャンツ」を聞き、見出し語の定義を学習しましょう。収録内容は、「英語→日本語→英語→ポーズ」。ポーズの間に単語を発音したり、定義を確認したりすれば、より定着力がアップします。音声は2回繰り返してもたったの3分! スキマ時間を有効活用して、こつこつ語彙力を付けていくことができます。学習が終わったらページ右上の「Listenモード」のチェックボックスにチェックをしましょう。

学習時間の目安:1日1分半

> 「じっくり派」のキミに!

2. Listen & Checkモード

見出し語と定義を「チャンツ」で確認し、その後、例文やフレーズをしっかりチェックします。単語は使われ方が重要です。本書の例文とフレーズは医学部の入試問題で実際に出た、または出やすいものばかりです。長文問題でそのフレーズや例文が出た時のことを想像しながらチェックしましょう。余裕がある場合は例文やフレーズを音読しましょう。そうすれば単語の定着度もさらにアップします。読み方が分からない単語があれば、辞書でチェックしましょう。発音記号については、p. 12を参照しましょう。学習が終わったらページ右上の「Listen & Checkモード」のチェックボックスにチェックをしましょう。

学習時間の目安:1日10〜15分

CD取り扱いのご注意

●弊社制作の音声CDは、CDプレーヤーでの再生を保証する規格品です。
●パソコンでご使用になる場合、CD-ROMドライブとの相性により、ディスクを再生できない場合がございます。ご了承ください。
●パソコンでタイトル・トラック情報を表示させたい場合は、iTunesをご利用ください。iTunesでは、弊社がCDのタイトル・トラック情報を登録しているGracenote社のCDDB(データベース)からインターネットを介してトラック情報を取得することができます。
●CDとして正常に音声が再生できるディスクからパソコンやmp3プレーヤー等への取り込み時にトラブルが生じた際は、まず、そのアプリケーション(ソフト)、プレーヤーの製作元へご相談ください。

知っておくと学習効率がアップ!
発音記号の読み方

ここでは、語彙学習を進めるにあたり知っておくと便利な、基本的な母音と子音の発音記号を説明しています。発音記号の読み方が分からない人は、ぜひ参考にしてください。

母音

発音記号	基本的な発音方法	発音を含む単語の例
[ə]	口を狭く開け、舌の力を緩めて「ア」と「ウ」の中間のような音をあいまいに発音する	again [əgéin]
[ʌ]	口を半開きにして、短くはっきりと喉の奥の方で「アッ」と言う	uncle [ʌ́ŋkl]
[ɑ]	口を大きく開け、喉の奥の方から「ア」と発音する	hot [hɑ́t]
[u]	唇を丸めて突き出しながら、日本語の「オ」を言うつもりで軽く「ウ」を発音する	book [búk]
[e]	日本語の「エ」に近い発音。「エ」よりもやや口を横に開き気味にする	egg [ég]
[æ]	唇を左右に引っ張り、「エ」と「ア」を続けて「ェアー」のように発音する	apple [ǽpl]
[i]	日本語の「イ」と「エ」の中間の音。「エ」を言う口の形で軽く「イ」と発音する	lip [líp]
[i:][u:][ɑ:]	[i][u][ɑ]などの母音の後ろに [ː] が付いている場合は、その音を伸ばして発音する	eat [íːt]

子音

発音記号	基本的な発音方法	発音を含む単語の例
[f] [v]	[f]は下唇の内側に上の歯を軽くあて、隙間から空気を出すように「フー」と発音する。[v]は下唇の内側に上の歯を軽くあて、「ブー」と摩擦させるように発音する	free [fríː] verbal [vɝ́ːrbəl]
[w]	唇を丸めて突き出し、それを緩めるようにして「ウ」と発音する	wood [wúd]
[r]	唇を丸め、舌先を後ろに反らしながら「ウ」のように発音する。舌先が反り過ぎないように注意	rock [rɑ́k]
[s]	日本語の「ス」に似た音。歯を軽く噛み合わせ、歯の間から息を出し「スー」と発音する	speak [spíːk]
[z]	歯を軽く噛み合わせ、舌先に力を入れず、破裂させないように「ズー」と発音する	zoo [zúː]
[θ] [ð]	歯と歯の間に舌先を軽くあて、息を吐きながら摩擦させ、[θ]は非常に弱く「スー」と発音する。[ð]は「ズー」と発音する	thought [θɔ́ːt] these [ðíːz]
[n]	舌先を口の上部にあてて、音を鼻から抜くようにして「ヌー」と発音する	noon [núːn]
[ŋ]	鼻から息を抜き、「ング」のように発音する。ただし「グ」はほとんど発音せず、「ン」に近い音になるように意識する	long [lɔ́ːŋ]
[ʃ]	日本語の「シ」に似た発音。唇を丸めて「シ」と発音する	sheep [ʃíːp]
[ʒ]	唇を丸めるようにして、「ジ」と発音する	leisure [líːʒɚ]
[tʃ]	唇を少し丸め、舌先を口の上部につけて力を入れて「チッ」と発音する	check [tʃék]
[dʒ]	唇を少し丸め、舌先を口の上部につけて破裂させ、「ヂッ」と発音する	genius [dʒíːnjəs]

Chapter 1
医学・医療と薬

さあ、いよいよ医学部受験用単語学習のスタートです！ このチャプターでは、医学・医療に関する単語と、薬に関する単語を学んでいきます。軽快なリズムに乗って楽しく学んでいきましょう！

Day 1〜3前半
医学・医療 動詞
Page 14 ▶ 23

Day 3後半〜10前半
医学・医療 動詞以外
Page 24 ▶ 51

Day 10後半
薬 動詞
Page 52 ▶ 53

Day 11
薬 動詞以外
Page 54 ▶ 57

Kikutan Hospital
（病院各施設の名前）
Page 58 ▶ 61

Column
Page 62

Review Quiz
Page 63 ▶ 66

Day 1 医学・医療 1 (動詞)

Listen))) CD-A1

□ 001 diagnose [dáiəgnòus]
他 (病気・疾患) を (…であると) **診断する** (as ...);(人) を (…と) 診断する (as [with] ...);(原因) を突き止める
名 diagnosis : 診断

□ 002 control [kəntróul]
他 **〜を抑制する**、制御する;〜を防ぐ;〜を照合して確かめる 名 (病気の) 抑制;支配;制御
関 CDC (Centers for Disease Control and Prevention) : アメリカ疾病予防管理センター

□ 003 dissect [disékt]
他 (人体・動植物) **を解剖する**、切断する;〜を詳細に分析 [調査] する 自 解剖する
名 dissection : 解剖
関 名 anatomy : 解剖学

□ 004 induce [indjú:s]
他 **〜を誘発する**;(分娩・陣痛など) を促す、早める;〜を (…する) 気にさせる (to do);〜を引き起こす
名 inducer : 陣痛促進剤
関 induced pluripotent stem cell : iPS細胞 (人工 [誘導] 多能性幹細胞)

□ 005 prevent [privént]
他 **〜を予防する**、妨げる、防ぐ
名 prevention : 予防
形 preventive : 予防の、予防する

□ 006 rehabilitate [rì:həbílətèit]
他 **〜にリハビリを施す**;〜を社会復帰させる
名 rehabilitation : リハビリテーション、社会復帰、再建

□ 007 screen [skrí:n]
他 (病気になっていないか) (人) **を調べる**;〜をふるいにかける;〜を保護する 名 画面、スクリーン
名 screening : 審査;ふるい分け;覆うこと

□ 008 alleviate [əlí:vièit]
他 (苦痛・困難など) **を軽減する**、緩和する、楽にする
関 palliative care : 緩和医療

continued

さあ、いよいよスタート！ まずは医学や医療関係の動詞から覚えていこう！

Listen モード ☐☐☐☐☐
Listen & Check モード ☐☐☐☐☐

Check

☐ Doctors **diagnose** cases by seeing and touching the affected parts of patients or by laboring through the results of X-rays and other tests. (医師は患者の患部を見たり触れたり、あるいはレントゲンやその他の検査結果を精査することによって症状を診断する)［東京医科大］

☐ Stress management is a collection of techniques and treatments that can be used to help reduce and **control** the level of stress. (ストレス管理とは、ストレスの度合いを引き下げたり、抑制したりするために使われる手法と治療法を集約させたものである)［埼玉医科大］

☐ They **dissected** all kinds of creatures in order to learn their construction and their structural relationships. (彼らはあらゆる種類の生物をそれらの構成と構造的関係を知るために解剖した)［新潟薬科大］

☐ This medication helps to lower blood pressure, but has been known to **induce** headaches. (この薬は血圧を下げるのに有効だが、頭痛を誘発することが知られている)

☐ Throughout history scientists and physicians have searched, without success, for a reliable method to **prevent** a cold or treat it after it has settled in. (歴史を通じて、科学者たちや医師たちは、風邪を予防する、あるいはかかってしまった風邪を治療する確実な方法を探し求めてきたが、うまくいっていない)［金沢医科大］

☐ The therapist believed he could **rehabilitate** the woman, restoring full movement to her arm. (療法士は、その女性にリハビリを施して腕の動きを完全に取り戻すことができると信じていた)

☐ Patients giving blood **are** regularly **screened** for a number of different diseases. (採血を受ける患者は通常、さまざまな病気の検査をされる)

☐ The surgery's premise: remove the muscles and nerves to **alleviate** that pain. (手術の前提条件：その痛みを軽減するためには、筋肉と神経を切除すること)［東邦大］

continued
▼

Day 1

Listen))) CD-A1

□ 009
cure
[kjúər]

他 (人の)(病気など)**を治療する**、和らげる (of 〜)、治す、癒やす 名 治療、薬、治癒方法
派 curable：治癒できる (⇔incurable [不治の])
派 curative：治癒の、治癒的

□ 010
eliminate
[ilímənèit]

他 **〜を(…から)除去する**、駆逐する、削除する (from ...)；〜を脱落させる、失格させる；〜を抹殺する、殺す (≒kill)

□ 011
eradicate
[irǽdəkèit]

他 **〜を根絶[撲滅]する** (≒get rid of 〜)；(敵) を全滅させる (≒destroy)；(汚れ・染みなど) を消す

□ 012
ventilate
[véntəlèit]

他 **〜に酸素を供給する**；〜に空気[風]を通す、(部屋など)を換気する
名 ventilation：換気

□ 013
graft
[grǽft]

他 **〜を移植する**；〜を接ぎ木する 名 移植(片)；接ぎ木；不正利得
関 名 implant：移植、埋め込み、インプラント

□ 014
heal
[híːl]

他 (傷・人など)**を治す** (≒cure、treat)；(悲しみ・悩みなど)を癒やす 自 (傷などが) 癒える、治る

□ 015
implant
[implǽnt]

他 (人工臓器など)**を埋め込む**、(臓器・皮膚など)を移植する (≒graft)；(思想など) を (人・心に) 植え付ける、教え込む (in [into] ...) 名 埋め込み、インプラント、移植 [ímplænt]

□ 016
probe
[próub]

他 (傷など)**を探針で調べる**[探る]；〜を徹底的に調査する (≒investigate、examine)；(〜を) 精密に調査する (into 〜)

Check

- [ ] It was CDC that found out the new treatment to cure Meyer's illness. (マイヤーの病気を治す新しい治療法を見つけたのはCDC[アメリカ疾病予防管理センター]だった)［東京医科大］

- [ ] The Helicobacter is eliminated from the stomach with the help of antibiotics. (抗生物質のおかげでヘリコバクター［菌］が胃から除去される)［石川県立大生物資源環境］

- [ ] If we wish to eradicate the disease completely we will have to have a global vaccination program. (もし私たちがその病気の完全な根絶を願うなら、世界的なワクチン接種計画を用意する必要がある)

- [ ] The paramedics had already ventilated the crash victim when he arrived at the hospital. (事故の被害者が病院に到着したとき、救急医療隊員はすでに彼に酸素供給［人工呼吸］を施していた)
  ⊕ paramedic：救急医療隊員

- [ ] A healthy strip of the patient's own skin was grafted over the burned area on his leg. (患者本人の健康な皮膚片が、火傷を負った彼の脚部に移植された)

- [ ] Music may have the power to soothe the mind, but there is no evidence that it heals the body. (音楽は心を落ち着かせる力を持っているかもしれないが、それが身体を治癒するという証拠はない)［獨協医科大］

- [ ] Pacemakers are usually implanted under the skin of the patient's upper chest. (ペースメーカーは通常、患者の上胸部の皮下に埋め込まれている)

- [ ] A spinal surgeon may try to locate the source of pain by probing different regions of the spine. (脊椎外科医は、脊椎の別の部位を探針で調べることで痛みの原因を特定することもある)

Day 2

医学・医療 2（動詞）

Listen 》CD-A2

□ 017
relieve
[rilíːv]

- 他（苦痛など）**を和らげる**；(人から) (〜を) 取り除く (of 〜)；(人) を安心させる
- 名 relief：安心；除去、軽減；息抜き
- 関 cure 人 of 病気：人の病気を治す
- 関 clear A of B：AからBをきれいに取り除く

□ 018
soothe
[súːð]

- 他（痛み）**を緩和する**（≒ease）、和らげる、落ち着かせる、静める；(神経・感情) を鎮静させる

□ 019
subdue
[səbdjúː]

- 他（痛み、炎症、感情など）**を抑える**、抑制する（≒control）；(反乱・暴徒など) を鎮圧する、制圧する；(人・敵) を圧倒する；(国・敵など) を征服する（≒conquer）

□ 020
nourish
[nə́ːriʃ]

- 他 **〜に滋養物を与える**：〜を (食物・滋養物を与えて) 養う、育てる（≒grow、bring up 〜、raise、rear、foster、breed）；(感情・希望) を強める、育成する
- 関 形 malnourished：栄養失調の

□ 021
treat
[tríːt]

- 他（病人・病気・けが）**を** (…で)**治療する** (with . . .)；〜を (…と) 見なす (as . . .)；〜に (…を) おごる (to . . .)
- 名 treatment：治療、治療法（≒remedy）

□ 022
revive
[riváiv]

- 他 **〜を生き返らせる**（≒rebirth、bring 〜 [back] to life）、(意識など) を回復させる；〜を復活 [復興、再流行] させる
- 自 生き返る、意識を回復する
- 名 revival：復活、回復、再生

□ 023
perform
[pərfɔ́ːrm]

- 他（手術など）**を施す**；〜を実行する　自 結果を出す

□ 024
conceive
[kənsíːv]

- 他 **〜を妊娠する**；〜を想像する；(計画など) を考え出す
- 自 (〜を) 想像する（≒imagine）、思いつく（≒think）(of 〜)
- 名 conception：受胎、妊娠
- 形 conceivable：想像できる、考えられる

continued
▼

知っている単語でも、医学・医療系の文脈では独自の意味で使われるケースが多いので油断は禁物！

Listen モード ☐☐☐☐☐
Listen & Check モード ☐☐☐☐☐

Chapter 1

Check

- ☐ If you have a headache, take one of these tablets to relieve the pain.（頭痛がしているなら、痛みを和らげるこの錠剤を1錠飲みなさい）［岩手医科大］

- ☐ These results demonstrate that adenosine acts on a biochemical messenger that helps soothe pain during acupuncture, says Nedergaard.（これらの結果は、アデノシンが鍼治療中の痛みを和らげる生化学的伝達物質に作用することを立証するものだとニーダーガードは述べている）［信州大］

- ☐ Her doctor had to increase her medication in order to subdue the headaches.（彼女の頭痛を抑えるために、医師は投薬量を増やさなければならなかった）

- ☐ The sharing of food nourishes our spiritual sense of community.（食べ物を分け合うことは、私たちの精神的な連帯感の栄養となるのです）［聖マリアンナ医科大］

- ☐ She belongs to the first group of childhood-cancer survivors to benefit from several decades' worth of research in treating cancer in the young.（彼女は、数十年に及ぶ若年層のがん治療研究の恩恵にあずかった小児がんの克服者の最初のグループに属している）［金沢医科大］

- ☐ A recent study found that more patients survived if medical staff spent longer trying to revive them.（最近の研究によると、医療スタッフが蘇生にもっと時間をかければ、より多くの患者が生き延びるということが分かった）

- ☐ In some hospitals, poor communication becomes so common that the wrong operations are performed.（コミュニケーション不足が日常化しているせいで、誤った手術が行われてしまう病院もある）［産業医科大］

- ☐ The couple soon realized that the baby had been conceived during their honeymoon.（新婚旅行中に子どもを授かっていたことに、その夫婦はすぐに気付いた）

continued
▼

Day 2

Listen)) CD-A2

□ 025 deliver [dilívər]
⟶ 圓 **出産する**、子どもを産む；配達する 他 〜を分娩(ぶんべん)する、分娩させる、出産する；〜を届ける
⟶ 图 delivery：分娩；配達、送付；話しぶり

□ 026 gargle [gá:rgl]
⟶ 圓 **うがいする**：がらがら声で言う 他 (口やのど)をうがいする

□ 027 hospitalize [háspitəlàiz]
⟶ 他 (通例受け身で)**〜を入院させる**

□ 028 inquire [inkwáiər]
⟶ 圓 ([人]に／…について)**尋ねる**、問う (of 〜 / about [for]...) (≒ask, question)；(〜に)面会を求める (for〜)；(〜の)安否を尋ねる (after〜)；(〜を)調査する (into 〜) (≒look into 〜)
⟶ 图 inquiry：(〜についての)質問、問い合わせ (about 〜) (≒question)

□ 029 practice [præktis]
⟶ 他 (practice medicineで)(医師)**を開業する**；(医療行為)を行う；〜を実行する；〜を練習する 图 慣習；業務；実行、実施、実践
⟶ 图 practitioner：開業医

□ 030 reassure [rì:əʃúər]
⟶ 他 (…に関して)**〜を安心させる** (about ...)、〜に…と言って安心させる (that節) (≒relieve, ease, soothe)；〜を元気付ける
⟶ 图 reassurance：安心すること、元気付けの言葉、再保証

□ 031 recover [rikʌ́vər]
⟶ 圓 (〜から)**回復する** (from 〜) (≒rally from 〜)、取り戻す、治す 他 〜を回復する
⟶ 图 recovery：回復

□ 032 addict [ədíkt]
⟶ 他 **〜を中毒にする**、麻薬中毒にする、依存症にする ⊕ be [get] addicted to 〜で「〜中毒になっている」
⟶ 图 addiction：依存症
⟶ 形 addicted：中毒になっている、病みつきの
⟶ 形 addictive：中毒性の

Day 1)) CD-A1
Quick Review
答えは右ページ下

□ 〜を移植する
□ 〜を予防する
□ 〜に酸素を供給する
□ 〜を解剖する
□ 〜を埋め込む
□ 〜を治す
□ 〜を抑制する
□ 〜にリハビリを施す
□ 〜を探針で調べる
□ 〜を軽減する
□ 〜を誘発する
□ 〜を調べる
□ 〜を治療する
□ 〜を診断する
□ 〜を除去する
□ 〜を根絶する

Check

- [ ] By 1939 at least half of mothers chose to deliver in hospitals. (1939年までには、少なくとも半数の母親は病院で出産することを選んだ)［京都府立医科大］

- [ ] My mother suggested that I gargle with salt water in order to soothe my sore throat. (母は私に喉の痛みを和らげるため、塩水でうがいをするように勧めた)

- [ ] Both of Martha's parents were hospitalized. (マーサの両親は2人とも入院した)［神戸大］

- [ ] If you are visiting a patient, please inquire at the front desk for the room number. (患者さんを見舞う際には、フロントで病室番号をお尋ねください)

- [ ] He found it difficult to practice medicine back home. (彼は故郷に戻って医師として開業するのは難しいと感じた)

- [ ] The doctor reassured him that the procedure would be painless. (その医師は、処置は痛みがないだろうと彼を安心させた)

- [ ] Meyer's body had not yet recovered well enough to take in many nutrients. (マイヤーの体は、まだ多くの栄養を取り込めるほどには回復していなかった)［東京医科大 改］

- [ ] Some of the most effective painkillers can also cause users to become highly addicted. (非常に効き目の高い鎮痛剤の中にも、利用者を過度の依存症にしてしまうものがある)

Day 1))) CD-A1
Quick Review
答えは左ページ下

- [ ] graft
- [ ] prevent
- [ ] ventilate
- [ ] dissect
- [ ] implant
- [ ] heal
- [ ] control
- [ ] rehabilitate
- [ ] probe
- [ ] alleviate
- [ ] induce
- [ ] screen
- [ ] cure
- [ ] diagnose
- [ ] eliminate
- [ ] eradicate

Chapter 1
Chapter 2
Chapter 3
Chapter 4
Chapter 5
Chapter 6

Day 3 医学・医療 3 (動詞〜動詞以外)

Listen CD-A3

□ 033
stimulate
[stímjulèit]

他 **〜を刺激する** (≒provoke、prompt、incite);〜を励ます、鼓舞する
- 名 stimulant:刺激物
- 名 stimulus:刺激(複数形 stimuli)

□ 034
discharge
[distʃáːrdʒ]

他 **〜を**(…から)**退院させる** (from ...);〜を(…から)除隊させる (from ...);(義務などから)(人)を解放する、免除する (from ...);〜を放出[排出]する (≒let out);〜を発射する 自 放電する

□ 035
detect
[ditékt]

他 (病気・悪事など)**を検出する**;〜を見つける;〜が…しているのを発見する (-ing)

□ 036
deform
[difɔ́ːrm]

他 **〜を変形させる**、奇形にする 自 変形する
- 名 deformity:奇形 (≒malformation)

□ 037
intoxicate
[intáksikèit]

他 (人)**を酔わせる** (≒fuddle)、(人)を中毒にする;〜に毒を入れる

□ 038
paralyze
[pǽrəlàiz]

他 (体の一部)**をまひさせる**、しびれさせる (≒numb);〜を無(気)力にする;(都市機能など)を停滞[まひ]させる
- 名 paralysis:まひ(症)
- 形 名 stupor:無感覚状態、知覚まひ、昏迷

□ 039
suffer
[sʌ́fər]

自 (病気などを)**病む**、(〜に)苦しむ (from 〜) 他 (苦痛など)を経験する;(損害など)を被る
- 名 sufferer:患者 (≒patient、case、subject)

□ 040
transmit
[trænzmít]

他 (病気など)**を伝染させる**;(信号など)を送信する、放送する;電波で送信する;〜を送る (≒send);(熱・光など)を伝導する
- 名 transmission:伝染;送信;放送;伝達

continued
▼

今日は最初の8語までが動詞。後半からは動詞以外の単語に切り替わるので注意してね！

Listen モード ☐☐☐☐☐
Listen & Check モード ☐☐☐☐☐

Chapter 1

Check

- ☐ The needle stimulates pain-sensing nerves. (針が痛みを感じる神経を刺激する) [信州大 改]

- ☐ The doctor discharged him from the hospital but told him to return if his condition worsened again. (医師は彼を退院させたが、また具合が悪くなったら来院するようにと告げた)

- ☐ Women on hormone therapy tend to be more closely monitored; their cancers are likely to be detected earlier. (ホルモン療法を受けている女性は、より慎重に観察されていることが多く、結果としてがんが早期に発見されやすい) [福井大 改]

- ☐ A birth defect had deformed the child's legs, leaving her unable to walk. (その子どもは出生異常で脚が変形し、歩けなくなった)

- ☐ Even a single drink can intoxicate an adult enough to slow down his or her reflexes. (1杯の酒でも、成人を酔わせて反射神経を鈍らせることがある)

- ☐ The injury to the patient's spine paralyzed him from the waist down. (その患者は、脊椎の損傷によって腰から下がまひした)

- ☐ My son was suffering from high fever, so I asked my family doctor for advice. (息子が高熱に苦しんでいたので、私はかかりつけの医師に助言を求めました) [昭和大]

- ☐ The bird form of malaria cannot be transmitted to humans. (鳥のマラリアは人間には伝染しない) [横浜市立大]

continued
▼

Day 3

Listen 》CD-A3

□ 041
ward
[wɔ́:rd]
> 名 **病棟**、(大部屋の)病室；(郡や市の)行政区　他 ～を病室に収容する
> 関 名 round：回診

□ 042
emergency room
[imə́:rdʒənsi rù:m]
> 名 **救急救命室**　⊕ 略して ER

□ 043
maternity
[mətə́:rnəti]
> 名 **産科病院**；母性　形 妊婦の(ための)；妊娠(期間)の

□ 044
institute
[ínstətjù:t]
> 名 (文脈によって)**病院**；研究機関、学会；(理工系の)大学
> 名 institution：制度；機関；施設；団体
> 形 institutional：制度(上)の；制度化した；協会[学会、公共機関]の

□ 045
anatomy
[ənǽtəmi]
> 名 **解剖学**；解剖；(人体・動植物の)解剖学的構造[組織]
> 名 anatomist：解剖学者

□ 046
gynecology
[gàinikάlədʒi]
> 名 **婦人科学**、婦人科
> 名 gynecologist：婦人科医

□ 047
obstetrics
[əbstétriks]
> 名 **産科学**　⊕ 単数扱い
> 名 obstetrician：産科医

□ 048
oncology
[aŋkάlədʒi]
> 名 **腫瘍学**
> 名 oncologist：腫瘍学者、がん専門医
> 関 名 tumor：腫瘍

Day 2 》CD-A2
Quick Review
答えは右ページ下

□ 回復する　□ ～を治療する　□ ～を施す　□ 出産する
□ ～を中毒にする　□ ～を和らげる　□ ～を抑える　□ ～を妊娠する
□ ～に滋養物を与える　□ 尋ねる　□ うがいする　□ ～を安心させる
□ ～を生き返らせる　□ ～を入院させる　□ ～を開業する　□ ～を緩和する

Check

- **general ward**（一般病棟）
- **surgical ward**（外科病棟）

- **be rushed to emergency room**（救急救命室に急送される）
- **an emergency room doctor**（救急救命室の医師）

- **maternity hospital**（産科病院）
- **a maternity nurse**（産科看護師）
- **maternity leave**（産休、産前産後の休暇）

- **confine someone in an institute**（[人]を病院[施設]に監禁する）
- **the National Institutes of Health**（[米国]国立衛生研究所）

- **dental anatomy**（歯科解剖学）
- **microscopic anatomy**（顕微解剖学）

- **obstetrics and gynecology department**（産婦人科）

- **obstetrics and gynecology**（産科学および婦人科学）

- **oncology department**（がん科）

Chapter 1
Chapter 2
Chapter 3
Chapter 4
Chapter 5
Chapter 6

Day 2 ») CD-A2
Quick Review
答えは左ページ下

- [ ] recover
- [ ] addict
- [ ] nourish
- [ ] revive
- [ ] treat
- [ ] relieve
- [ ] inquire
- [ ] hospitalize
- [ ] perform
- [ ] subdue
- [ ] gargle
- [ ] practice
- [ ] deliver
- [ ] conceive
- [ ] reassure
- [ ] soothe

Day 4

医学・医療 4（動詞以外）

Listen)) CD-A4

□ 049
pediatrics
[pìːdiǽtriks]

名 **小児科学** ➕ 単数扱い
名 pediatrician：小児科医

□ 050
pathology
[pəθάlədʒi]

名 **病理学**；病状、病理　➕ 病気の原因などを研究する学問
名 pathologist：病理学者
形 pathological：病的な、病理学の

□ 051
surgery
[sə́ːrdʒəri]

名 **外科**（学）；外科手術
名 surgeon：外科医
形 surgical：外科の
関 surgical knife：メス、外科用ナイフ
関 plastic surgeon：形成外科医

□ 052
psychiatry
[saikáiətri]

名 **精神医学**、精神科
名 psychiatrist：精神科医
形 psychiatric：精神医学の

□ 053
neuroscience
[njùərousáiəns]

名 **神経科学**
名 neuroscientist：神経科学者
名 neurology：神経（内）科

□ 054
dermatology
[də̀ːrmətάlədʒi]

名 **皮膚科学**
名 dermatologist：皮膚科専門医

□ 055
cardiology
[kὰːrdiάlədʒi]

名 **心臓**（病）**学**
名 cardiologist：心臓病専門医
形 cardiac：心臓（病）の
形 cardiovascular：心臓血管の

□ 056
physician
[fizíʃən]

名 **医師**；内科医（⇔ surgeon [外科医]）
関 名 clinician：臨床医
関 名 practitioner：開業医

continued
▼

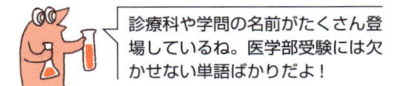

診療科や学問の名前がたくさん登場しているね。医学部受験には欠かせない単語ばかりだよ!

Listen モード　☐☐☐☐☐
Listen & Check モード　☐☐☐☐☐

Chapter 1

Check

- ☐ the American Academy of Pediatrics（米国小児科学会）
- ☐ a professor of pediatrics（小児科教授）

- ☐ the pathology of a chronic disease（慢性疾患の病理）
- ☐ a pathology report（病理報告[書]）

- ☐ cosmetic surgery（美容整形[外科]）
- ☐ undergo surgery（手術を受ける）
- ☐ perform emergency surgery（緊急手術を行う）

- ☐ transcultural psychiatry（比較文化精神医学）
- ☐ a professor of psychiatry（精神医学の教授）

- ☐ cognitive neuroscience（認知神経科学）

- ☐ pediatric dermatology（小児皮膚科学）

- ☐ pediatric cardiology（小児心臓病学）

- ☐ physician-patient communication（医師と患者のコミュニケーション）
- ☐ one's family physician（〜のホームドクター、家庭医、かかりつけの医師）

Chapter 2
Chapter 3
Chapter 4
Chapter 5
Chapter 6

continued
▼

Day 4

Listen)) CD-A4

□ 057
veterinarian
[vètərənéəriən]

名 **獣医**
形 veterinary：獣医の

□ 058
intern
[íntəːrn]

名 **研修医**（≒resident）、医学研修生、インターン ➕ アメリカのメディカルスクールを卒業し、1年間の臨床研修を受けている研修医。この期間を経た後、専門分野の研修が行われる（resident）

□ 059
resident
[rézədənt]

名 **病院研修医**；居住者　形 居住している；備わっている ➕ インターンとして研修を受けた後で、2～7年にわたって専門分野の研修を受ける研修医

□ 060
mentor
[méntɔːr]

名 **指導医**、指導者；信頼のおける相談相手、よき師

□ 061
midwife
[mídwàif]

名 **助産師**

□ 062
procedure
[prəsíːdʒər]

名 **処置**；(～の) 手順、順序 (for ～)；(法律などの) 手続き

□ 063
transplant
[trænsplǽnt]

名 **移植**（≒graft、transplantation）、移植手術；移植されたもの［植物・器官・組織］　他 ～を移植する
例 organ donor card：臓器提供意思表示カード（ドナーカード）

□ 064
medication
[mèdəkéiʃən]

名 **投薬**、薬物療法；薬物

Day 3)) CD-A3
Quick Review
答えは右ページ下

- □ ～を伝染させる
- □ ～を退院させる
- □ 病院
- □ ～を刺激する
- □ ～を変形させる
- □ 産科学
- □ 病む
- □ ～を検出する
- □ 産科病院
- □ ～を酔わせる
- □ 救急救命室
- □ 婦人科学
- □ 病棟
- □ 腫瘍学
- □ ～をまひさせる
- □ 解剖学

Check

- [ ] take a pet to the veterinarian (ペットを獣医に連れて行く)

- [ ] a medical intern (医療インターン)
- [ ] the new intern (新しい研修医)

- [ ] the obstetric resident (産科研修医)
- [ ] a resident physician (研修医)

- [ ] senior physicians and mentors (上級医 [師] と指導医)

- [ ] a skilled midwife (熟練した助産師)

- [ ] a surgical procedure (外科手術、外科的処置)
- [ ] a specific procedure (特定の処置)

- [ ] an organ transplant (臓器移植)
- [ ] transplant surgery (移植手術)

- [ ] daily medication (日々の投薬)
- [ ] prescribe medication (投薬を行う、薬を処方する)

Day 3))) CD-A3
Quick Review
答えは左ページ下

- [ ] transmit
- [ ] discharge
- [ ] institute
- [ ] stimulate
- [ ] deform
- [ ] obstetrics
- [ ] suffer
- [ ] detect
- [ ] maternity
- [ ] intoxicate
- [ ] emergency room
- [ ] gynecology
- [ ] ward
- [ ] oncology
- [ ] paralyze
- [ ] anatomy

Chapter 1
Chapter 2
Chapter 3
Chapter 4
Chapter 5
Chapter 6

Day 5

医学・医療 5 (動詞以外)

Listen 》CD-A5

☐ 065
abortion
[əbɔ́ːrʃən]

名 妊娠中絶、堕胎；流産 [早産] させる [する] こと
他 abort：〜を流産させる、中絶する

☐ 066
anesthesia
[æ̀nəsθíːʒə]

名 麻酔：麻酔状態
名 anesthetic：麻酔薬
形 anesthetic：麻酔の、まひ状態の

☐ 067
contraception
[kɑ̀ntrəsépʃən]

名 避妊：産児制限
形 contraceptive：避妊の
名 contraceptive：避妊器具、避妊薬

☐ 068
X-ray
[éksrèi]

名 X線：X線写真、レントゲン写真　他 (X線を照射して) 〜の写真を撮る；〜を検査する；〜を治療する (≒roentgenize)

☐ 069
euthanasia
[jùːθənéiʒə]

名 安楽死

☐ 070
childbirth
[tʃáildbə̀ːrθ]

名 出産 (≒delivery、parturition)

☐ 071
rebirth
[riːbə́ːrθ]

名 再生、蘇生　他 〜を生まれ変わらせる (≒revive)

☐ 072
bearing
[béəriŋ]

名 産むこと、出産；実を結ぶこと、結実；(〜との) 関係
他 bear：〜を産む (bear-bore-born、borne)

continued
▼

医療行為やそれにまつわる単語を中心に学んでいこう。初めて見る単語も多いのでは？

Listen モード　☐☐☐☐☐
Listen & Check モード　☐☐☐☐☐

Check

☐ **get an abortion**（堕胎させる、妊娠中絶する）
☐ **anti-abortion**（人工中絶反対の）

☐ **general anesthesia**（全身麻酔）
☐ **local[regional] anesthesia**（局所麻酔）

☐ **oral contraception**（経口避妊法）

☐ **X-ray images**（X線画像）
☐ **take X-rays**（X線を撮る［撮影する］、X線撮影をする）

☐ **oppose euthanasia**（安楽死に反対する）

☐ **die in childbirth**（［妊婦が］出産時に亡くなる）

☐ **experience a rebirth**（再生する）

☐ **child-bearing**（出産）

continued
▼

Day 5

Listen)) CD-A5

□ 073 remedy
[rémədi]

名 治療、治療法；治療薬；救済策；(〜の) 改善方法、矯正方法 (for 〜) **他** 〜を治療する
関 名 regimen：養生法；食事療法；処方計画

□ 074 regimen
[rédʒəmən]

名 養生法；食事療法；処方計画

□ 075 therapy
[θérəpi]

名 (通例、薬や手術を用いない長い期間の) 療法、治療；精神療法 (≒psychotherapy)
関 名 radiotherapy：放射線治療
関 名 chemotherapy：化学療法
関 名 alimentotherapy：食事療法

□ 076 psychotherapy
[sàikouθérəpi]

名 (催眠術による) 精神療法、サイコセラピー

□ 077 quarantine
[kwɔ́:rəntì:n]

名 検疫 (所)、隔離 **他** 〜を隔離する

□ 078 biopsy
[báiɑpsi]

名 生検 ✚ 患部の一部を切り取って顕微鏡などで調べる検査 **他** 〜に生検を行う、〜を切り取って調べる

□ 079 intervention
[ìntərvénʃən]

名 医療介入；介在
自 intervene：介在する；(〜に) 介入する；(〜の) 仲裁をする (in 〜) (≒interfere)

□ 080 MRI
[émá:rái]

名 磁気共鳴映像法 (magnetic resonance imaging)
関 CT (computerized tomography)：CTスキャン、コンピュータ断層撮影

Day 4)) CD-A4
Quick Review
答えは右ページ下

□ 獣医	□ 皮膚科学	□ 研修医	□ 投薬
□ 小児科学	□ 外科	□ 心臓学	□ 助産師
□ 神経科学	□ 病理学	□ 処置	□ 移植
□ 指導医	□ 病院研修医	□ 医師	□ 精神医学

Check

□ a folk remedy (民間療法、民間薬)

□ a regimen of therapy (治療法)
□ a meaningful therapeutic regimen (意義のある治療計画)

□ therapy for a patient with ~ (~の患者の治療)

□ cognitive psychotherapy (認知 [心理] 療法)

□ out of quarantine (検疫済みで)
□ put ~ in quarantine (~を検疫のために隔離する)

□ perform a biopsy (生検を行う)
□ a skin biopsy (皮膚生検)

□ effective interventions (効果的な治療)
□ medical intervention (医学 [内科] 的介入)

□ MRI scan (MRIスキャン)
□ get MRI (MRI検査を受ける)

Chapter 1
Chapter 2
Chapter 3
Chapter 4
Chapter 5
Chapter 6

Day 4))) CD-A4
Quick Review
答えは左ページ下

□ veterinarian
□ pediatrics
□ neuroscience
□ mentor

□ dermatology
□ surgery
□ pathology
□ resident

□ intern
□ cardiology
□ procedure
□ physician

□ medication
□ midwife
□ transplant
□ psychiatry

Day 6 — 医学・医療 6 (動詞以外)

Listen)) CD-A6

□ 081 nursing [nə́:rsiŋ]
- 名 **看護**；保育
- 名 nurse：看護師
- 他 nurse：〜を看護する、〜の手当てをする

□ 082 operation [ὰpəréiʃən]
- 名 **手術**；操作；作戦

□ 083 alternative [ɔ:ltə́:rnətiv]
- 形 **代替の**、代わりの；二者択一の；伝統にとらわれない、新しい 名 代替案、代替手段；二者択一
- 他 alter：〜を変える、改める（≒ change）
- 副 alternatively：二者択一的に、代わりに、あるいは

□ 084 holistic [hòulístik]
- 形 **全体(論)的な**、総体的な

□ 085 acupuncture [ǽkjupʌ̀ŋktʃər]
- 名 **鍼**、鍼治療

□ 086 bandage [bǽndidʒ]
- 名 **包帯** 他 〜に包帯をする

□ 087 wheelchair [hwí:ltʃèər]
- 名 **車いす**

□ 088 apparatus [æ̀pərǽtəs]
- 名 (特定の用途に用いる一組の) **器具**、機械、装置；機構、機関

continued

医療器具の名前や医学・医療にまつわる「人」に関する単語を学ぼう！「患者」って何て言う？

Listen モード ☐☐☐☐☐
Listen & Check モード ☐☐☐☐☐

Check

☐ school of nursing（看護学校）

☐ perform an operation（手術［オペ］を行う）
☐ a heart operation（心臓手術）

☐ alternative medicine（代替医療）
● 西洋医学以外の医療、科学的に未検証な医療の総称

☐ holistic medicine（全体医療）
● holisticの基となる名詞はholism。局所的な症状に対してではなく、人を肉体と精神の統一体と考えた上で治療を行う考え方

☐ an acupuncture needle（鍼灸針）
☐ an acupuncture point（鍼治療のつぼ）

☐ put on [apply] a bandage（包帯をする）

☐ in a wheelchair（車いすで）
☐ wheelchair-bound（車いすに束縛された、車いす生活の）

☐ anesthesia apparatus（麻酔器）

continued
▼

Day 6

Listen)) CD-A6

□ 089
scalpel
[skǽlpəl]

名 **外科用メス** (≒surgical knife)

□ 090
vaccine
[væksíːn]

名 （接種用の）**ワクチン**；痘苗
自 vaccinate：ワクチンを接種する
他 vaccinate：〜にワクチンを接種する

□ 091
cast
[kǽst]

名 **ギプス**；投げること　他 〜を投げる
関 名 plaster：硬こう、こう薬

□ 092
specimen
[spésəmən]

名 **検体**；（生物学上の）標本；見本、実例（≒example）；（ある特性を持った）人

□ 093
carrier
[kǽriər]

名 **保菌者**、（病原体の）保有者；連搬人、運ぶ人
⊕ career [kəríər]は「経歴」、「履歴」

□ 094
donor
[dóunər]
❶ 発音注意

名 （臓器などの）**提供者**（⇔recipient [被移植者]）、ドナー；献血者；寄贈者

□ 095
patient
[péiʃənt]

名 **患者**、病人　形 忍耐強い

□ 096
outpatient
[áutpèiʃənt]

名 **外来**[通院]**患者**　⊕ 入院患者ではなく、病院に通う患者

Day 5)) CD-A5
Quick Review
答えは右ページ下

□ 産むこと
□ 妊娠中絶
□ 療法
□ 精神療法

□ 養生法
□ 麻酔
□ 再生
□ X線

□ 医療介入
□ 磁気共鳴映像法
□ 出産
□ 安楽死

□ 避妊
□ 検疫
□ 生検
□ 治療

Check

- [ ] **put a scalpel into ~**（〜にメスを入れる）

- [ ] **be prevented by vaccines**（[病気などが] ワクチンによって予防される）
- [ ] **the polio vaccine**（ポリオワクチン）
- [ ] **develop a vaccine**（ワクチンを開発する）

- [ ] **put one's leg in a cast**（〜の足にギプスをはめる）

- [ ] **specimen collection**（検体収集）

- [ ] **carrier of a disease**（病気の保有者）

- [ ] **organ donor card**（臓器提供意思表示カード [ドナーカード]）
- [ ] **a brain-dead donor**（脳死状態の臓器提供者、脳死ドナー）

- [ ] **hospital patients**（入院患者）
- [ ] **the patient's condition**（患者の容体）

- [ ] **outpatient clinic**（外来患者向け診療所、外来診察室）
- [ ] **outpatient surgery**（外来手術）

Day 5))) CD-A5
Quick Review
答えは左ページ下

- [ ] bearing
- [ ] abortion
- [ ] therapy
- [ ] psychotherapy
- [ ] regimen
- [ ] anesthesia
- [ ] rebirth
- [ ] X-ray
- [ ] intervention
- [ ] MRI
- [ ] childbirth
- [ ] euthanasia
- [ ] contraception
- [ ] quarantine
- [ ] biopsy
- [ ] remedy

Chapter 1
Chapter 2
Chapter 3
Chapter 4
Chapter 5
Chapter 6

Day 7　医学・医療 7 (動詞以外)

Listen)) CD-A7

□ 097
recipient
[risípiənt]

名 **被移植者** (⇔donor [提供者])；受血者；受取人；容器

□ 098
bug
[bʌ́g]

名 **病原菌** (による病気)；昆虫 (≒insect)；欠陥；(コンピューターの) バグ

□ 099
carcinogen
[kɑːrsínədʒən]

名 **発がん物質**、発がん因

□ 100
cholesterol
[kəléstəròul]

名 **コレステロール**

□ 101
body fluid
[bádi flùːid]

名 **体液**

□ 102
nutrition
[njuːtríʃən]

名 **滋養** [栄養] (物)；栄養補給 [摂取]
形 nutritious：栄養のある

□ 103
serum
[síərəm]

名 **血清**　● 血液が凝固したあとの透明な黄色い液体成分；(抗体を含む治療薬の) 血清

□ 104
blood pressure
[blʌ́d prèʃər]

名 **血圧**

continued
▼

今日の後半で、「血」に関する単語がまとめて出てくるので要チェック！

Listen モード　　　　☐☐☐☐☐
Listen & Check モード　☐☐☐☐☐

Check

- ☐ the **recipient** of lung transplant（肺の被移植者）
- ☐ the **recipient** of an organ（臓器の被移植者）

- ☐ flu **bug**（流感ウイルス）

- ☐ a chemical **carcinogen**（化学[的]発がん物質）

- ☐ blood **cholesterol**（血中コレステロール）
- ☐ treat high **cholesterol**（高コレステロールを治療する）

- ☐ a **body fluid** transfusion（体液の注入）

- ☐ **nutrition** information（栄養成分表）
- ☐ basic **nutrition**（基本的な栄養）
- ☐ inadequate **nutrition**（栄養不良）

- ☐ human **serum**（ヒト血清）

- ☐ high **blood pressure**（高血圧）
- ☐ average **blood pressure**（平均血圧）

continued
▼

Day 7

Listen)) CD-A7

105 bloodstream [blʌ́dstriːm]
名 血流

106 blood sugar [blʌ́d ʃùgər]
名 血糖 ● 血液中のブドウ糖（glucose）

107 hemorrhage [hémərɪdʒ]
名 出血；(人間・資産の) 国外流出；損失　動 大出血する

108 congestion [kəndʒéstʃən]
名 うっ血、充血；(交通・道路などの) 混雑；(人・物の) 密集、充満

109 clot [klát]
名 血のかたまり、血餅（けっぺい）　動 凝固する、こびりつく

110 transfusion [trænsfjúːʒən]
名 (blood transfusionで) 輸血；注入

111 antibody [ǽntibàdi]
名 抗体、抗毒素　● 体内に抗原が侵入したときに生成される
反 名 antigen：抗原

112 antigen [ǽntidʒən]
名 抗原　● 体内に入って抗体を作らせる原因となる
反 名 antibody：抗体

Day 6)) CD-A6
Quick Review
答えは右ページ下

- □ 全体的な
- □ 看護
- □ 患者
- □ ワクチン
- □ 手術
- □ 検体
- □ 鍼
- □ 外来患者
- □ 保菌者
- □ 外科用メス
- □ 器具
- □ 提供者
- □ ギプス
- □ 代替の
- □ 包帯
- □ 車いす

Check

☐ a bloodstream infection (血液感染)

☐ raise blood sugar levels (血糖値を上げる)
☐ reduce blood sugar (血糖を減らす)

☐ a brain hemorrhage (脳[内]出血)

☐ congestion in a vein (静脈内のうっ血)

☐ blood clots (血餅、血塊)
☐ develop a clot (血栓を生じる)

☐ reject a blood transfusion (輸血を拒否する)

☐ produce antibodies (抗体を生産する)
☐ antibody levels (抗体値)

☐ an antigen-antibody reaction (抗原抗体反応)
● 免疫反応を抗原抗体反応 (antigen-antibody reaction) と言う
☐ an antigen in the blood (血液中の抗原)

Day 6 》CD-A6
Quick Review
答えは左ページ下

☐ holistic
☐ nursing
☐ patient
☐ vaccine

☐ operation
☐ specimen
☐ acupuncture
☐ outpatient

☐ carrier
☐ scalpel
☐ apparatus
☐ donor

☐ cast
☐ alternative
☐ bandage
☐ wheelchair

Chapter 1
Chapter 2
Chapter 3
Chapter 4
Chapter 5
Chapter 6

Day 8

医学・医療 8 (動詞以外)

Listen)) CD-A8

□ 113
pulse
[pʌ́ls]

名 **脈拍**、心拍、鼓動；(生命・心の) 躍動、生気 (≒vitality)；(光・音の) 振動；(電気の) パルス；律動 (音)

□ 114
aspiration
[æ̀spəréiʃən]

名 **吸引**；(～に対する／…したいという) 強い願望 (to [after] ～／to do)

□ 115
regeneration
[ridʒènəréiʃən]

名 **再生**、復活；改心、更生；革新、再建、刷新
他 regenerate：～を再生する；～を改心させる

□ 116
conception
[kənsépʃən]

名 **受胎**、妊娠

□ 117
respiration
[rèspəréiʃən]

名 **呼吸** (作用) (≒aspiration)
名 respirator：人工呼吸器
形 respiratory：呼吸器官の、呼吸の

□ 118
side effect
[sáid ifèkt]

名 **副作用** (≒by-product)

□ 119
infection
[infékʃən]

名 **感染**、伝染 (≒contagion)；伝染病
他 infect：～に (…を) 感染させる (with ...)
形 infectious：伝染性の、伝染病の
連 infectious agent：感染因子
連 infectious disease：伝染病

□ 120
susceptibility
[səsèptəbíləti]

名 **感染しやすいこと**；影響されやすいこと；敏感な感情
形 susceptible：感染しやすい、影響を受けやすい

continued
▼

状態や作用に関する単語を学んでいこう。「感染」って英語で何て言うか分かるかな？

Listen モード ☐☐☐☐☐
Listen & Check モード ☐☐☐☐☐

Check

☐ the pulse rate（脈拍［数］）
☐ blood pressure and pulse（血圧と脈拍）

☐ an aspiration device（吸引器）

☐ liver regeneration（肝再生）

☐ at conception（受胎時に、懐妊した時に）

☐ respiration failure（呼吸困難）
☐ depress respiration（呼吸を抑制する）

☐ have no side effect（副作用がない）

☐ a secondary infection（二次感染）
☐ cause microbial infection（微生物感染［細菌感染］の原因になる）
☐ a food-borne infection（経口伝染病）

☐ susceptibility to disease（病気へのかかりやすさ）
☐ genetic susceptibility（遺伝的感受性）

continued
▼

Day 8

Listen 》CD-A8

□ 121
neonatal period
[nìːounéitl píəriəd]
> 名 **新生児期間**

□ 122
aging
[éidʒiŋ]
> 名 **老化**、年をとること；高齢化　形 年老いた、古ぼけた
> 顕 aged：老齢の

□ 123
case
[kéis]
> 名 **症例**、症状、患者；場合、状況；実例、事例、ケース

□ 124
patience
[péiʃəns]
> 名 **忍耐**、我慢、辛抱強さ、根気

□ 125
coma
[kóumə]
> 名 **昏睡**

□ 126
hypnosis
[hipnóusis]
> 名 **催眠状態**、夢幻状態；催眠術
> 関 名 narcolepsy：睡眠発作

□ 127
by-product
[báipràdəkt]
> 名 **副作用**（≒ side effect）；副産物、副生成物
> 関 名 hangover：残存物、遺物；二日酔い

□ 128
epidemic
[èpədémik]
> 名 （病気などの）**流行**、まん延；伝染病；（事件の）続発　形 流行性の

Day 7 》CD-A7
Quick Review
答えは右ページ下

- □ 輸血
- □ 血糖
- □ 抗体
- □ 発がん物質
- □ 出血
- □ 血圧
- □ うっ血
- □ 体液
- □ 滋養
- □ 血のかたまり
- □ コレステロール
- □ 病原菌
- □ 血流
- □ 抗原
- □ 被移植者
- □ 血清

Check

☐ **during the neonatal period**（新生児の期間に）

☐ **anti-aging**（抗加齢［の］）
☐ **an aging society**（高齢化社会）

☐ **a case of dementia**（認知症の症例）
☐ **a recorded case**（報告されている事例、記録例）

☐ **take patience**（忍耐［我慢］を必要とする）

☐ **in a coma**（昏睡状態で、昏睡状態に陥って）
☐ **lead to coma**（昏睡［状態］を引き起こす）

☐ **under hypnosis**（催眠状態で、催眠術にかかって）
☐ **self-hypnosis**（自己催眠）

☐ **a by-product of smoking**（喫煙による副作用）

☐ **an epidemic of influenza**（インフルエンザのまん延）
☐ **mass epidemics**（集団発生、集団流行）
☐ **an epidemic disease**（流行病、流行性疾患）

Day 7))) CD-A7
Quick Review
答えは左ページ下

☐ transfusion
☐ blood sugar
☐ antibody
☐ carcinogen

☐ hemorrhage
☐ blood pressure
☐ congestion
☐ body fluid

☐ nutrition
☐ clot
☐ cholesterol
☐ bug

☐ bloodstream
☐ antigen
☐ recipient
☐ serum

Chapter 1
Chapter 2
Chapter 3
Chapter 4
Chapter 5
Chapter 6

Day 9 医学・医療 9（動詞以外）

Listen » CD-A9

□ 129
hygiene
[háidʒiːn]

名 **衛生**（≒cleanliness）；衛生状態；衛生学

□ 130
incubation
[ìnkjubéiʃən]

名 **潜伏**；孵化；培養

□ 131
acquired
[əkwáiərd]

形 **後天的な**：獲得した、習得した
他 acquire：〜を獲得する、身に付ける
名 acquisition：獲得、入手

□ 132
antiseptic
[æntəséptik]

形 **殺菌の**、清潔な　名 消毒剤
関 形 sterile：無菌の

□ 133
clinical
[klínikəl]

形 （医学などが）**臨床の**：病床の、病室で用いる
名 clinic：外来患者診療室、診療所
名 clinician：臨床医

□ 134
therapeutic
[θèrəpjúːtik]

形 **治療（法）の**；治癒力のある；健康維持に役立つ
名 therapy：治療

□ 135
deficient
[difíʃənt]

形 （〜が）**欠けている**、不足した（in 〜）（⇔sufficient［十分な］）；不完全な、欠陥［欠点］のある；障害のある
名 deficiency：（染色体などの）欠失、欠乏

□ 136
invasive
[invéisiv]

形 **健康な組織を冒す**；侵略的な、侵襲的な
他 invade：〜に侵入する、〜を侵略する
名 invasion：侵入、侵略

continued
▼

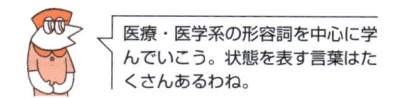

医療・医学系の形容詞を中心に学んでいこう。状態を表す言葉はたくさんあるわね。

Listen モード　□□□□□
Listen & Check モード　□□□□□

Chapter 1
Chapter 2
Chapter 3
Chapter 4
Chapter 5
Chapter 6

Check

☐ public hygiene（公衆衛生）
☐ practice good hygiene（衛生状態を良くする）

☐ incubation period（潜伏期間、抱卵期間）

☐ AIDS: acquired immunodeficiency[immune deficiency] syndrome
（後天性免疫不全症候群、エイズ）

☐ an antiseptic spray（殺菌スプレー）
☐ with antiseptic soap（殺菌石けんで）

☐ clinical diagnosis（臨床診断）
☐ a clinical psychologist（臨床心理士）

☐ therapeutic powers（治癒力）
☐ therapeutic outcomes（治療結果）

☐ be deficient in calcium（カルシウムが不足している）

☐ invasive breast cancer（浸潤［侵襲］性乳がん）

continued
▼

Day 9

Listen)) CD-A9

□ 137
intrinsic
[intrínsik]

形 **内因性の**：本来備わっている、固有の

□ 138
resilient
[rizíljənt]

形 **回復力のある**：はね返る

□ 139
bedridden
[bédridən]

形 （病気などで）**寝たきりの**

□ 140
pregnant
[prégnənt]

形 （〜を）**妊娠している**（with 〜）
名 pregnancy：妊娠（≒gestation）

□ 141
unconscious
[ʌnkánʃəs]

形 **意識を失った**、気絶した；無意識の、自覚していない；（〜に）気づかない、（〜を）意識していない（of 〜 [that 節]）（⇔conscious [意識のある]）
熟 come to oneself：意識を回復する［取り戻す］

□ 142
feeble
[fí:bl]

形 **虚弱な**、体力の弱った ● weak よりも弱っている様子を表す；力［勢力、効果］の弱い

□ 143
prone
[próun]

形 （病気などに）**かかりやすい**（to 〜）；うつぶせの、平伏した（⇔supine [あおむけの]）；（〜の／好ましくないことをする）傾向がある（to 〜 / to do）
● X-prone：Xの傾向を持つ

□ 144
intensive
[inténsiv]

形 **集中的な**、徹底的な；激しい、強烈な；（農業が）集約的な

| Day 8)) CD-A8
Quick Review
答えは右ページ下 | □ 昏睡
□ 忍耐
□ 呼吸
□ 吸引 | □ 老化
□ 脈拍
□ 流行
□ 感染 | □ 再生
□ 副作用（b-）
□ 受胎
□ 催眠状態 | □ 症例
□ 新生児期間
□ 感染しやすいこと
□ 副作用（s-） |

Check

- an **intrinsic** factor antibody（内因子抗体）

- be incredibly **resilient**（信じられないほど回復力に富んでいる）

- **bedridden** patients（長期臥床 [寝たきり] 患者）
- a **bedridden** invalid（足腰の立たない病人、寝たきりの病人）

- be **pregnant** with one's first child（1人目の子どもを身ごもっている）
- **pregnant** woman（妊娠した女性、妊婦）

- render someone **unconscious**（[人の] 意識を失わせる）

- a **feeble** pulse（微弱な脈拍、脈拍微弱）
- a **feeble** elderly man（弱々しい老人）

- be **prone** to bleeding（出血しやすい）

- **intensitive** care unit（集中治療室、ICU）

Day 8))) CD-A8
Quick Review
答えは左ページ下

- coma
- patience
- respiration
- aspiration
- aging
- pulse
- epidemic
- infection
- regeneration
- by-product
- conception
- hypnosis
- case
- neonatal period
- susceptibility
- side effect

Chapter 1
Chapter 2
Chapter 3
Chapter 4
Chapter 5
Chapter 6

Day 10

医学・医療 10（動詞以外）/ 薬 1（動詞）

Listen)) CD-A10

□ 145
internal
[íntə́ːrnl]

形 **体内の**（≒in vivo ⇔in vitro [体外の]）;（薬が）内服用の;
内部の

□ 146
susceptible
[səséptəbl]

形（〜に）**感染しやすい**、影響を受けやすい、敏感な（to 〜）
名 susceptibility：感染しやすいこと

□ 147
contagious
[kəntéidʒəs]

形 **接触伝染性の**（≒infectious）、感染させる
名 contagion：接触伝染病；感染；感化

□ 148
airborne
[ɛ́ərbɔ̀ːrn]

形 **空気媒介性 [感染] の**、空気で運ばれる；飛行中の
関 形 bloodborne：血液媒介性 [感染] の

□ 149
lethal
[líːθəl]

形 **致死の**、致命的な（≒fatal、deadly、mortal）；（酒などが）
強い、よく効く

□ 150
corpse
[kɔ́ːrps]

名 **死体**
関 名 carcass：（動物の）死骸

□ 151
moribund
[mɔ́ːrəbʌ̀nd]

形 **瀕死の**、停滞している、消滅寸前の

□ 152
mortal
[mɔ́ːrtl]

形（やがては）**死ぬ運命にある**、死を免れない（⇔immortal
[死なない]）；致命的な（≒fatal、lethal、vital）；死の（≒
deadly）
名 mortality：死亡、死亡率（≒mortality rate、death rate）、死
すべき運命

continued

今日の後半から「薬」に関する単語を学んでいくよ！ 意外な使われ方の動詞をチェック！

Listen モード　☐☐☐☐☐
Listen & Check モード　☐☐☐☐☐

Check

☐ **internal** medicine（内科学）
☐ one's **internal** clock（〜の体内時計）
☐ **internal** organs（内臓器官）

☐ **susceptible** individuals（感染しやすい人たち）
☐ be **susceptible** to colds（風邪をひきやすい）

☐ a **contagious** disease（接触伝染性の病気）
☐ highly **contagious**（感染力［伝染性］の強い）

☐ an **airborne** disease（空気伝染病）

☐ a **lethal** action（致死作用）
☐ a **lethal** amount（致死量）
☐ a particularly aggressive and **lethal** form of breast cancer（非常に侵襲性が強く、致死率の高い乳がん）

☐ a frozen **corpse**（凍結死体）
☐ **corpse** identification（死体の同定）

☐ a **moribund** patient（瀕死の患者）
☐ a **moribund** condition（瀕死状態）

☐ a **mortal** illness（死に至る病）

continued
▼

Day 10

Listen)) CD-A10

□ 153
administer
[ædmínistər]

他 (薬など)**を投与する**、塗布する；(治療)を行う；〜を管理する
名 administration：投薬

□ 154
infuse
[infjúːz]

他 (薬物などを)**を**(人に)**注入する**(with . . .)；(信念・思想など)を(人に)注ぐ、注入する(with . . .)

□ 155
inject
[indʒékt]

他 **〜を**(…に)**注射**[注入]**する**(into . . .)
名 injection：注射

□ 156
apply
[əplái]

他 (薬)**を**(…に)**塗布する**(to . . .) 自 (〜に)申し込む、志願する(to . . .)

□ 157
prescribe
[priskráib]

他 (薬など)**を処方する**；〜を指示する、命令する
名 prescription：処方、処方箋

□ 158
dispense
[dispéns]

他 (薬)**を調合**[調剤]**する**；(〜に)分配する、施す(to . . .)(≒ distribute)
名 dispensary：調剤室
名 dispenser：調剤師
関 他 prescribe：〜を処方する

□ 159
inoculate
[inákjulèit]

他 **〜に予防接種する**、種痘をする；〜を接種する
名 inoculation：予防接種；感化

□ 160
tranquilize
[træŋkwəlàiz]

他 **〜を落ち着かせる**、鎮静する 自 静かになる、落ち着く
形 tranquil：(心などが)平静な、落ち着いた；(場所・環境などが)静かな、穏やかな (≒ calm、peaceful、quiet)
名 tranquilizer：精神安定剤、鎮静剤

| Day 9)) CD-A9 Quick Review 答えは右ページ下 | □ 治療の
□ 虚弱な
□ 臨床の
□ 寝たきりの | □ 潜伏
□ かかりやすい
□ 欠けている
□ 集中的な | □ 殺菌の
□ 回復力のある
□ 衛生
□ 意識を失った | □ 内因性の
□ 健康な組織を冒す
□ 妊娠している
□ 後天的な |

Check

- ☐ Following egg transfer, progesterone injections may be administered daily to the recipient. (卵子の移植に引き続き、被移植者［妊婦］には毎日プロゲステロンの注射による投与が行われることになるだろう）[東邦大]
  - ⊕ progesterone：プロゲステロン（女性ホルモンの一種）

- ☐ A blood transfusion usually involves an unknown donor's blood being infused into the patient's bloodstream. (一般的な輸血は、未知の血液提供者の血液が患者の血流に注入される）

- ☐ Since the earliest days of medicine, researchers have swallowed bacteria, injected vaccines, and even performed surgery on themselves. (医学のごく初期の段階から、研究者たちは細菌を飲み込んだり、ワクチンを注射したり、また自身の体に手術を施すことさえしてきた）[東北大]

- ☐ Don't scratch the mosquito bite or it will get swollen. Apply some ointment. (蚊に刺されたところをかいてはだめ。腫れてくるから。薬［軟こう］を塗っておきなさい）[近畿大]

- ☐ The doctor prescribed a large dose of pills for the infection. (医師はその感染症用に多量の丸薬を処方した）[昭和大　改]

- ☐ Some people complain that in Japan drugs are dispensed too freely, with no explanation as to what each drug is for. (日本では、それぞれの薬が何のためのものなのかに関する説明なしに、薬が気軽に調剤され過ぎていると苦言を呈する人もいる）[名古屋市立大]

- ☐ Before his trip to Borneo, his doctor recommended he be inoculated against several common diseases. (ボルネオ島へ旅行する前に、一般的な疾病に対する予防接種を受けるよう、医師は彼に勧めた）

- ☐ The veterinarian had to tranquilize the frightened dog before she could dress its wounds. (獣医は傷の手当てをする前に、おびえている犬を落ち着かせなければならなかった）

Day 9))) CD-A9
Quick Review
答えは左ページ下

- ☐ therapeutic
- ☐ feeble
- ☐ clinical
- ☐ bedridden
- ☐ incubation
- ☐ prone
- ☐ deficient
- ☐ intensive
- ☐ antiseptic
- ☐ resilient
- ☐ hygiene
- ☐ unconscious
- ☐ intrinsic
- ☐ invasive
- ☐ pregnant
- ☐ acquired

Day 11　薬 2（動詞以外）

Listen 》CD-A11

□ 161
tablet
[tǽblit]

- 名 (薬の) **錠剤** (≒pill)
- 関 名 capsule：カプセルタイプの薬
- 関 名 powder：粉薬

□ 162
aspirin
[ǽspərin]

- 名 **アスピリン**
- ➕ 鎮痛・解熱剤

□ 163
antibiotic
[æ̀ntibaiɑ́tik]

- 名 **抗生物質**、抗生剤

□ 164
ointment
[ɔ́intmənt]

- 名 **軟こう**

□ 165
depressant
[diprésnt]

- 名 **抑制剤** (⇔stimulant [興奮剤、刺激剤])

□ 166
poultice
[póultis]

- 名 **湿布**
- 関 a wet compress：湿布

□ 167
placebo
[pləsí:bou]

- 名 **偽薬**、気休めの薬、プラシーボ　➕ 薬品としての効果のない物質で作られた薬。医薬品などの効能検査や患者の精神安定のために用いる

□ 168
pharmaceutical
[fɑ̀ːrməsúːtikəl]

- 形 **薬学の**、薬の　名 製薬
- 名 pharmaceuticals：調合薬
- 名 pharmacy：薬局 (≒drugstore)；(病院などの) 薬局；薬学；調剤術

continued
▼

薬の名前を学んでいこう。麻薬の名前も含まれているけど、実は意外と長文問題に出たりするよ。

Listen モード ☐☐☐☐☐
Listen & Check モード ☐☐☐☐☐

Check

☐ in tablet form (錠剤タイプの〜)

☐ take aspirin for the headache (頭痛でアスピリンを飲む)
☐ standard painkillers such as aspirin (アスピリンのような一般的な鎮痛薬)

☐ a powerful antibiotic (強力な[よく効く]抗生剤[抗生物質])
☐ an antibiotic-resistant bacteria (抗生物質耐性菌)
☐ antibiotic sensitivity patterns (抗生物質感受性パターン)

☐ apply ointment (軟こうを塗る、油薬を塗る)
☐ anti-burn ointment (やけど用の軟こう)

☐ heavy use of anti depressants (抗うつ剤の乱用)

☐ apply a poultice (湿布をする)

☐ the placebo effect (プラシーボ[プラセボ]効果)
● 薬効があると信じているときに、暗示によって偽薬でも何らかの効果が現れること
☐ a placebo-controlled trial (プラセボ対照[比較]試験)

☐ the pharmaceutical industry (医薬[製薬]産業)
☐ the new pharmaceuticals law (新しい薬事法)
☐ students in the pharmaceutical department (薬学部[薬学科]の学生)

continued
▼

Day 11

Listen 》CD-A11

□ 169
sedative
[sédətiv]

形 **鎮静作用のある**　名 鎮痛剤
名 sedation：鎮静作用

□ 170
generic
[dʒenérik]

形 **ジェネリックの**；(商品が) ノーブランドの、無印の

□ 171
dose
[dóus]

名 **服用**、服用量、量　他 〜に投薬する
名 dosage：用量、投薬量
関 自 overdose：過剰投与する
関 名 overdose：過剰服用

□ 172
potion
[póuʃən]

名 (水薬などの) **一服**、1回の飲み量 (≒dose)；水薬

□ 173
heroin
[hérouin]
❶ 発音注意

名 **ヘロイン**

□ 174
cocaine
[koukéin]
❶ 発音注意

名 **コカイン**

□ 175
narcotic
[nɑːrkátik]

名 **麻薬**、麻酔薬　形 麻薬性の、麻酔性の；眠くなるような

□ 176
opium
[óupiəm]

名 **アヘン**、まひさせるもの
関 名 poppy：ケシ、アヘン

Day 10 》CD-A10
Quick Review
答えは右ページ下

□ 接触伝染性の	□ 体内の	□ 〜に予防接種する	□ 〜を処方する
□ 〜を投与する	□ 〜を注入する	□ 感染しやすい	□ 〜を落ち着かせる
□ 死体	□ 致死の	□ 空気媒介性の	□ 死ぬ運命にある
□ 〜を調合する	□ 瀕死の	□ 〜を塗布する	□ 〜を注射する

Check

☐ **sedative** treatment（鎮静療法）

☐ a **generic** drug（後発医薬品）
● 特許期間の切れた後に、他社が製造する新薬と同一成分の薬。安価で流通可能であるが、効果や安全面で必ずしも信頼できないという意見もある
☐ the **generic** version（[医薬品の] ジェネリック版）

☐ a **dose** of ~（[薬] の1回分、一服の~）
☐ big **doses** of narcotics（大量の医療用麻薬）

☐ a fertility **potion**（排卵誘発 [促進] 剤）

☐ a **heroin** addict（ヘロイン中毒 [常用] 者）
☐ addiction to alcohol or to **heroin**（アルコールやヘロインの中毒）

☐ a **cocaine** addict（コカイン中毒 [常用] 者）
☐ narcotic drugs such as alcohol, **cocaine**, nicotine and heroin（アルコール、コカイン、ニコチンやヘロインのような麻薬）

☐ **non-narcotic**（非麻薬性の）
☐ use a **narcotic** drug（麻薬 [医療用麻薬] を使用する）

☐ the First **Opium** War（第一次アヘン戦争）

Day 10))) CD-A10
Quick Review
答えは左ページ下

☐ contagious ☐ internal ☐ inoculate ☐ prescribe
☐ administer ☐ infuse ☐ susceptible ☐ tranquilize
☐ corpse ☐ lethal ☐ airborne ☐ mortal
☐ dispense ☐ moribund ☐ apply ☐ inject

Chapter 1
Chapter 2
Chapter 3
Chapter 4
Chapter 5
Chapter 6

Kikutan Hospital（病院各施設の名前）

Chapter 1 で学んだ病院の施設の名前や診療科の名前をイラストを使って視覚的に学ぼう。
見出し語として出てきていない単語もいくつかあるので、ここでチェックしておこう。

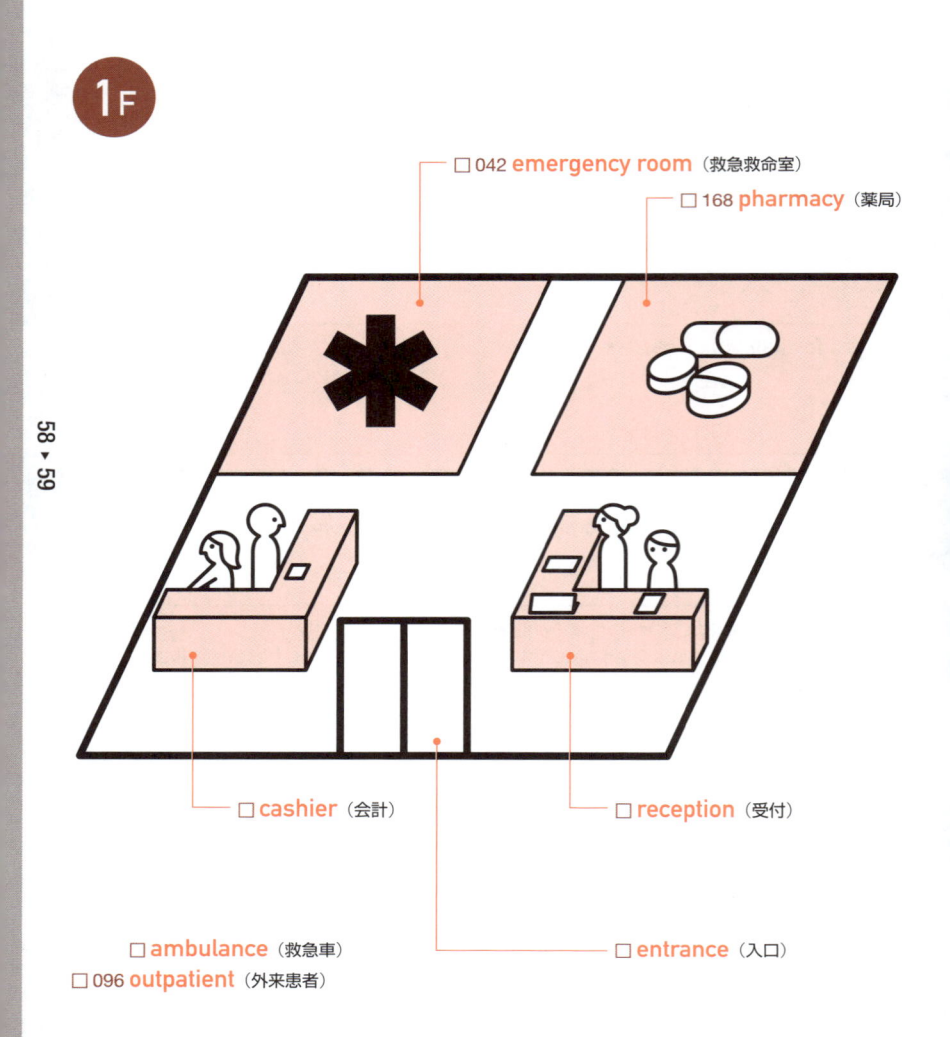

1F

☐ 042 **emergency room**（救急救命室）
☐ 168 **pharmacy**（薬局）
☐ **cashier**（会計）
☐ **reception**（受付）
☐ **ambulance**（救急車）
☐ **entrance**（入口）
☐ 096 **outpatient**（外来患者）

2F

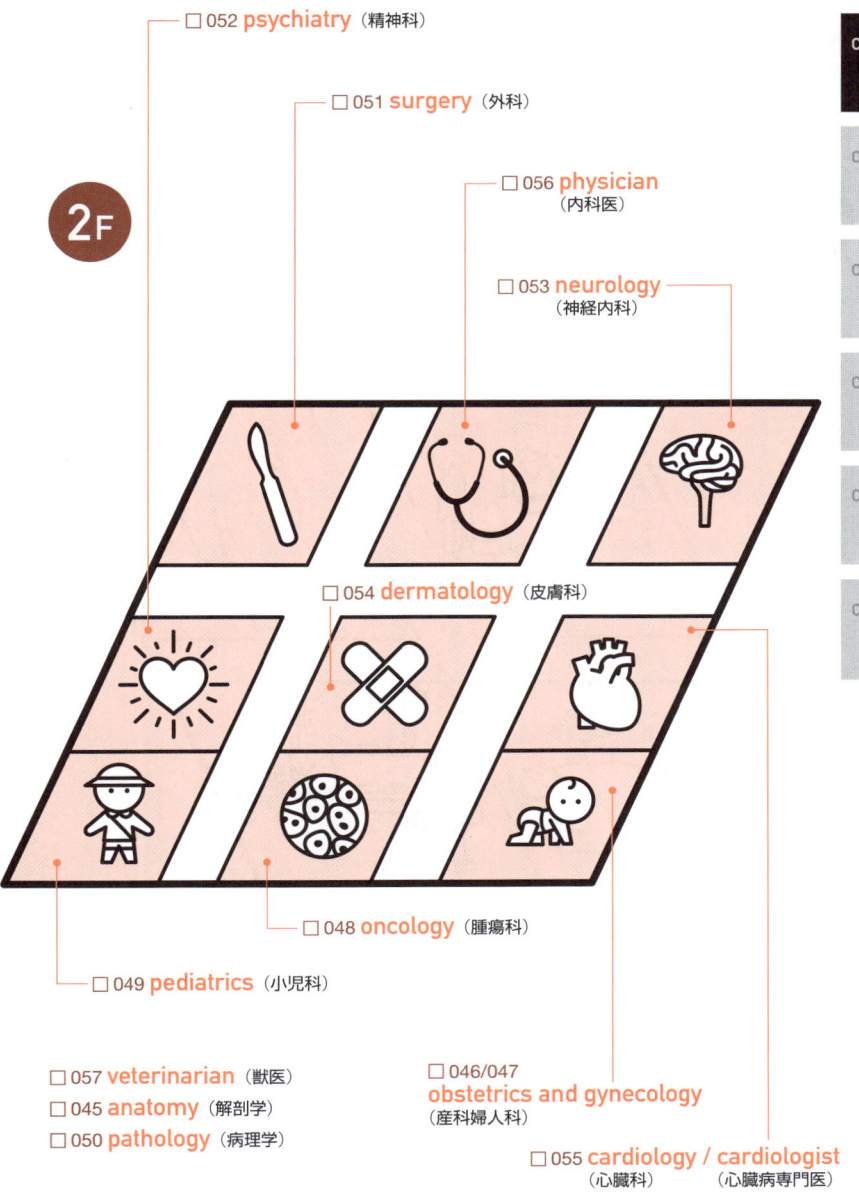

- ☐ 052 **psychiatry** （精神科）
- ☐ 051 **surgery** （外科）
- ☐ 056 **physician** （内科医）
- ☐ 053 **neurology** （神経内科）
- ☐ 054 **dermatology** （皮膚科）
- ☐ 048 **oncology** （腫瘍科）
- ☐ 049 **pediatrics** （小児科）

☐ 057 **veterinarian** （獣医）
☐ 045 **anatomy** （解剖学）
☐ 050 **pathology** （病理学）

☐ 046/047
obstetrics and gynecology
（産科婦人科）

☐ 055 **cardiology / cardiologist**
（心臓科）　　　（心臓病専門医）

Chapter 1
Chapter 2
Chapter 3
Chapter 4
Chapter 5
Chapter 6

Kikutan Hospital（病院各施設の名前）

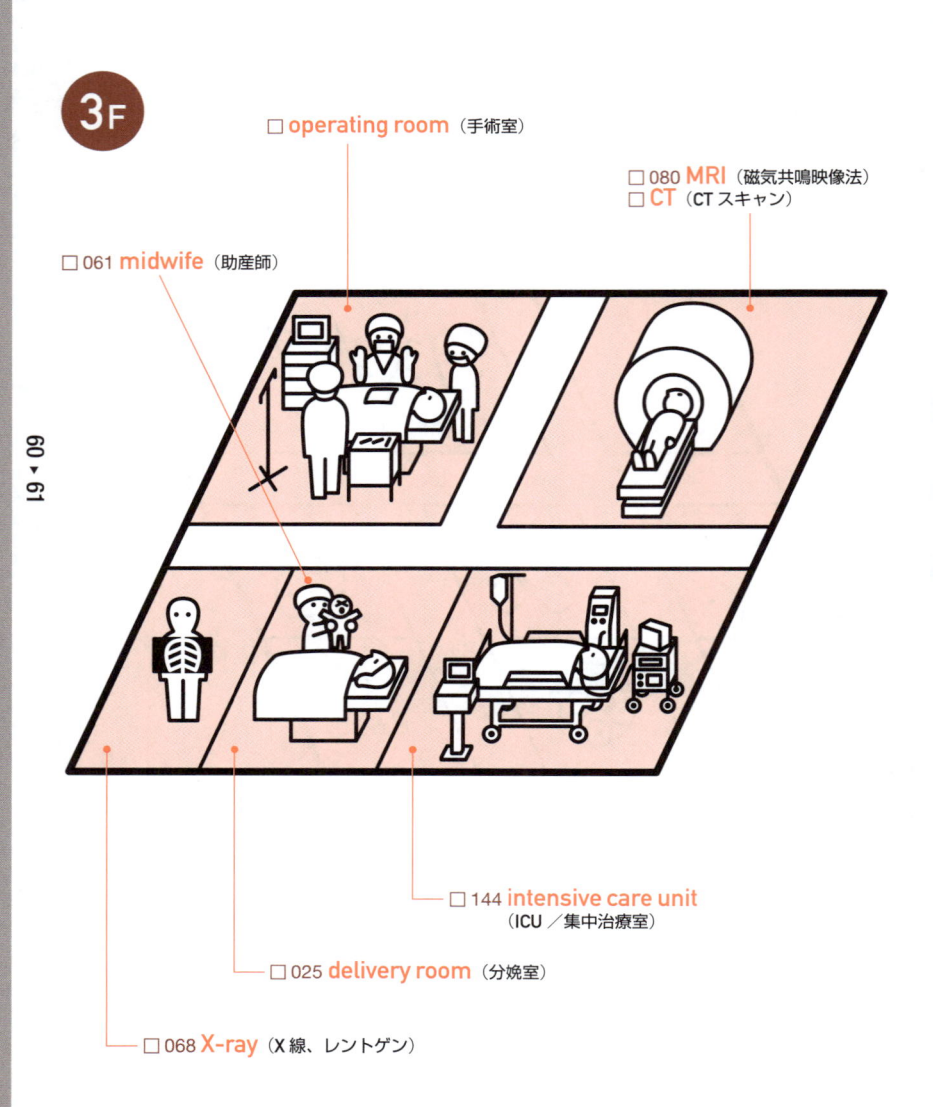

3F

- □ operating room（手術室）
- □ 080 **MRI**（磁気共鳴映像法）
- □ **CT**（CT スキャン）
- □ 061 **midwife**（助産師）
- □ 144 **intensive care unit**（ICU／集中治療室）
- □ 025 **delivery room**（分娩室）
- □ 068 **X-ray**（X 線、レントゲン）

4F

☐ 041 **ward**（病棟）

☐ **nurse station**（ナースステーション）

☐ **round**（回診）

☐ 006 **rehabilitation room**（リハビリ室）

☐ 058 **intern**（研修医、インターン）
☐ 059 **resident**（病院研修医）

☐ 060 **mentor**（指導医）

☐ 095 **patient's room**（病室）
☐ **sick room**（病室）
☐ **sleeping area**（就寝スペース）

Chapter 1
Chapter 2
Chapter 3
Chapter 4
Chapter 5
Chapter 6

Column

医学部受験に医学系単語は必要か

　前書きにも書きましたが、一言に医学部受験と言っても、国公立と私立で合計80大学あり、問題形式や難易度は様々、また出題されている長文のテーマも各大学で様々です。それでは、医学部受験にあたり、医学・医療系をはじめ、自然科学系などのいわゆる「専門的」な英単語をどの程度覚えておけばよいのでしょうか。

覚えるべき専門用語の数

　答えは簡単。できるだけ多く覚えてください。なんて言うと「マジかよ〜」という声が聞こえてきそうですが、医学部の入試に医学論文がそのまま引用される率は高く、内容も専門的です。専門的な単語については「注」が付いていることが多いですが、いちいち欄外の「注」を確認しながら読むのも面倒ですし、解答に余計な時間がかかってしまいます。また、大学によっては専門用語に「注」がないときすらあります。

　もっとすごいときは医学専門用語そのものの意味を問う大学もあります（わずかですが）。そういった意味で、できるだけ多くの医学・医療系の単語を覚えておくことは決して損にはなりません。むしろ武器になります。英文の背景知識を含め、できるだけたくさんの専門知識がある方が有利なのです。

将来のためにも覚える

　医学部に進学する皆さんはいずれにしろ、医学部に入ってからの勉強や医師になってからの仕事で、膨大な数の医学・医療系の英単語の知識を使って論文を読んだり書いたり（人間の骨盤だけでも100以上の部位があり、それぞれに名称が付いているそうです）、プレゼンテーションをしたりしなくてはなりません。場合によってはドイツ語やラテン語まで覚える必要が出てくることでしょう。ですから将来のために、今のうちにできるだけ多くの専門用語を覚えておく必要がある、と言っても間違ってはいないと思います。

　とは言え、一般的な受験問題でよく使われる単語・熟語を優先して覚えなければならないことは言うまでもありません。

　この『キクタン 医学部受験』では専門的な単語と一般的な単語をバランスよく配置していますから、無駄を最小限にとどめた語彙学習をすることができます。しかもCDでは「音楽」で楽しく学習できますから、最後までがんばってください。

Review Quiz 1

このチャプターで学習した単語をきちんと覚えているかチェックしてみよう！

1. 彼は犬を検査してもらうために獣医のところへ行った。
   He went to the (v   ) to have his dog examined.

2. 精神衛生
   mental (h   )

3. 私は彼女の怒りを鎮めようとした．
   I tried to (s   the) her anger.

4. 左辺に入る単語は？
   (   ) = the branch of medicine concerned with the treatment of infants and children

5. 高齢者は病気にかかりやすい。
   Senior citizens have (sus   ) to disease.

6. その研究は砂糖の摂取がコレステロールの値を上げることを立証した。
   The study proved that sugar intake raised (c   ) levels.

7. このワクチンを36時間以内に投与しなければならない。
   This vaccine must be (a   ed) within 36 hours.

8. 彼は血清療法で万病の治療を追い求めた。
   He sought a panacea in (s   ) therapy.

9. それは極めて伝染性が強い。
   It is highly (con   ).

10. 抗体の有無を調べるためその検査がなされた。
    The test was run to detect the presence of (a   s).

Review Quiz 1 Answer

※ カッコ内は見出し語番号

1. veterinarian [057]

2. hygiene [129]

3. soothe [018]
「痛みを緩和する」という意味の他に、「怒りを鎮める」の意味もある。どちらもしっかり押さえておこう。

4. pediatrics [049]
右辺の訳は「児童の治療に関連した（医学の）科」。つまり「小児科」だ。pediatricsは「小児科学、小児科」。pediatricianは「小児科医」。

5. susceptibility [120]
have susceptibility to disease で「病気にかかりやすい」。

6. cholesterol [100]
つづりをきちんと覚えよう。

7. administered [153]
administerは医学系では「薬を投与する」の意味で頻出の単語。しっかり覚えよう。他の意味としては「管理・運営する」などがある。

8. serum [103]
血清療法とは抗体を含む血清を投与する治療法。伝染病などで用いられる。panaceaは「万能薬」。

9. contagious [147]
「接触伝染性の」という意味。

10. antibodies [111]
抗体は antibody、抗原は antigen。あわせて覚えておこう。

Review Quiz 2

1. その過程がいくつかの副産物を生み出した。
   The process created some (b   s).

2. 彼がこの病院で最初の心臓移植を受けた患者でした。
   He was the first heart transplant (r   ) in this hospital.

3. 翌朝起きて、あなたの舌がまひしたため明瞭な発話ができなくなることに気づく、ということを想像してみてください。
   Imagine that you woke up tomorrow morning and found yourself unable to produce intelligible speech because your tongue was (p   ).
   （早稲田大　基幹理工）

4. 彼女には勇気が足りなかった。
   She was (d   ) in courage.

5. 彼らは老齢のためすっかり弱くなった。
   They became weak and (f   ) from advanced age.

6. ここ10〜15年の間で、代替医療、非伝統的な医療行為が、より評判を上げ熟練され始めている。
   Only in the last 10-15 years has (a   ) medicine, non-traditional medical treatments, begun to become more respected and practiced.
   （東海大）

7. 医師はその男に鎮静剤を与えた。
   The physician gave a (s   ) to the man.

8. 抗生物質の薬1回分
   a (d   ) of antibiotics

9. 致死量（左辺のカッコに入る単語は？）
   a (l   ) dose = a fatal dose

10. 潜在的な害と多くの治療の副作用の恐れから、患者はどのような医療介入も追い求めないことを選ぶかもしれない。
    Patients may choose not to pursue any medical (i   ) because of the potential harm and side effects of many treatments.
    （杏林大　改）

Review Quiz 2 Answer

※カッコ内は見出し語番号

1. by-products [127]
by-product は「副作用」と「副産物」の意味がある。

2. recipient [097]
「心臓移植を受けた患者」＝「被移植者」。

3. paralyzed [038]
be paralyzed で「まひする」。

4. deficient [135]
be deficient in で「～に欠けている・が不足している」。

5. feeble [142]

6. alternative [083]
alternative medicine「代替医療」はしっかり覚えておこう。

7. sedative [169]
「鎮静作用のある」という形容詞と「鎮痛剤」という名詞の意味がある。

8. dose [171]
a dose of ～で「薬の1回分」。

9. lethal [149]

10. intervention [079]

Chapter 2
身体と精神

「キクタン」の学習法には慣れてきたでしょうか。このチャプターでは、身体と精神に関する単語を学びます。P.92 からはイラストで人体のさまざまな部位を紹介したコーナーがあります。単語と実際の部位を照らし合わせて覚えましょう。

Day 12 前半
身体 動詞
Page 68 ▶ 69

Day 12 後半〜15
身体 動詞以外
Page 70 ▶ 83

Day 16 前半
精神 動詞
Page 84 ▶ 85

Day 16 後半〜17
精神 動詞以外
Page 86 ▶ 91

Human Body（人体）
Page 92 ▶ 97

Column
Page 98

Review Quiz
Page 99 ▶ 102

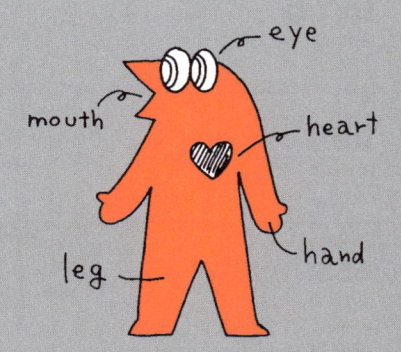

Day 12　身体1（動詞～動詞以外）

Listen)) CD-A12

□ 177
exhale
[ekshéil]

自 **息を吐き出す**（⇔inhale［吸い込む］）；(蒸気・においなどが)発散する、ぶちまける　他 ～を吐き出す、発散させる

□ 178
inhale
[inhéil]

他 (空気・ガスなど)**を吸い込む**（≒breathe in ～　⇔exhale［～を吐き出す］）；(飲食物)をがつがつ食べる、飲み込む　自 (肺まで) 吸い込む、吸入する

□ 179
breathe
[bríːð]

自 **呼吸する**、息をする；一息つく　他 (空気)を呼吸する
名 breathing：呼吸（≒aspiration）
形 breathless：息もつけない
形 breathtaking：息をのむような
関 aerobic：好気性の（⇔anaerobic［嫌気性の］）

□ 180
digest
[daidʒést]

他 (食物)**を消化する**（≒assimilate、stomach）；(知識など)を消化して自分のものにする
名 digestion：消化（⇔indigestion［消化不良］）
形 digestive：消化の

□ 181
circulate
[sə́ːrkjulèit]

自 (血液などが) **循環する**；(うわさなどが) 広がる　他 ～を循環させる
名 circulation：血行、循環

□ 182
throb
[θrɑ́b]

自 **脈打つ**、鼓動する；感動する　名 動悸；興奮
関 a throbbing headache：ズキズキする頭痛

□ 183
flex
[fléks]

他 (手足)**を曲げる**、(筋肉)を収縮させる、ほぐす
形 flexible：曲がりやすい；柔軟性のある
名 flexibility：曲げやすさ；柔軟性

□ 184
assimilate
[əsíməlèit]

他 (食物など)**を消化吸収する**（≒digest）；同化する；理解する　自 消化する
名 assimilation：消化

continued
▼

今日から身体に関する単語を学んでいこう。まずは動詞から。後半から部位を学ぶよ。

Listen モード　☐☐☐☐☐
Listen & Check モード　☐☐☐☐☐

Check

☐ When he exhaled, there was a faint whistling sound, but he could breathe normally. (息を吐くとき、かすかにヒューヒューという音がしたが、彼は正常に呼吸ができた)

☐ In fact, only one-third of the smoke from a cigarette is inhaled by the smoker; the remainder floats into the air around the smoker. (実際には、たばこの煙は1/3しか喫煙者当人には吸い込まれない。残りはその喫煙者周辺の空中に漂うのである) [北海道大]

☐ When you breathe, you take in oxygen, and, if you're doing aerobic exercise, you may notice you're breathing faster than normal. (呼吸するとき、あなたは酸素を取り込みます。もし有酸素運動をしていれば、いつもより速く呼吸をしていることに気付くはずです) [埼玉医科大]

☐ Broccoli is actually one of the more difficult foods to digest. (ブロッコリーは、実はけっこう消化しにくい食べ物の1つなのです)

☐ If blood cannot circulate freely through this tissue, the tissue will quickly die. (もし血液がこの細胞組織を滞りなく循環できなければ、組織はすぐに死んでしまいます)

☐ The front quarter of my head begins to pound and throb. (私の前頭部の1/4がズキズキして脈打ち始める) [杏林大　改]

☐ After the operation, she had difficulty flexing her knee, but physical therapy helped to restore its movement. (その手術の後、彼女は膝を曲げることが困難だったが、理学療法がその運動能力を回復させるのに役立った)

☐ Calcium cannot be assimilated by the bones unless certain other elements are present. (カルシウムは、ほかの特定要素が存在しないと骨に吸収されない)

continued
▼

Day 12

Listen 》CD-A12

□ 185
optic
[áptik]
- 形 **目の**；視力[視覚]の　名 目
- 派 optical：光学（上）の；視力[視覚]の；視力を助ける

□ 186
iris
[áiəris]
❶ 複数形注意
- 名 （眼球の）**虹彩**；（植物の）アイリス　● 複数形は irides [íredì:z] /irises

□ 187
cornea
[kɔ́:rniə]
- 名 **角膜**

□ 188
retina
[rétənə]
❶ 発音・複数形注意
- 名 **網膜**　● 複数形は retinae [rétəni:] /retinas
- 関 naked eye：肉眼、裸眼

□ 189
naked eye
[néikid ái]
- 名 **肉眼**、裸眼

□ 190
nasal
[néizəl]
- 形 **鼻の**、鼻にかかった　名 鼻音、鼻声

□ 191
nostril
[nástrəl]
- 名 **鼻孔**、鼻の穴、小鼻

□ 192
oral
[ɔ́:rəl]
- 形 **口の**；（薬が）経口の；口頭の

Day 11 》CD-A11
Quick Review
答えは右ページ下

- □ 偽薬
- □ コカイン
- □ 服用
- □ 抑制剤
- □ ジェネリックの
- □ アヘン
- □ ヘロイン
- □ 鎮静作用のある
- □ アスピリン
- □ 湿布
- □ 軟こう
- □ 一服
- □ 錠剤
- □ 麻薬
- □ 薬学の
- □ 抗生物質

Check

☐ the optic nerve（視神経）

☐ an iris defect（虹彩欠損）

☐ cornea grafting（角膜移植）

☐ an image on the retina（網膜上の像、網膜像）

☐ with the naked eye（肉眼で）

☐ the nasal cavity（鼻腔）

☐ nostril hair（鼻毛）

☐ oral health（口腔衛生）
☐ oral surgery（口腔外科 [手術]）

Day 11 》CD-A11
Quick Review
答えは左ページ下

☐ placebo ☐ generic ☐ aspirin ☐ tablet
☐ cocaine ☐ opium ☐ poultice ☐ narcotic
☐ dose ☐ heroin ☐ ointment ☐ pharmaceutical
☐ depressant ☐ sedative ☐ potion ☐ antibiotic

Chapter 1
Chapter 2
Chapter 3
Chapter 4
Chapter 5
Chapter 6

Day 13　身体 2（動詞以外）

Listen))) CD-A13

□ 193
throat
[θróut]

名 **喉**、咽喉

□ 194
larynx
[lǽriŋks]

名 **喉頭**

□ 195
thyroid
[θáiərɔid]

名 **甲状腺** (thyroid gland)　形 甲状腺の

□ 196
pore
[pɔ́ːr]

名 **毛穴**　自 熟考する、熟読する

□ 197
limb
[lím]

名 **手足**、肢

□ 198
armpit
[áːrmpìt]

名 **わきの下**

□ 199
abdomen
[ǽbdəmən]
❶ アクセント注意

名 **腹部**

□ 200
abdominal
[æbdámənl]

形 **腹の**、腹部の　名 腹筋

continued
▼

意外と知らない体の部位を表す英語。「手」は「hand」だけど、「わきの下」は??

Listen モード ☐☐☐☐☐
Listen & Check モード ☐☐☐☐☐

Check

☐ a sore throat（喉の痛み、咽頭痛）

☐ larynx function（喉頭機能）

☐ the thyroid gland（甲状腺）
☐ a thyroid hormone（甲状腺ホルモン）
☐ thyroid problems（甲状腺疾患）
☐ thyroid cancer（甲状腺がん）

☐ discharge sweat through tiny pores（小さな毛穴から汗を排出する）

☐ artificial limbs（義肢）

☐ under both armpits（両わきの下に）

☐ abdomen pain（腹部痛）

☐ abdominal surgery（腹部［開腹］手術）
☐ abdominal cramps（腹部の痛みを伴ったけいれん）

continued
▼

Day 13

Listen))) CD-A13

□ 201
belly
[béli]
- 名 おなか

□ 202
thigh
[θái]
- 名 もも、大腿部(だいたいぶ)

□ 203
tendon
[téndən]
- 名 腱

□ 204
ligament
[lígəmənt]
- 名 靭帯

□ 205
umbilical cord
[ʌmbílikəl kɔ́:rd]
- 名 へその緒

□ 206
esophagus
[isɑ́fəgəs]
- 名 食道 (≒gullet、food passage)

□ 207
lung
[lʌ́ŋ]
- 名 肺 ● 左右の肺を表すときには複数形 lungs で用いる

□ 208
gastric
[gǽstrik]
- 形 胃の
- 関 名 gastritis：胃炎

Day 12))) CD-A12
Quick Review
答えは右ページ下

- □ ～を消化吸収する
- □ 虹彩
- □ 循環する
- □ 網膜
- □ 肉眼
- □ ～を曲げる
- □ ～を吸い込む
- □ 目の
- □ 口の
- □ 角膜
- □ 鼻孔
- □ 鼻の
- □ ～を消化する
- □ 呼吸する
- □ 脈打つ
- □ 息を吐き出す

Check

☐ belly fat (おなかの脂肪)

☐ thigh muscle (大腿筋)
☐ upper thighs (大腿上部)

☐ the Achilles tendon (アキレス腱)

☐ ligament injury (靭帯損傷)

☐ umbilical cord blood (臍帯血)

☐ esophagus cancer (食道がん)

☐ lung tissue (肺組織)
☐ a heart-lung bypass (心肺バイパス)

☐ gastric juice (胃液)
☐ a gastric ulcer (胃潰瘍)
☐ gastric acid (胃酸)

Day 12)) CD-A12
Quick Review
答えは左ページ下

☐ assimilate ☐ naked eye ☐ oral ☐ digest
☐ iris ☐ flex ☐ cornea ☐ breathe
☐ circulate ☐ inhale ☐ nostril ☐ throb
☐ retina ☐ optic ☐ nasal ☐ exhale

Day 14 身体3（動詞以外）

Listen)) CD-A14

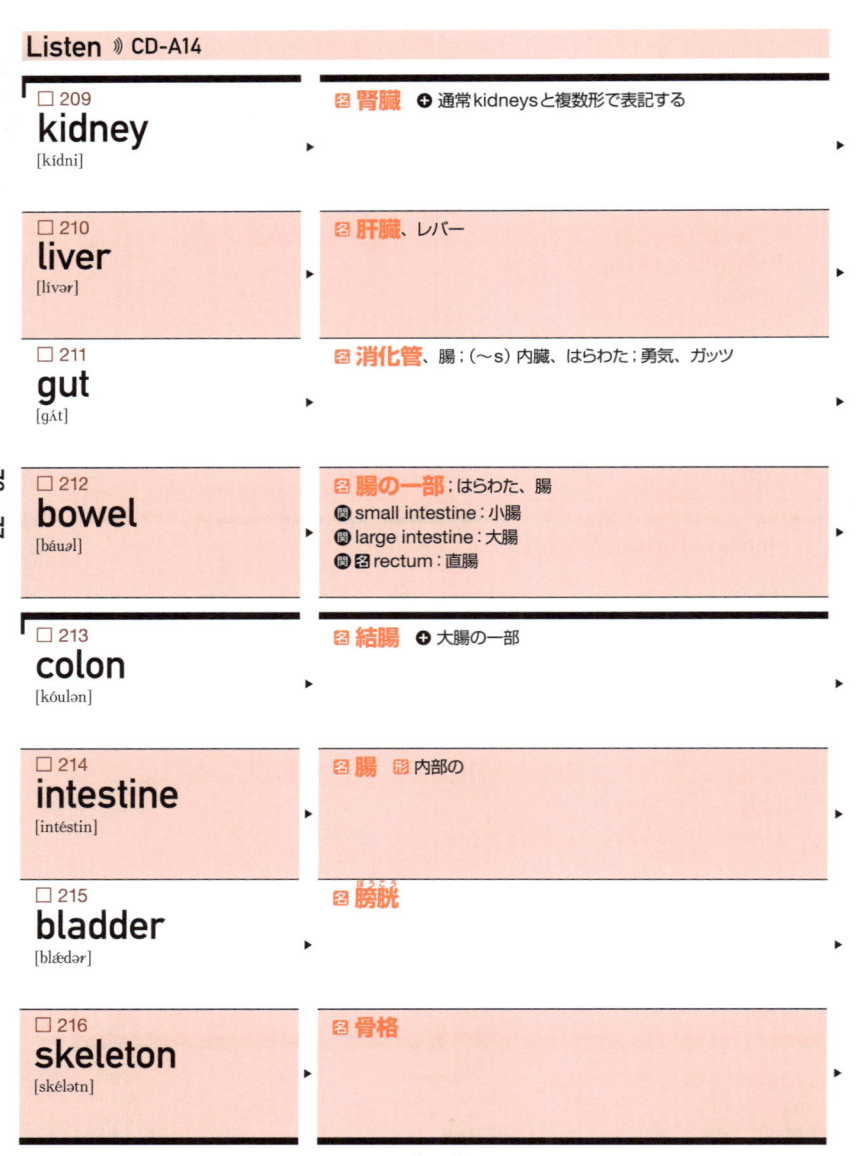

□ 209 **kidney** [kídni]	名 **腎臓** ⊕ 通常kidneysと複数形で表記する
□ 210 **liver** [lívər]	名 **肝臓**、レバー
□ 211 **gut** [gÁt]	名 **消化管**、腸；(〜s) 内臓、はらわた；勇気、ガッツ
□ 212 **bowel** [báuəl]	名 **腸の一部**；はらわた、腸 関 small intestine：小腸 関 large intestine：大腸 関 名 rectum：直腸
□ 213 **colon** [kóulən]	名 **結腸** ⊕ 大腸の一部
□ 214 **intestine** [intéstin]	名 **腸** 形 内部の
□ 215 **bladder** [blǽdər]	名 **膀胱**
□ 216 **skeleton** [skélətn]	名 **骨格**

continued
▼

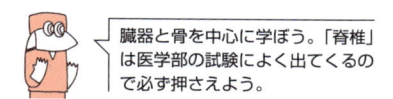

臓器と骨を中心に学ぼう。「脊椎」は医学部の試験によく出てくるので必ず押さえよう。

Listen モード ☐☐☐☐☐
Listen & Check モード ☐☐☐☐☐

Check

☐ kidney dialysis（腎臓透析）

☐ liver failure（肝不全）
☐ liver cirrhosis（肝硬変）

☐ gut content（消化管内容物）
☐ gut bacteria（腸バクテリア）

☐ bowel cancer（大腸がん）

☐ colon cancer（結腸がん）

☐ the small intestine（小腸）
☐ the large intestine（大腸）
☐ the stomach and intestines（胃腸）

☐ bladder cancer（膀胱がん）

☐ complete skeletons（全身骨格）

continued
▼

Day 14

Listen)) CD-A14

□ 217
skull
[skʌ́l]

名 **頭蓋骨**、頭

□ 218
axis
[ǽksis]

名 **軸椎**、第二頸椎；軸、軸線；中心線

□ 219
spine
[spáin]

名 **脊椎**、背骨、脊柱（≒backbone）
形 spinal：背骨の、脊髄の
名 spinal：脊髄麻酔薬
熟 spinal cord：脊髄

□ 220
backbone
[bǽkbòun]

名 **背骨**、脊椎（≒spine、vertebra）

□ 221
rib
[ríb]

名 **肋骨**、あばら骨

□ 222
pelvis
[pélvis]

名 **骨盤**

□ 223
marrow
[mǽrou]

名 **骨髄**、髄

□ 224
vessel
[vésəl]

名 **血管**（blood vessel）；（植物の）導管；（大型の）船；（液体を入れる）容器

Day 13)) CD-A13
Quick Review
答えは右ページ下

- □ 食道
- □ わきの下
- □ 毛穴
- □ へその緒
- □ 手足
- □ 靭帯
- □ 腹部
- □ 喉
- □ 喉頭
- □ もも
- □ 胃の
- □ おなか
- □ 甲状腺
- □ 腹の
- □ 腱
- □ 肺

Check

☐ a fractured skull (頭蓋骨骨折)

☐ dens axis (軸椎歯突起)

☐ lumbar spine (腰椎)

☐ damage one's backbone (背骨を損傷する)

☐ the lungs and rib cage (肺と胸郭)

☐ the pelvis major (大骨盤)

☐ bone marrow (骨髄)

☐ blood vessels (血管)

| Day 13 》CD-A13
Quick Review
答えは左ページ下 | ☐ esophagus
☐ armpit
☐ pore
☐ umbilical cord | ☐ limb
☐ ligament
☐ abdomen
☐ throat | ☐ larynx
☐ thigh
☐ gastric
☐ belly | ☐ thyroid
☐ abdominal
☐ tendon
☐ lung |

Chapter 1
Chapter 2
Chapter 3
Chapter 4
Chapter 5
Chapter 6

Day 15　身体 4（動詞以外）

Listen)) CD-A15

□ 225
artery
[ɑ́ːrtəri]

名 **動脈**（⇔ vein [静脈]）
関 blood vessel：血管

□ 226
vein
[véin]

名 **静脈**（⇔ artery [動脈]）
関 blood vessel：血管

□ 227
capillary
[kǽpəlèri]

名 **毛細管**、毛細血管

□ 228
chamber
[tʃéimbər]
❶ 発音注意

名 （心臓の）**心室**；(生物体内・機械の) 空間；(特別な目的のための) 部屋
関 名 atrium：心房

□ 229
coronary
[kɔ́ːrənèri]

形 **冠状動脈の**；冠状に囲む

□ 230
womb
[wúːm]

名 **子宮**

□ 231
ovary
[óuvəri]

名 **卵巣**

□ 232
penis
[píːnis]

名 **ペニス**、陰茎

continued

今日は心臓、生殖器から脳や神経などに関する単語。神経関係の単語も長文問題によく出るんだって！

Listen モード　☐☐☐☐☐
Listen & Check モード　☐☐☐☐☐

Check

☐ artery walls（動脈壁）

☐ a central vein（中心静脈）

☐ a capillary vessel（毛細血管）

☐ a cardiac chamber（心室）

☐ coronary heart disease（冠状動脈性心臓病、冠動脈性心疾患）
☐ the risk of coronary heart disease（冠状動脈性心臓病の危険因子）

☐ a baby in the womb（子宮内の赤ちゃん、胎児）

☐ ovary cells（卵巣細胞）

☐ penis implant（陰茎移植）

continued
▼

Day 15

Listen 》CD-A15

□ 233 cerebral
[sərí:brəl]

形 **脳の**；知性に訴える
名 cerebrum：大脳

□ 234 cortex
[kɔ́:rteks]

名 （大脳）**皮質**（≒ cerebral cortex）

□ 235 hippocampus
[hìpəkǽmpəs]

名 （大脳側頭葉の）**海馬**
● 記憶をつかさどる脳の器官

□ 236 hypothalamus
[hàipəθǽləməs]

名 **視床下部**
● 脳の部位。自律神経系の中枢

□ 237 nervous
[nɔ́:rvəs]

形 **神経の**；神経質な；臆病な
名 nerve：神経（線維）；筋；中枢；ずぶとさ

□ 238 neuron
[njúəran]

名 **ニューロン、神経細胞、神経単位**
名 neurosis：神経症
名 neurotic：神経症患者
名 neuroscience：神経科学

□ 239 axon
[ǽksɑn]

名 （神経細胞の）**軸索** ● 神経細胞の円柱状の細長い突起

□ 240 synapse
[sínæps]

名 **シナプス** ● 神経細胞の連接部

Day 14 》CD-A14
Quick Review
答えは右ページ下

□ 脊椎 □ 軸椎 □ 肝臓 □ 腸
□ 膀胱 □ 肋骨 □ 結腸 □ 骨格
□ 頭蓋骨 □ 背骨 □ 腎臓 □ 血管
□ 腸の一部 □ 骨盤 □ 骨髄 □ 消化管

Check

- [ ] cerebral palsy（脳性まひ）

- [ ] the cerebral cortex（大脳皮質）
- [ ] the primary visual cortex（一次視覚野、一次視覚皮質）

- [ ] damage to the hippocampus（海馬の損傷）

- [ ] the brain's hypothalamus（脳の視床下部）

- [ ] the nervous system（神経系）
- [ ] sympathetic nervous system（交感神経系）
- [ ] a nervous breakdown（神経衰弱）
- [ ] nervous tissue（神経組織）

- [ ] sensory neuron（感覚ニューロン）
- [ ] the decline of neurons（ニューロンの減少）

- [ ] motor axon（運動性軸索）

- [ ] form synapses（シナプスを形成する）
- [ ] synapse formation（シナプス形成）

Day 14)) CD-A14
Quick Review
答えは左ページ下

- [ ] spine
- [ ] bladder
- [ ] skull
- [ ] bowel
- [ ] axis
- [ ] rib
- [ ] backbone
- [ ] pelvis
- [ ] liver
- [ ] colon
- [ ] kidney
- [ ] marrow
- [ ] intestine
- [ ] skeleton
- [ ] vessel
- [ ] gut

Chapter 1
Chapter 2
Chapter 3
Chapter 4
Chapter 5
Chapter 6

Day 16　精神 1 (動詞〜動詞以外)

Listen CD-A16

□ 241
bewilder
[biwíldər]

他 **〜を当惑させる**、混乱させる (≒embarrass、upset、confuse、dismay)

□ 242
humiliate
[hju:mílièit]

他 **〜に恥をかかせる**、屈辱を与える (≒shame)

□ 243
abhor
[æbhɔ́:r]

他 **〜を忌み嫌う** (≒hate、loathe);避ける

□ 244
deplore
[diplɔ́:r]

他 **〜を嘆く**、遺憾に思う、(人の死)を悼む;〜を非難する

□ 245
frustrate
[frʌ́streit]

他 **〜を失望させる** (≒disappoint、discourage);〜をいらいらさせる;〜に挫折感を与える
形 frustrating: がっかりするような、失望させるような
名 frustration: 失望、落胆;(計画などの)挫折;欲求不満

□ 246
irritate
[írətèit]

他 **〜をいらいらさせる** (≒annoy、fret)、怒らせる、じらす;(身体の一部)を刺激する、ひりひりさせる
熟 get on one's nerves:(人)の神経に障る[を逆撫でする]

□ 247
lament
[ləmént]

他 **〜を悲しむ**、嘆く (≒grieve);〜を後悔する　自 (〜を)悲しむ (for [over] 〜)
形 lamentable: 悲しむべき、粗末な

□ 248
offend
[əfénd]

他 **(人)の感情を害する**:(be offended at [by, with] 〜 で)〜に腹を立てる;(耳・目など)に不快感を与える
形 offensive:(〜に)無礼な (≒impolite);侮辱的な (≒insulting) (to 〜);不快感を与える (≒disgusting);攻撃側の (⇔defensive [守備側の]);攻撃用の

continued

今日から精神に関する単語が始まるよ。まずは動詞から。後半は動詞以外を学ぼう。

Listen モード　☐☐☐☐☐
Listen & Check モード　☐☐☐☐☐

Check

☐ He was completely bewildered by the dozens of choices of cold medicine he found in the pharmacy. (薬局で目にした風邪薬の種類の多さに、彼は完全に当惑した)

☐ Every day in our schools children are humiliated in front of their classmates. (うちの学校では毎日、子どもたちが級友たちの前で恥をかかされる) [香川大]

☐ He abhorred monopoly power, especially if it was achieved by protecting trade secrets. (彼は独占力をひどく嫌っていた。特にそれが企業秘密を保護することによって成された場合には) [九州大 経済]

☐ He deplored his behavior from the night before, and called his wife to apologize. (彼は前夜の自らの振る舞いに心を痛め、妻に謝罪するために電話をした)

☐ But being frustrated and being angry are different things. (でも、失望することと怒ることは別のことだよ) [北海道大]

☐ The flickering light on the ceiling irritated him, and he asked a nurse to replace it. (天井の電灯のちらつきがいらいらするので、彼は看護師にそれを交換してほしいと頼んだ)

☐ She lamented having studied law instead of medicine, and wished she could go back to school. (彼女は医学ではなく法律を学んだことを嘆き [後悔し]、学校に戻ることを望んだ)

☐ He offended several students in the classroom by using a racist stereotype. (彼は人種差別的な固定概念を用いたことで、教室にいた複数の学生の気分を害した)

continued
▼

Day 16

Listen)) CD-A16

□ 249
ambivalent
[æmbívələnt]

形 **相反する感情の**；心が不安定な

□ 250
awkward
[ɔ́ːkwərd]

形 **気まずい**、どぎまぎした；不器用な、下手な（≒clumsy、inexpert）；ぎこちない

□ 251
dismal
[dízməl]

形 **陰気[陰鬱]な**、憂鬱な；惨たんたる、みじめな（≒terrible）；（景色などが）もの寂しい、荒涼とした

□ 252
furious
[fjúəriəs]

形 （～に）**激怒した**、怒り狂った（at [about、with] ～）；（勢いなどが）猛烈な、激しい
名 fury：激怒、憤激（≒rage、wrath）；激しさ、狂暴性

□ 253
grief
[gríːf]

名 （～に対する）**深い悲しみ**、深い苦悩、悲嘆（at [over] ～） ● 「悲しみ」を表す一般的な語は sorrow（≒sadness）

□ 254
rapture
[ræptʃər]

名 **狂喜**、有頂天　他 ～を有頂天にさせる

□ 255
rage
[réidʒ]

名 **激怒**、憤怒（≒anger）；激しさ；（～に対する）熱狂（for ～）

□ 256
uneasy
[ʌníːzi]

形 （～のことで）**不安な**、心配な、落ち着かない（about ～）（≒nervous, ill at ease ⇔easy [心配していない]）；（状態・関係が）不安定な；（体が）楽でない、くつろげない（≒restless, unconfortable）

| Day 15)) CD-A15 Quick Review 答えは右ページ下 | □海馬 □動脈 □神経の □心室 | □毛細管 □ニューロン □静脈 □卵巣 | □軸索 □冠状動脈の □視床下部 □子宮 | □皮質 □シナプス □ペニス □脳の |

Check

☐ **have ambivalent feelings about** ~ (〜に対して微妙な [相反する] 感情を抱いている)

☐ **feel awkward** (気まずい思いをする)
☐ **awkward silences** (気詰まりな沈黙、気まずい沈黙)

☐ **a dismal look** (憂鬱な顔つき)
☐ **dismal prognosis** (予後不良)

☐ **in furious tones** (怒りに満ちた口調で)

☐ **grief care** (グリーフケア)
● 親しい人を亡くし悲しみに暮れている人をサポートする

☐ **go into raptures** (恍惚状態になる)

☐ **in one's rage at** ~ (〜に激怒して)

☐ **have an uneasy feeling** (不安な気持ちを持つ)

Day 15))) CD-A15
Quick Review
答えは左ページ下

☐ hippocampus ☐ capillary ☐ axon ☐ cortex
☐ artery ☐ neuron ☐ coronary ☐ synapse
☐ nervous ☐ vein ☐ hypothalamus ☐ penis
☐ chamber ☐ ovary ☐ womb ☐ cerebral

Chapter 1
Chapter 2
Chapter 3
Chapter 4
Chapter 5
Chapter 6

Day 17　精神 2（動詞以外）

Listen)) CD-A17

□ 257
benevolent
[bənévələnt]

形 **善意ある**、(人や行為などが) 親切な、慈悲の心に富んだ；慈善のための
名 benevolence：善行、慈善の心

□ 258
desperate
[déspərət]

形 (人・行為などが) **向こう見ずの** (≒reckless、daring)、自暴自棄の；(試みなどが) 必死の、命がけの；(〜を) 欲しくてたまらない (for 〜)；(事態などが) 絶望的な
副 desperately：ひどく、やけくそになって、必死になって
名 desperation：自暴自棄、死にもの狂い

□ 259
disposition
[dìspəzíʃən]

名 **気質**、傾向；処分、処理

□ 260
eccentric
[ikséntrik]

形 **常軌を逸した**、異常な、風変わりな、とっぴな、妙な (≒ strange、peculiar、odd)

□ 261
gloomy
[glú:mi]

形 (状況が) **悲観的な**、希望のない；(人が) 憂鬱な、陰気な；薄暗い (≒dim)
名 gloom：暗闇、薄暗さ、憂鬱
他 gloom：〜を憂鬱にさせる

□ 262
timid
[tímid]

形 **臆病な**、気が小さい

□ 263
hallucination
[həlù:sənéiʃən]

名 **幻覚**；誤った考え、妄想

□ 264
illusion
[ilú:ʒən]

名 **錯覚**、思い違い；幻想；幻覚

continued
▼

「性格」や「意識」に関する単語が続々登場。どれも重要だからしっかり押さえておこう。

Listen モード ☐☐☐☐☐
Listen & Check モード ☐☐☐☐☐

Check

☐ **be benevolent to** ~（~に対して優しい）

☐ **in a desperate attempt to do**（必死 [死にもの狂い] に~をしようとして）
☐ **a desperate patient**（重体の患者）

☐ **have a disposition to** ~（~を好む傾向がある）

☐ **behave in an eccentric manner**（変わった振る舞いをする）

☐ **feel gloomy**（気が滅入る）

☐ **feel timid**（恐縮する、気後れする）

☐ **visual hallucinations**（幻視）

☐ **create an illusion**（錯覚を起こす）
☐ **the auditory-visual illusion**（視聴覚の錯覚）

continued
▼

Day 17

Listen » CD-A17

□ 265
consciousness
[kánʃəsnis]

名 意識、自覚

□ 266
sanity
[sǽnəti]

名 正気（⇔insanity [狂気]）；健全さ
形 sane：正気の（⇔insane [正気でない]）

□ 267
subconscious
[sÀbkánʃəs]

名 潜在意識 形 潜在意識の（≒latent）

□ 268
obsessive
[əbsésiv]

形 （～に）**取りつかれた**（about ～）；強迫観念の；過度の 名 偏執狂
名 obsession：妄想、強迫観念

□ 269
insane
[inséin]

形 **正気でない**、狂気の、精神障害の（≒mad ⇔sane [正気の]）；ばかげた
名 insanity：狂気

□ 270
cognitive
[kágnətiv]

形 **認識の**、認知に関する
名 cognition：認知、認識

□ 271
extrovert
[ékstrəvə̀:rt]

形 **外向性の**（≒outgoing ⇔introvert [内向性の]） 名 外向型[性]の人

□ 272
anguish
[ǽŋgwiʃ]

名 （心身の）**激しい苦痛**、苦悩、悲痛 ● 「痛み」を表す一般語は pain。ache は「局所的・継続的な痛み」、stitch は「刺すような痛み」

Day 16 » CD-A16
Quick Review
答えは右ページ下

- □ ～の感情を害する
- □ ～を当惑させる
- □ 不安な
- □ 深い悲しみ
- □ ～に恥をかかせる
- □ 激怒させる
- □ 狂喜
- □ 気まずい
- □ ～を忌み嫌う
- □ 相反する感情の
- □ ～を悲しむ
- □ ～を嘆く
- □ 陰気な
- □ ～を失望させる
- □ 激怒
- □ ～をいらいらさせる

Check

- a loss of consciousness (意識消失)
- regain consciousness (意識を回復する [取り戻す]、正気に返る、蘇生する)

- question someone's sanity ([人の] 正気を疑う)
- preserve one's sanity (正気を保つ)

- in one's own subconscious (〜の潜在意識の中で)

- obsessive compulsive disorder (強迫障害、強迫神経症)
- obsessive interest (強迫神経症的関心)

- go insane (気が狂う)

- a cognitive neuroscientist (認知神経科学者)
- cognitive therapy (認知療法)

- an extrovert personality (外向的な性格)

- feel the anguish of 〜 (〜の苦痛を感じる、〜に苦悩する)

| Day 16))) CD-A16 Quick Review 答えは左ページ下 | □ offend
□ bewilder
□ uneasy
□ grief | □ humiliate
□ furious
□ rapture
□ awkward | □ abhor
□ ambivalent
□ lament
□ deplore | □ dismal
□ frustrate
□ rage
□ irritate |

Chapter 1
Chapter 2
Chapter 3
Chapter 4
Chapter 5
Chapter 6

Human Body（人体）

Chapter 2で学んだ人体の部位の名前や、神経系の単語が実際にどこを指すのかなど、ここでイラストを使って押さえておこう。

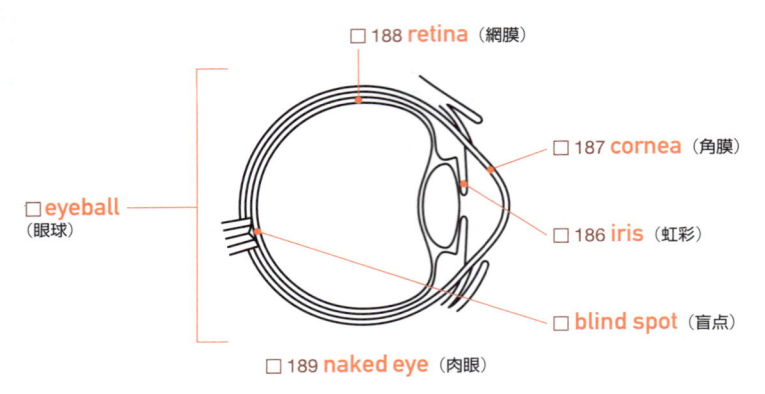

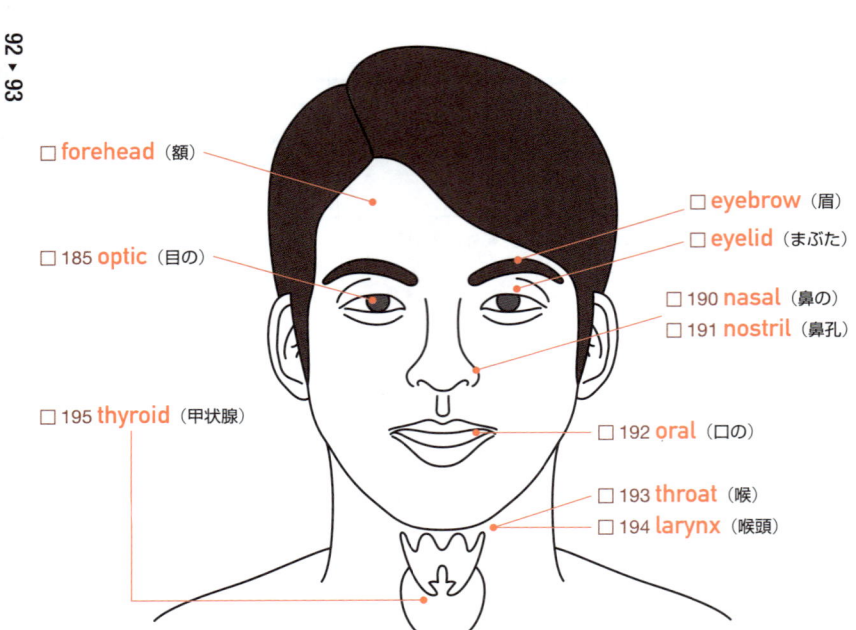

- □ 188 **retina**（網膜）
- □ 187 **cornea**（角膜）
- □ 186 **iris**（虹彩）
- □ **eyeball**（眼球）
- □ **blind spot**（盲点）
- □ 189 **naked eye**（肉眼）

- □ **forehead**（額）
- □ **eyebrow**（眉）
- □ **eyelid**（まぶた）
- □ 185 **optic**（目の）
- □ 190 **nasal**（鼻の）
- □ 191 **nostril**（鼻孔）
- □ 195 **thyroid**（甲状腺）
- □ 192 **oral**（口の）
- □ 193 **throat**（喉）
- □ 194 **larynx**（喉頭）

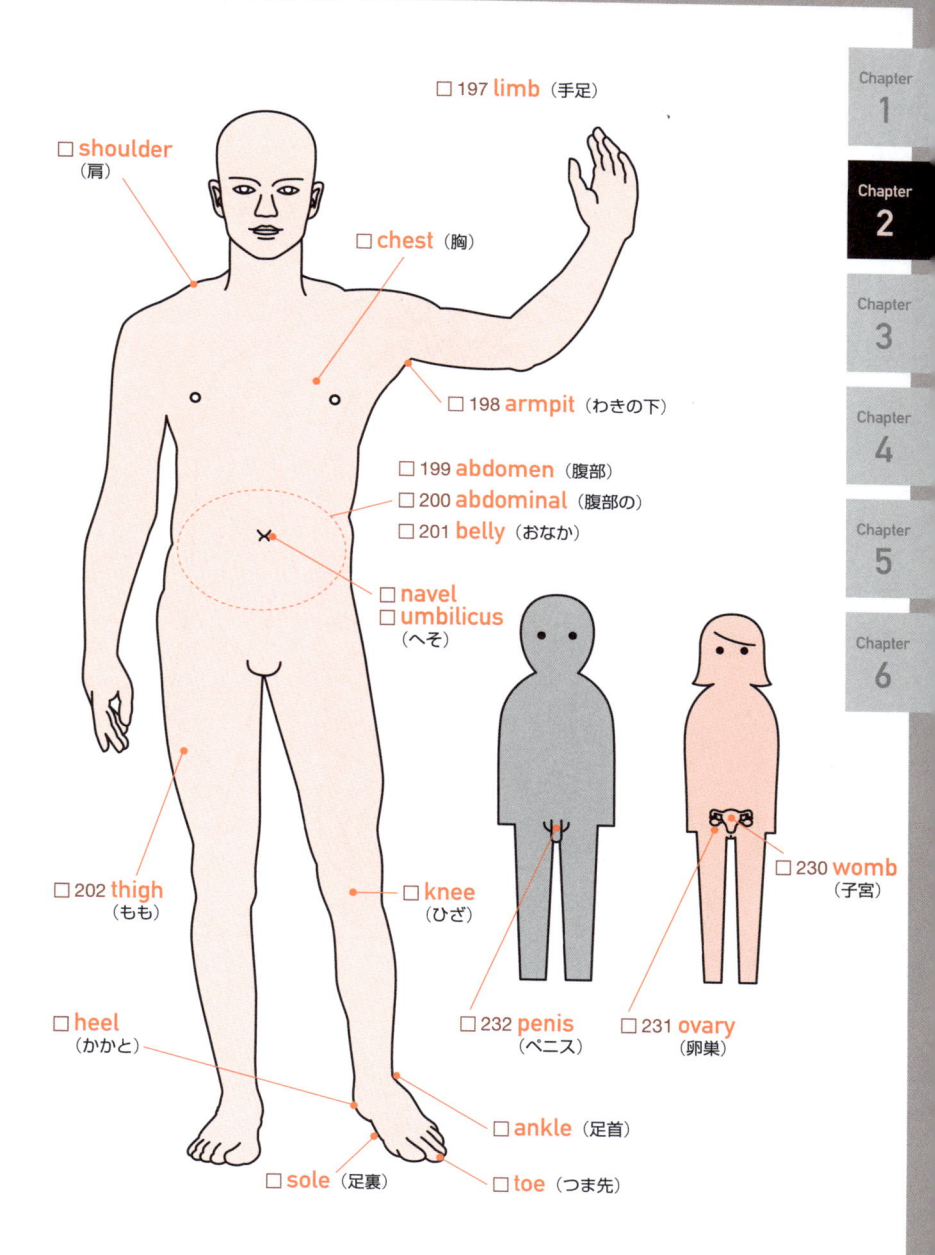

- ☐ 197 **limb**（手足）
- ☐ **shoulder**（肩）
- ☐ **chest**（胸）
- ☐ 198 **armpit**（わきの下）
- ☐ 199 **abdomen**（腹部）
- ☐ 200 **abdominal**（腹部の）
- ☐ 201 **belly**（おなか）
- ☐ **navel**
- ☐ **umbilicus**（へそ）
- ☐ 202 **thigh**（もも）
- ☐ **knee**（ひざ）
- ☐ 230 **womb**（子宮）
- ☐ **heel**（かかと）
- ☐ 232 **penis**（ペニス）
- ☐ 231 **ovary**（卵巣）
- ☐ **ankle**（足首）
- ☐ **sole**（足裏）
- ☐ **toe**（つま先）

Human Body (人体)

- ☐ 206 **esophagus** (食道)
- ☐ 207 **lung** (肺)
- ☐ **heart** (心臓)
- ☐ 210 **liver** (肝臓)
- ☐ 208 **gastric** (胃の)
- ☐ **stomach** (胃)
- ☐ 209 **kidney** (腎臓)
- ☐ 213 **colon** (結腸)
- ☐ 214 **small intestine** (小腸)
- ☐ 215 **bladder** (膀胱)
- ☐ **appendix** (虫垂)

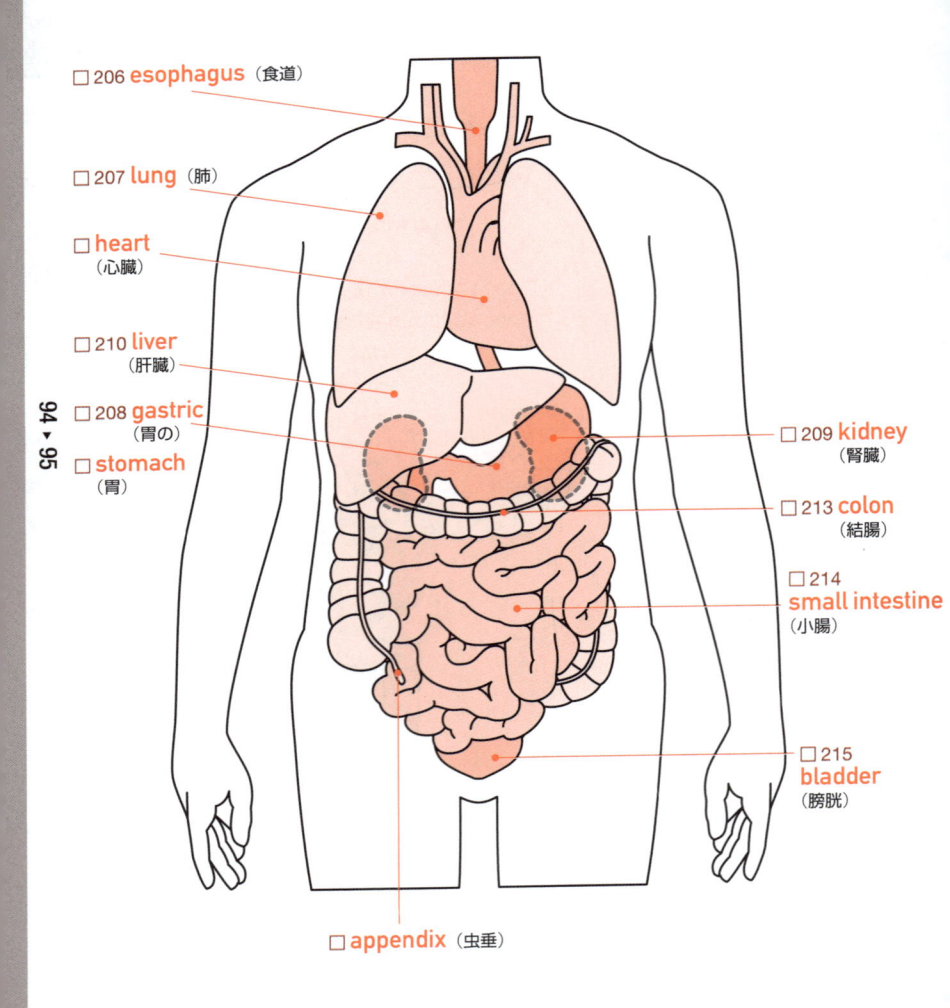

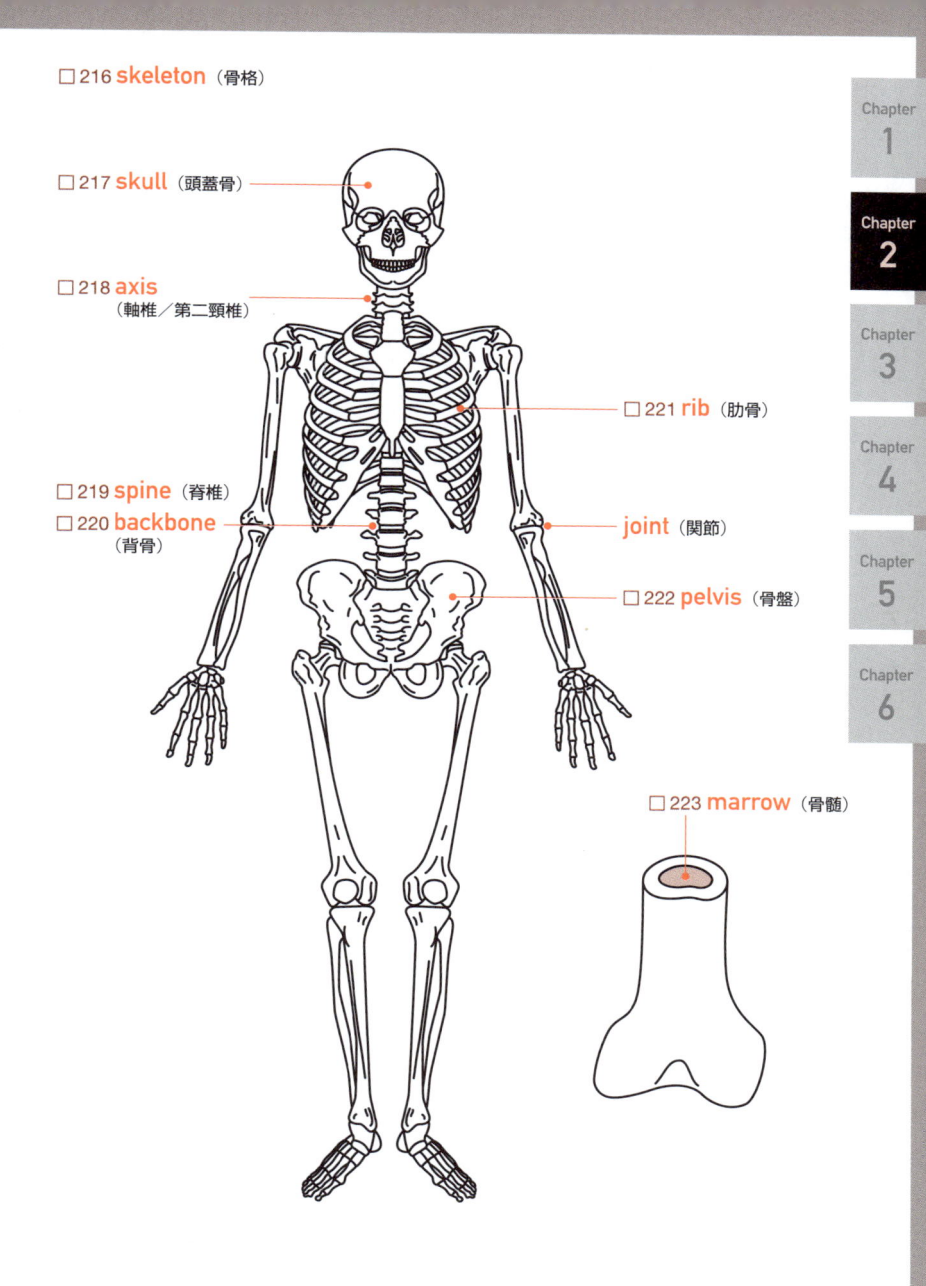

- ☐ 216 **skeleton**（骨格）
- ☐ 217 **skull**（頭蓋骨）
- ☐ 218 **axis**（軸椎／第二頸椎）
- ☐ 219 **spine**（脊椎）
- ☐ 220 **backbone**（背骨）
- ☐ 221 **rib**（肋骨）
- **joint**（関節）
- ☐ 222 **pelvis**（骨盤）
- ☐ 223 **marrow**（骨髄）

Human Body (人体)

- ☐ 224 **vessel** (血管)
- ☐ 225 **artery** (動脈)
- ☐ 226 **vein** (静脈)
- ☐ 227 **capillary** (毛細管)
- ☐ 229 **coronary** (冠状動脈の)
- ☐ **coronary artery** (冠状動脈)
- ☐ 228 **chamber** (心室)
- ☐ **right atrium** (右心房)
- ☐ **left atrium** (左心房)
- ☐ **left ventricle** (左心室)
- ☐ **right ventricle** (右心室)

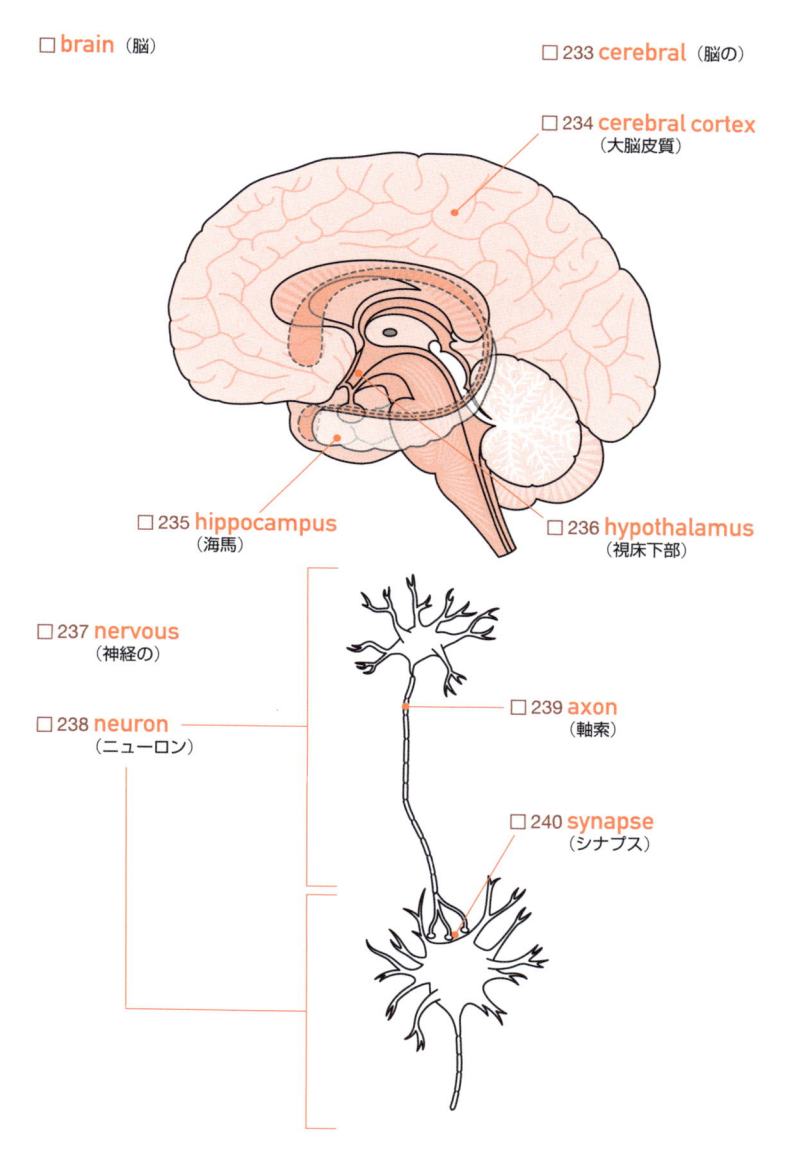

- □ brain（脳）
- □ 233 cerebral（脳の）
- □ 234 cerebral cortex（大脳皮質）
- □ 235 hippocampus（海馬）
- □ 236 hypothalamus（視床下部）
- □ 237 nervous（神経の）
- □ 238 neuron（ニューロン）
- □ 239 axon（軸索）
- □ 240 synapse（シナプス）

Column

知っておくと便利なギリシャ語（or ラテン語）の数表現

　医学の父はヒポクラテスと言われ、古代ギリシャ時代の人です。今皆さんが触れることのできるほとんどの学問の発祥は古代ギリシャ時代に遡ると言えます。

　その後ローマ時代に至ってその発展が遂げられました。以来、学術用語にはギリシャ語やラテン語が使われてきました。

　その中でも入口として覚えておくとよいのが「数の表現」です。

　医学部受験の際も長文などで時折注釈付きで出てくることもあります。知っておけば注釈を確認する時間が省けますし、数の表現と別の単語が組み合わさった語などの場合、語源として想像しやすくなります。専門用語の理解に役立つこと間違いなしです。

ギリシャ語とラテン語の数の表現

数字	ギリシャ語	ラテン語
1	mono（モノ）	unus, una, unum（ウーヌス、ウーナ、ウーヌム）
2	di（ジ）	duo, duae, duo（ドゥオ、ドゥアエ、ドゥオ）
3	tri（トリ）	tres, tria（トレース、トリア）
4	tetra（テトラ）	quattuor（クァットゥオル）
5	penta（ペンタ）	quinque（クィーンクェ）
6	hexa（ヘキサ）	sex（セクス）
7	hepta（ヘプタ）	septem（セプテム）
8	octa（オクタ）	octo（オクトー）
9	nona（ノナ）	novem（ノウェム）
10	deca（デカ）	decem（デケム）

ギリシャ語派生の倍数表現

倍数	ギリシャ語	倍数	ギリシャ語
10^1	deca（デカ）	10^{-1}	deci（デシ）
10^2	hecto（ヘクト）	10^{-2}	centi（センチ）
10^3	kilo（キロ）	10^{-3}	milli（ミリ）
10^6	mega（メガ）	10^{-6}	micro（マイクロ）
10^9	giga（ギガ）	10^{-9}	nano（ナノ）
10^{12}	tera（テラ）	10^{-12}	pico（ピコ）

Review Quiz 1

このチャプターで学習した単語をきちんと覚えているかチェックしてみよう！

1. 網膜のぼやけ
   a blur on the (r   )

2. 脊椎・背骨の奇形
   a deformity of the (s   )

3. 卵巣から卵子を取り出す
   remove an ovum from the (o   )

4. いまだにこの事態に当惑している。
   I am still (b   ed) about the situation.

5. 胃カメラ
   a (g   ) endoscope

6. 陰鬱な天気・うっとうしい天気
   (d   ) weather

7. 取りつかれたように手を洗う症状（問題）がある
   have a problem of (o   ) hand-washing

8. カドミウムは腎臓と肺を冒す。
   Cadmium damages (s) and lungs.

9. 彼は骨盤を骨折した。
   He broke his (p   ).

10. 大腸
    the large (b   )

Review Quiz 1 Answer

※ カッコ内は見出し語番号

1. retina [188]
   blur の名詞の用法「ぼやけ」にも注目。

2. spine [219]

3. ovary [231]

4. bewildered [241]
   be bewildered で「当惑する」。

5. gastric [208]
   「胃の」という形容詞。

6. dismal [251]

7. obsessive [268]

8. kidneys [209]
   腎臓は2つあるので複数で表記することが多い。

9. pelvis [222]

10. bowel [212]
    the large intestine とも。大腸の一部は結腸（colon）。

Review Quiz 2

1. 大動脈
    a main ( )

2. 消化しやすい食べ物
    food that is easy to (d   )

3. 腹部の痛み
    (a   ) pain(s)

4. 出産時の子宮筋の収縮
    contractions of the (w   ) in childbirth

5. 毛細血管
    a capillary (v   )

6. 自分が臆病だと認める
    confess one's (ity)

7. 感じやすい人に恥をかかせる
    (h   ) a sensitive person

8. 友人の死を嘆く
    (l   ) the death of a friend

9. 陽気な気質を持つ
    have a sunny (d   )

10. ウシの骨髄
    beef (   )

Review Quiz 2 Answer

※ カッコ内は見出し語番号

1. artery [225]
「静脈」は vein。セットで覚えよう。

2. digest [180]
医学部受験のみならず、必ず覚えておかなくてはならない単語だ。

3. abdominal [200]
「腹部」は abdomen。セットで覚えよう。

4. womb [230]

5. vessel [224]
血管にまつわる様々な表現も押さえておこう。

6. timidity [262]
timid は「臆病な」

7. humiliate [242]

8. lament [247]
死を嘆いたり、何かに後悔したりするときに使う。

9. disposition [259]

10. marrow [223]

Chapter 3
病気・症状

3つめのチャプターに入りました。今回は医学部の入試問題に頻出のテーマ、病気・症状です。しっかり覚えてその知識を長文問題での「武器」にしてください。医学部受験は「単語でひるまない」ことがカギとなります！

Day 18
病気・症状 動詞
Page 104 ▶ 107

Day 19～24
病気・症状 動詞以外
Page 108 ▶ 131

Common Ailments
（家庭の医学）
Page 132 ▶ 133

Column
Page 134

Review Quiz
Page 135 ▶ 138

Day 18 病気・症状 1 (動詞)

Listen))) CD-A18

273 faint [féint]
自 **気絶する**、失神する (≒swoon) 名 気絶、失神 形 ぼんやりした、かすかな
熟 come to oneself：意識を回復する [取り戻す]

274 injure [índʒər]
他 (人・体) **を傷つける**、痛める、けがをさせる；(感情) を害する
名 injury：けが、傷害
形 injured：傷を負った
形 injurious：有害な、傷つける；無礼な

275 shudder [ʃʌ́dər]
自 (恐れ・嫌悪などで) **身震いする**、震える (at [with] ~) (≒shake, quiver, shiver, quake, tremble)；(~して) ぞっと震える (to do)

276 swell [swél]
自 **腫れる**；膨れる、膨らむ、膨張する；増える、増大する 他 ~を膨らませる 名 swell：腫れ、突起
形 swollen：腫れあがった、膨れた
名 swelling：腫れ、膨れ

277 exhaust [igzɔ́:st]
他 **~をひどく疲れさせる**；(資源など) を使い果たす
形 exhausted：(~で) 疲れ切った、力尽きた (from ~)；使い尽くされた
名 exhaustion：疲労 (≒fatigue)

278 choke [tʃóuk]
自 (~で) **窒息する** (on ~) 他 (喉を詰まらせて) ~を窒息させる (≒suffocate)；(場所) をふさぐ

279 bleed [blí:d]
自 (~から) **出血する** (from [at] ~) 名 出血
⊕ bleed-bled-bled

280 undermine [ʌ̀ndərmáin]
他 (健康など) **を徐々に衰えさせる**、むしばむ (≒weaken)

continued

今日から病気や症状などに関する単語を学んでいくよ。まずは動詞から。どんな動詞があるんだろう!

Listen モード ☐☐☐☐☐
Listen & Check モード ☐☐☐☐☐

Check

☐ We naturally assumed that she had fainted from the heat. (彼女が暑さで気を失ったのは当然だと私たちは思った)[神戸大]

☐ This finding is similar to observations of patients whose right DLPFC is injured. (この発見は、右前頭前野背外側部を損傷した患者の所見とよく似ている)[東海大] ⊕ DLPFC (dorsolateral prefrontal cortex): 前頭前野背外側部、背外側前頭前野

☐ I think I see him shudder at the memory. (彼は思い出して身震いしているような気がする)[岐阜大]

☐ The area around the spider bite began to swell and turn red. (クモにかまれた場所の周辺が腫れて赤くなり始めた)

☐ Teenagers are often exhausted in the morning because they sleep too little the night before. (10代の若者には、前夜にあまり眠っていないために、朝ひどく疲れていることがよくある)[東海大]

☐ The man in the restaurant began to choke on a piece of food, and his wife called out for help. (レストランにいた男性が食べ物のかけらを喉に詰まらせ、彼の妻は助けを求めた)

☐ Gabriel found a little boy about a year old. He was barely breathing. His face was cut and bleeding, his body covered with burns. (ガブリエルは1歳くらいの小さな男の子を見つけた。彼はかろうじて息をしていた。顔は切れて出血していて、全身にやけどを負っていた)[大阪市立大]

☐ We and other experts also suspected that the bees' natural defenses might be undermined by poor nutrition. (われわれやほかの専門家たちも、ハチの自然防御力が栄養不足のために徐々に低下しているのではないかと考えた)[聖マリアンナ医科大]

continued
▼

Day 18

Listen))) CD-A18

□ 281 bruise
[brúːz]
❶ 発音注意

他 (人など)**に打撲傷を与える**、傷をつける；(感情)を傷つける 名 打撲傷、(心の)傷

□ 282 deteriorate
[ditíəriərèit]

自 (〜という状態に)**悪化する**、悪くなる(into 〜)；(道徳などが)退廃[低下]する(⇔ameliorate [良くなる])　他 〜を悪化させる(≒aggravate)
名 deterioration：劣化、悪化、低下

□ 283 develop
[divéləp]

他 (病気)**を発症する**；〜を成長させる；〜を発展させる　自 (病気などが)生じる、発症する；進行する

□ 284 impair
[impéər]

他 (健康・機能など)**を害する**、損なう(≒injure、damage)；(能力・価値など)を減じる(≒weaken)；〜を悪くする
❶ hearing impaired：聴覚障害のある

□ 285 linger
[líŋɡər]

自 (病気が)**長引く**；ぐずぐずする；なかなか去らない

□ 286 shiver
[ʃívər]

自 (寒さ・恐怖などで)**震える**、おののく(≒shudder、tremble、quiver)　⊕ shudder「(恐れ、嫌悪などで)身震いする、(体全体が)震える」、tremble「(恐怖、興奮、怒りなどで)体が震える、(地面が)揺れる」、quiver「(恐怖、興奮などで)ぶるぶる震える」

□ 287 swoon
[swúːn]

自 **気絶する**、卒倒する(≒faint)　名 気絶、卒倒

□ 288 vomit
[vámit]

自 **食べ物を吐く**、嘔吐する(≒throw up)　他 〜を吐く
名 嘔吐、噴出

Day 17))) CD-A17
Quick Review
答えは右ページ下

□ 錯覚
□ 幻覚
□ 気質
□ 常軌を逸した

□ 臆病な
□ 外向性の
□ 正気
□ 取りつかれた

□ 激しい苦痛
□ 潜在意識
□ 意識
□ 悲観的な

□ 認識の
□ 向こう見ずの
□ 正気でない
□ 善意ある

Check

- [ ] The baseball had badly bruised his cheek, but it had not cut him. (その野球のボールは彼の頬に打撲傷を負わせたが、切り傷にはならなかった)

- [ ] After more than two years of reasonably good survival from her lung cancer, Jackie finally began to deteriorate. (ジャッキーは、肺がんを患ってから2年以上はそこそこ無事に過ごしたが、ついに悪化し始めてしまった) [獨協医科大]

- [ ] Although breast cancer is usually diagnosed in women in their 50s or 60s, some women develop breast cancer much earlier. (乳がんは通常、50代か60代の女性において診断されるが、ずっと若くして乳がんを発病する女性もいる) [金沢医科大]

- [ ] People typically turn to medicine because they feel ill, have been injured, or because they are impaired mentally or physically. (人は通常、具合が悪いと感じたり、負傷したりしたために、あるいは精神的、肉体的に[状態が]悪くなっているために薬に頼るものだ) [島根大]

- [ ] If the stress lingers for days and days, however, glucocorticoids no longer shut down the stress response. (しかしながら、そういったストレスが何日間も長引く場合、もはやグルココルチコイドはストレス反応を遮断しない) [日本大]

- [ ] "You're shivering," Betty said. "It's awfully cold and foggy here by the pond." (「あなた、震えているわ」とベティは言った。「ここは池のほとりで、ひどく寒くて霧が深いわ」) [順天堂大]

- [ ] After giving blood, she started to swoon, so the nurse asked her to lie down for a few minutes. (献血の後、彼女は気が遠くなりかけたので、少しの間横になっているようにと看護師が彼女に言った)

- [ ] Signs and symptoms of food poisoning often include nausea, vomiting or diarrhea, which can start just hours after eating contaminated food. (食中毒の兆候と症状はしばしば、吐き気や嘔吐、下痢を含むが、これらは汚染された食物を食べてからわずか数時間後に始まる) [星薬科大]

Day 17))) CD-A17
Quick Review
答えは左ページ下

- [ ] illusion
- [ ] hallucination
- [ ] disposition
- [ ] eccentric
- [ ] timid
- [ ] extrovert
- [ ] sanity
- [ ] obsessive
- [ ] anguish
- [ ] subconscious
- [ ] consciousness
- [ ] gloomy
- [ ] cognitive
- [ ] desperate
- [ ] insane
- [ ] benevolent

Day 19

病気・症状 2 (動詞以外)

Listen)) CD-A19

□ 289
invalid
[ínvəlid]
> 名 **病弱な人** 形 病弱な；無効な 他 ～を病気にかからせる、病弱にする

□ 290
ailment
[éilmənt]
> 名 **病気**；不快 ⊕ 軽微でしばしば慢性の病気や不快
> 他 ail：～を患わせる；～を悩ます；～の弊害となる

□ 291
recurrence
[rikə́:rəns]
> 名 **再発**、再現；繰り返し

□ 292
breakdown
[bréikdàun]
> 名 (心身の) **衰弱**、消耗；(秩序などの) 崩壊；(関係などの) 断絶；故障

□ 293
symptom
[símptəm]
> 名 (～の) **症状**、兆候 (of ～)；(～の) 前兆、兆し (≒sign) (of ～)

□ 294
syndrome
[síndroum]
> 名 **症候群**、シンドローム；(一般に) 兆候

□ 295
disorder
[disɔ́:rdər]
> 名 **障害**、不調、疾患；無秩序、混乱 他 ～を混乱させる

□ 296
burnout
[bə́:rnàut]
> 名 **燃え尽き**、消耗、倦怠感、虚脱感

continued
▼

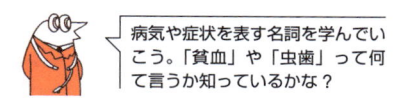

病気や症状を表す名詞を学んでいこう。「貧血」や「虫歯」って何て言うか知っているかな？

Listen モード　☐☐☐☐☐
Listen & Check モード　☐☐☐☐☐

Check

☐ **bedridden invalids**（寝たきりの病人）

☐ **heart ailments**（心臓病）
☐ **cures for ailments**（病気の治療法）

☐ **cancer recurrence**（がんの再発）
☐ **reduce the risk of recurrence**（再発の危険性を低下させる）

☐ **a nervous breakdown**（神経衰弱）

☐ **the first symptoms of ～**（～の初期症状）
☐ **physical symptoms**（身体症状）
☐ **make the symptoms worse**（症状を悪化させる）

☐ **metabolic syndrome**（メタボリック・シンドローム、代謝症候群）
☐ **suffer from Tourette's syndrome**（トゥレット症候群に苦しむ）
⊕ Tourette's syndrome：トゥレット症候群。運動チックと音声チックが1年以上にわたり続く、小児期に発症する神経の病気

☐ **immune disorders**（免疫障害）
☐ **generalized anxiety disorder**（全般性不安障害）
☐ **get better from an eating disorder**（摂食障害が治る）
☐ **a genetic disorder**（遺伝病、遺伝性疾患）

☐ **develop burnout syndrome**（燃え尽き症候群になる）
☐ **avoid burnout**（疲れ果てないようにする）

continued
▼

Chapter 1
Chapter 2
Chapter 3
Chapter 4
Chapter 5
Chapter 6

Day 19

Listen » CD-A19

□ 297
lesion
[líːʒən]
🔺 名 (組織・機能の) **障害**、病害；精神的障害

□ 298
indigestion
[ìndidʒéstʃən]
🔺 名 **消化不良**

□ 299
cavity
[kǽvəti]
🔺 名 **虫歯** (の穴)；空洞、穴 (≒hole)
関 名 cave：洞窟
関 名 den：(動物の住む) 穴

□ 300
hangover
[hǽŋòuvər]
🔺 名 **二日酔い**；副作用 (≒side effect、by-product)；残存物

□ 301
anemia
[əníːmiə]
🔺 名 **貧血**；無気力

□ 302
complication
[kàmpləkéiʃən]
🔺 名 **合併症**、余病

□ 303
inflammation
[ìnfləméiʃən]
🔺 名 **炎症**

□ 304
malady
[mǽlədi]
🔺 名 **疾患**、(慢性の) 病気；(社会の) 病弊、弊害

| Day 18 » CD-A18 Quick Review 答えは右ページ下 | □ 身震いする
□ ～を害する
□ 気絶する (f-)
□ 気絶する (s-) | □ 腫れる
□ ～を徐々に衰えさせる
□ 出血する
□ 長引く | □ 震える
□ 悪化する
□ ～を傷つける
□ ～をひどく疲れさせる | □ ～に打撲傷を与える
□ 食べ物を吐く
□ ～を発症する
□ 窒息する |

Check

☐ a brain lesion（脳障害）

☐ have indigestion（消化不良を起こす）

☐ I have a cavity.（虫歯があります）

☐ suffer from a hangover（二日酔いで苦しむ）

☐ sickle-cell anemia（鎌状赤血球貧血）

☐ long-term complications（長期的な合併症）
☐ medical complications（内科的合併症）

☐ cause extreme brain inflammation（激しい脳の炎症を引き起こす）
☐ inflammation of the kidney（腎炎）
☐ nasal inflammation（鼻炎）

☐ a cause of the malady（疾患の原因）
☐ cure the malady（疾患を治療する）

| Day 18))) CD-A18
Quick Review
答えは左ページ下 | ☐ shudder
☐ impair
☐ faint
☐ swoon | ☐ swell
☐ undermine
☐ bleed
☐ linger | ☐ shiver
☐ deteriorate
☐ injure
☐ exhaust | ☐ bruise
☐ vomit
☐ develop
☐ choke |

Chapter 1
Chapter 2
Chapter 3
Chapter 4
Chapter 5
Chapter 6

Day 20　病気・症状 3（動詞以外）

Listen)) CD-A20

□ 305
relapse
[rilǽps]

名 **ぶり返し**、再発（≒recurrence）　自 ぶり返す、逆戻りする；悪い状態に戻る

□ 306
bout
[báut]

名 （病気の）**一期間**；不快な状態；（病気の）発作

□ 307
fit
[fít]
❶ 多義注意

名 **発作**、ひきつけ；適合(性)　形 （体が）健康な
関 名 stroke：脳卒中、発作

□ 308
swelling
[swéliŋ]

名 **腫れ**、膨れ、隆起　形 増大する、腫れた
名 swell：腫れ、突起
自 swell：腫れる、膨らむ
形 swollen：腫れあがった、膨れた

□ 309
rash
[rǽʃ]

名 **発疹**　❶ measlesは「はしか、麻疹」。ちなみに「風疹」はGerman measles、またはrubella

□ 310
nausea
[nɔ́ːziə]
❶ 発音注意

名 **吐き気**、むかつき；船酔い；嫌悪　❶「吐く、嘔吐する」はvomit、throw up
関 名 dizziness：目まい

□ 311
diarrhea
[dàiəríːə]
❶ 発音注意

名 **下痢**

□ 312
hypertension
[hàipərténʃən]

名 **高血圧**（≒high blood pressure）

continued
▼

今日も症状やけがにまつわる単語を学ぶよ。覚えるだけで痛くなってくる……？ ガンバロウ！

Listen モード　☐☐☐☐☐
Listen & Check モード　☐☐☐☐☐

Check

☐ **have a relapse of** ～ (〜がぶり返す [再発する])

☐ **bouts of depression** (抑うつ状態)

☐ **a fit of cramp** (けいれん発作)

☐ **swelling of the joints** (関節の腫脹(しゅちょう))

☐ **diaper rash** (おむつかぶれ)
☐ **a nasty rash** (ひどい発疹)

☐ **feelings of nausea** (吐き気)

☐ **suffer from diarrhea** (下痢に苦しむ)
☐ **bloody diarrhea** (出血性下痢)
☐ **get diarrhea** (下痢になる、腹を下す)

☐ **symptomatic hypertension** (症候性高血圧症)
☐ **hypertension management guidelines** (高血圧管理のガイドライン)

continued
▼

Day 20

Listen)) CD-A20

□ 313 convulsion
[kənvʌ́lʃən]

名 **けいれん**、ひきつけ（≒cramp、spasm、twitch）；笑いの発作

□ 314 cough
[kɔ́:f]

名 **せき** 自 せきをする

□ 315 fracture
[frǽktʃər]

名 **骨折**；割れ目 自 骨折する、砕ける 他 ～を骨折させる、壊す

□ 316 backache
[bǽkèik]

名 **腰痛**、背（部）痛

□ 317 wound
[wú:nd]

名 **傷**、外傷；心の傷、痛手 ⊕ 一般に「戦争やけんかによる傷」は wound、「事故による傷」は injury

□ 318 blister
[blístər]

名 **水ぶくれ**、まめ；気泡

□ 319 trauma
[tráumə]

名 **精神的外傷**、心的外傷、トラウマ；（身体的）外傷
関 PTSD (post-traumatic stress disorder)：心的外傷後ストレス障害

□ 320 drawback
[drɔ́:bæ̀k]

名 **障害**；欠点 ⊕ 広い意味での「障害、欠点」。精神的・身体的障害はdisorder、dysfunction、disabilityなど

Day 19)) CD-A19
Quick Review
答えは右ページ下

□二日酔い　□再発　□合併症　□病気
□疾患　□障害　□燃え尽き　□症候群
□貧血　□虫歯　□衰弱　□消化不良
□障害　□症状　□病弱な人　□炎症

Check

- [ ] go into convulsions (けいれんを起こす)

- [ ] have a cough (せきが出る)

- [ ] spinal compression fractures (脊椎圧迫骨折)
- [ ] vulnerable to fractures (骨折しやすい)

- [ ] complain of a backache (腰痛を訴える)

- [ ] treat wounds (傷の手当てをする)
- [ ] a surgical wound (外科創傷)

- [ ] burst a blister (水ぶくれをつぶす)

- [ ] a trauma-induced hallucination (心的外傷に誘発された幻覚症状)
- [ ] emotional trauma (心的外傷、精神的苦痛)

- [ ] a drawback to ~ (~の障害)

Day 19 ») CD-A19
Quick Review
答えは左ページ下

- [ ] hangover
- [ ] malady
- [ ] anemia
- [ ] disorder
- [ ] recurrence
- [ ] lesion
- [ ] cavity
- [ ] symptom
- [ ] complication
- [ ] burnout
- [ ] breakdown
- [ ] invalid
- [ ] ailment
- [ ] syndrome
- [ ] indigestion
- [ ] inflammation

Day 21 病気・症状 4 (動詞以外)

Listen)) CD-A21

□ 321
obesity
[oubíːsiti]
❶ 発音注意

名 (病的・極端な) **肥満**
形 obese：太り過ぎの

□ 322
diabetes
[dàiəbíːtis]

名 **糖尿病**

□ 323
cancer
[kǽnsər]

名 **がん**

□ 324
emphysema
[èmfəsíːmə]

名 **肺気腫**

□ 325
pneumonia
[njuːmóunjə]
❶ 発音注意

名 **肺炎**

□ 326
nephritis
[nəfráitis]

名 **腎炎**
関 名 kidney：腎臓

□ 327
hepatitis
[hèpətáitis]

名 **肝炎**

□ 328
appendicitis
[əpèndisáitis]

名 **虫垂炎**
関 名 appendix (虫垂)

continued
▼

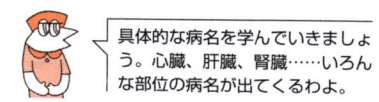

具体的な病名を学んでいきましょう。心臓、肝臓、腎臓……いろんな部位の病名が出てくるわよ。

Listen モード ☐☐☐☐☐
Listen & Check モード ☐☐☐☐☐

Check

☐ **child obesity**（小児肥満症）
☐ **the obesity rate**（肥満症）
☐ **fight obesity**（肥満と闘う）

☐ **type 1 diabetes**（1型糖尿病） ✚ インスリンを分泌する細胞が破壊され体内のインスリンの量が絶対的に足りなくなって起こる糖尿病
☐ **type 2 diabetes**（2型糖尿病） ✚ インスリンの働きが悪いために、ブドウ糖がうまく取り入れられなくなって起こる糖尿病。日本人の糖尿病の95%以上はこのタイプ

☐ **breast cancer**（乳がん）
☐ **cancer patients**（がん患者）

☐ **a emphysema patient**（肺気腫患者）
☐ **pathogenesis of emphysema**（肺気腫の原因）

☐ **be prescribed for pneumonia**（肺炎に処方される）
☐ **acute lobar pneumonia**（急性大葉性肺炎）

☐ **hereditary nephritis**（遺伝性腎炎）

☐ **hepatitis viruses**（肝炎ウイルス）
☐ **a vaccine against hepatitis B**（B型肝炎ウイルスワクチン）

☐ **an operation for appendicitis**（虫垂炎の手術）

continued
▼

Day 21

Listen)) CD-A21

□ 329
bronchitis
[brɑŋkáitis]
❶ 発音注意

名 **気管支炎**
関 名 bronchus（気管支）

□ 330
arthritis
[ɑːrθráitis]
❶ 発音注意

名 **関節炎**

□ 331
asthma
[ǽzmə]
❶ 発音注意

名 **ぜんそく**

□ 332
myocardial infarction
[màiəkáːrdiəl infáːrkʃən]

名 **心筋梗塞**

□ 333
heart attack
[háːrt ətæ̀k]

名 **心臓発作**

□ 334
stroke
[stróuk]

名 **脳卒中**：発作

□ 335
tumor
[tjúːmər]

名 **腫瘍**

□ 336
abscess
[ǽbses]

名 **膿瘍**

Day 20)) CD-A20
Quick Review
答えは右ページ下

□ 傷　　　　□ 吐き気　　□ 発疹　　　　　□ 下痢
□ 障害　　　□ 腰痛　　　□ 水ぶくれ　　　□ 腫れ
□ 発作　　　□ せき　　　□ 精神的外傷　　□ 一期間
□ ぶり返し　□ 高血圧　　□ 骨折　　　　　□ けいれん

Check

- [ ] chronic bronchitis (慢性気管支炎)

- [ ] rheumatoid arthritis (関節リウマチ、リウマチ性関節炎)
- [ ] a family history of arthritis (関節炎の家族歴)
- [ ] chronic, painful arthritis (痛みを伴う慢性関節炎)

- [ ] the prevalence of asthma (ぜんそくの有病率)
- [ ] a severe asthma attack (重度のぜんそく発作)
- [ ] allergic asthma (アレルギー性ぜんそく)

- [ ] die from a myocardial infarction (心筋梗塞で死ぬ)
- [ ] myocardial infarction rates (心筋梗塞発生率)

- [ ] It can lead to stroke or heart attack. (脳卒中や心臓発作を起こすこともある) [昭和大]

- [ ] the acute stages of stroke (脳卒中の急性期)
- [ ] stroke-related disability (脳卒中に関連した身体障害)
- [ ] stroke prevention (脳卒中予防)
- [ ] post-stroke paralysis (脳卒中後のまひ症状)

- [ ] a malignant tumor (悪性腫瘍)
- [ ] have a tumor (腫瘍ができる)
- [ ] a solid tumor (固形腫瘍)
- [ ] a brain tumor (脳腫瘍)

- [ ] abscess drainage (膿瘍ドレナージ)
  - ➕ 膿を体外に排出させる処置

Day 20))) CD-A20
Quick Review
答えは左ページ下

- [ ] wound
- [ ] drawback
- [ ] fit
- [ ] relapse
- [ ] nausea
- [ ] backache
- [ ] cough
- [ ] hypertension
- [ ] rash
- [ ] blister
- [ ] trauma
- [ ] fracture
- [ ] diarrhea
- [ ] swelling
- [ ] bout
- [ ] convulsion

Day 22 病気・症状 5（動詞以外）

Listen)) CD-A22

□ 337
ulcer
[ʌ́lsər]

名 **潰瘍**；腐敗、病根

□ 338
AIDS
[éidz]

名 **エイズ**（後天性免疫不全症候群） ● acquired immuno-deficiency [immune deficiency] syndrome

□ 339
leukemia
[lu:kí:miə]
● 発音注意

名 **白血病**
関 名 leukocyte：白血球
関 名 erythrocyte：赤血球

□ 340
amnesia
[æmní:ʒə]

名 **記憶喪失症**

□ 341
dementia
[diménʃiə]

名 **認知症**

□ 342
neurosis
[njuəróusis]
● 複数形注意

名 **神経症** ● 複数形は neuroses
形 neurotic：神経症の
名 neurotic：神経症患者

□ 343
dyslexia
[disléksiə]

名 **失読症**、識字障害
形 dyslexic：失読症の

□ 344
insomnia
[insάmniə]

名 **不眠症**

continued

今日も病名を学ぼう。AIDS は何の略だろう。後半は感染系の病気が多く並んでいるよ。

Listen モード ☐☐☐☐☐
Listen & Check モード ☐☐☐☐☐

Check

☐ **ulcer** formation（潰瘍形成）
☐ **ulcer** treatment（潰瘍の治療）

☐ a new treatment for **AIDS**（エイズの新治療）

☐ treat **leukemia**（白血病を治療する）
☐ a diagnosis of **leukemia**（白血病の診断）

☐ a patient with **amnesia**（記憶喪失症の患者）

☐ the most common cause of **dementia**（最も一般的な認知症の原因）
☐ senile **dementia**（老年性認知症）

☐ suffer from a **neurosis**（神経症を患う [に悩む]）

☐ struggle with **dyslexia**（失読症と闘う）

☐ have **insomnia**（不眠症だ）

continued
▼

Day 22

Listen)) CD-A22

□ 345
depression
[dipréʃən]

名 **うつ病**、憂鬱(ゆううつ)

□ 346
autism
[ɔ́:tizm]

名 **自閉症**

□ 347
anorexia
[æ̀nəréksiə]

名 **拒食症**；食欲不振（⇔ bulimia [過食症]）

□ 348
epilepsy
[épəlèpsi]

名 **てんかん**

□ 349
tetanus
[tétənəs]

名 **破傷風**

□ 350
tuberculosis
[tjubə̀ːrkjulóusis]

名 **結核**；肺結核　● 略語は TB

□ 351
influenza
[ìnfluénzə]

名 **インフルエンザ**（≒ flu）

□ 352
measles
[míːzlz]

名 **はしか**（麻疹(ましん)）、発疹性(ほっしんせい)の病気
関 名 chickenpox：水疱瘡(みずぼうそう)（水痘）
関 名 smallpox：天然痘

Day 21)) CD-A21
Quick Review
答えは右ページ下

- □ 肥満
- □ 脳卒中
- □ 腫瘍
- □ 心臓発作
- □ 肺炎
- □ 気管支炎
- □ 腎炎
- □ 関節炎
- □ がん
- □ 肝炎
- □ 糖尿病
- □ ぜんそく
- □ 虫垂炎
- □ 膿瘍
- □ 心筋梗塞
- □ 肺気腫

Check

- ☐ lead to depression (うつ病を引き起こす)
- ☐ a sign of depression (うつ病の兆候)

- ☐ a link between vaccination and autism (ワクチン接種と自閉症の関連性)

- ☐ anorexia nervosa (神経性無食欲症)

- ☐ have epilepsy (てんかんの症状がある)

- ☐ tetanus antitoxin (破傷風抗毒素)

- ☐ the treatment of tuberculosis (結核治療)

- ☐ an influenza virus (インフルエンザウイルス)
- ☐ an influenza pandemic (インフルエンザの大流行)
- ☐ influenza vaccines (インフルエンザワクチン)
- ☐ influenza vaccinations (インフルエンザの予防注射)

- ☐ the measles virus (麻疹ウイルス)
- ☐ measles infection (麻疹感染)
- ☐ immunization against measles (はしかの予防接種)

Day 21)) CD-A21
Quick Review
答えは左ページ下

- ☐ obesity
- ☐ stroke
- ☐ tumor
- ☐ heart attack
- ☐ pneumonia
- ☐ bronchitis
- ☐ nephritis
- ☐ arthritis
- ☐ cancer
- ☐ hepatitis
- ☐ diabetes
- ☐ asthma
- ☐ appendicitis
- ☐ abscess
- ☐ myocardial infarction
- ☐ emphysema

Chapter 1
Chapter 2
Chapter 3
Chapter 4
Chapter 5
Chapter 6

Day 23　病気・症状 6（動詞以外）

Listen))) CD-A23

□ 353
polio
[póuliòu]

名 ポリオ

□ 354
smallpox
[smɔ́ːlpɑ̀ks]

名 **天然痘**
関 名 chickenpox：水疱瘡（水痘）

□ 355
cholera
[kάlərə]

名 コレラ

□ 356
typhoid
[táifɔid]

名 **腸チフス**　形 腸チフス性の

□ 357
Parkinson's disease
[pάːrkinsənz dizíːz]

名 パーキンソン病

□ 358
allergy
[ǽlərdʒi]
❶ 発音注意

名 **アレルギー**
名 allergist：アレルギー専門医
形 allergic：アレルギー体質をもった、アレルギーの
熟 be allergic to ～：～が大嫌いな

□ 359
glaucoma
[glɔːkóumə]

名 **緑内障**
関 名 cataract：白内障

□ 360
cataract
[kǽtərækt]
❶ 多義注意

名 **白内障**；滝；大雨
関 名 glaucoma：緑内障

continued
▼

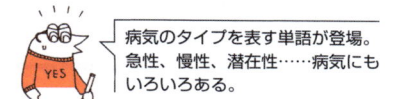

病気のタイプを表す単語が登場。急性、慢性、潜在性……病気にもいろいろある。

Listen モード　☐☐☐☐☐
Listen & Check モード　☐☐☐☐☐

Check

☐ the polio vaccine（ポリオワクチン）
☐ a polio epidemic（ポリオの流行）

☐ be immune to smallpox（天然痘に対して免疫性がある）

☐ cholera infantum（小児コレラ）
☐ become ill with cholera（コレラに感染する）

☐ typhoid bacteria（腸チフス菌）
☐ Typhoid Mary（チフスのメアリー、病原菌を撒き散らす人）

☐ Current treatments for Parkinson's disease are far from ideal.（現行のパーキンソン病の治療法は理想からほど遠い）

☐ have a food allergy（食物アレルギーがある）
☐ an allergy-producing substance（アレルギーを引き起こす物質）
☐ perform an allergy test（アレルギー検査を行う）

☐ risk factors for glaucoma（緑内障の危険因子）
☐ chronic simple glaucoma（慢性単性緑内障）

☐ hereditary cataract（遺伝性白内障）

continued
▼

Day 23

Listen)) CD-A23

□ 361
rabies
[réibi:z]

名 **狂犬病** ● 不可算

□ 362
plague
[pléig]

名 (大規模な) **疫病**、伝染病 (≒epidemic);(通例 the 〜) ペスト　他 〜を悩ます、苦しめる

□ 363
prevalent
[prévələnt]

形 (慣習・病気などが)(〜に) **流行している** (among [in] 〜) (≒widespread)
動 prevail：(〜に) 普及する (in [among] 〜)
名 prevalance：流行、有病率

□ 364
rampant
[rǽmpənt]

形 (病気や犯罪が) **まん延した**、はびこっている

□ 365
acute
[əkjú:t]

形 (病気が) **急性の** (⇔chronic [慢性の]);(痛みが) 鋭い

□ 366
chronic
[kránik]

形 (病気が) **慢性の**、慢性的な (⇔acute [急性の])

□ 367
latent
[léitnt]

形 (病気が) **潜在性の**、潜伏上の;表面に出ない

□ 368
severe
[səvíər]

形 (症状、苦痛などが) **ひどい**;(病気などが) 深刻な

Day 22)) CD-A22
Quick Review
答えは右ページ下

- □ 結核
- □ インフルエンザ
- □ 拒食症
- □ 認知症
- □ 白血病
- □ 潰瘍
- □ 失読症
- □ 神経症
- □ 不眠症
- □ 破傷風
- □ 記憶喪失症
- □ 自閉症
- □ エイズ
- □ はしか
- □ うつ病
- □ てんかん

Check

- [ ] vectors for rabies (狂犬病を媒介する動物)

- [ ] a plague outbreak (疫病の発生)
- [ ] a global plague (世界的な疫病)

- [ ] be prevalent among Japanese (日本人の間ではやっている、流行している)

- [ ] run rampant ([病気が] 猛威を振るう)

- [ ] acute hearing disorders (急性聴覚障害)
- [ ] acute respiratory distress (急性呼吸困難 [促迫])

- [ ] chronic mental illnesses (慢性的な精神障害)
- [ ] the prevalence of chronic illnesses (慢性病の有病率)
- [ ] chronic health problems (慢性的な健康被害)

- [ ] a latent infection (潜伏性感染)

- [ ] with severe heart defects (重度の心疾患のある)
- [ ] suffer from severe infection (重症感染症を患う)

Chapter 1
Chapter 2
Chapter 3
Chapter 4
Chapter 5
Chapter 6

Day 22 ») CD-A22
Quick Review
答えは左ページ下

- [ ] tuberculosis
- [ ] influenza
- [ ] anorexia
- [ ] dementia
- [ ] leukemia
- [ ] ulcer
- [ ] dyslexia
- [ ] neurosis
- [ ] insomnia
- [ ] tetanus
- [ ] amnesia
- [ ] autism
- [ ] AIDS
- [ ] measles
- [ ] depression
- [ ] epilepsy

Day 24　病気・症状 7 (動詞以外)

Listen 》CD-A24

□ 369
critical
[krítikəl]

形 (病状が) **危篤の**、重篤の (≒serious、vital)

□ 370
incurable
[inkjúərəbl]

形 **不治の**、治療不能の;(悪い癖などが) 矯正できない

□ 371
benign
[bináin]
❶ 発音注意

形 (病気が) **良性の** (⇔malign、malignant [悪性の])

□ 372
malignant
[məlígnənt]

形 (病気が) **悪性の**、きわめて有害な (≒malign ⇔benign [良性の])

□ 373
terminal
[tə́:rmənl]

形 (病気が) **末期的な**;(患者などが) 末期の
他 terminate:〜を終わらせる、終結させる
副 terminally:末期的に;末期症状で

□ 374
deadly
[dédli]

形 **致命的な**、命取りの (≒vital、lethal、critical、fatal、mortal) 副 ひどく、極度に

□ 375
progressive
[prəgrésiv]

形 (病気が) **進行性の**;(人・政策などが) 進歩的な、前進的な (⇔conservative [保守的な])
名 progression:前進、進行;発達;連続

□ 376
morbid
[mɔ́:rbid]

形 **病的な**、病気の;恐ろしい、ぞっとさせる

continued
▼

症状の程度を表す形容詞が続くよ。Check の欄でどんな使われ方をするのか必ず押さえておこう。

Listen モード ☐☐☐☐☐
Listen & Check モード ☐☐☐☐☐

Check

☐ in a critical condition (危篤状態で、重体で、重症で)

☐ an incurable disease (不治の病)

☐ a benign tumor (良性腫瘍)
☐ a benign cyst (良性のう胞)

☐ develop malignant melanoma (悪性黒色腫ができる)
☐ become malignant (悪性化する)

☐ have terminal cancer (末期がんである)
☐ terminal care (末期医療)

☐ a deadly form of ~ (致死性の~)
☐ deadly viruses (死をもたらすウイルス)

☐ a progressive, degenerative brain disease (進行性の脳変性疾患)

☐ a morbid growth (病的増殖 [がん、腫瘍など])

continued
▼

Day 24

Listen 》CD-A24

□ 377
alcoholic
[ælkəhɔ́ːlik]
❶ 発音注意
▶ 形 **アルコール依存症の**：アルコール（性）の 名 アルコール依存症（の人）
名 alcohol：アルコール
名 alcoholism：アルコール依存症、アルコール中毒

□ 378
color-blind
[kʌ́lərblàind]
▶ 形 **色覚異常の** (colorblind)

□ 379
stiff
[stíf]
▶ 形 （筋肉などが）**凝った**、痛い

□ 380
sore
[sɔ́ːr]
▶ 形 （体が）**痛い**（≒painful）、炎症を起こした；心を痛ませる
副 sorely：痛んで、ひどく、激しく

□ 381
itchy
[ítʃi]
▶ 形 **かゆい**、ムズムズする
名 itch：かゆみ
自 itch：かゆい；欲しくてたまらない

□ 382
numb
[nʌ́m]
▶ 形 **まひしている**：ぼうぜんとした 他 ～をしびれさせる、まひさせる（≒paralyze）

□ 383
lame
[léim]
▶ 形 （人や動物が）**足の不自由な**

□ 384
residual
[rizídʒuəl]
▶ 形 **残りの**、残余の 名（～s）後遺症；残余（≒residue、leftover）

Day 23 》CD-A23
Quick Review
答えは右ページ下

- □ 疫病
- □ コレラ
- □ 腸チフス
- □ ひどい
- □ パーキンソン病
- □ 潜在性の
- □ 狂犬病
- □ 急性の
- □ まん延した
- □ 緑内障
- □ 天然痘
- □ アレルギー
- □ 白内障
- □ 流行している
- □ ポリオ
- □ 慢性の

Check

- [ ] alcoholic patient（アルコール依存症患者）
- [ ] alcoholic beverage（アルコール飲料）

- [ ] color-blind gene（色覚異常遺伝子）

- [ ] get stiff shoulders（肩が凝る）
- [ ] become stiff（堅くなる、硬直する）

- [ ] get a sore throat（喉が痛くなる）
- [ ] sore muscles（筋肉痛）

- [ ] itchy nose（鼻のかゆみ）
- [ ] itchy skin（敏感肌）

- [ ] numb with cold（寒さでかじかんで、寒さでこごえて）

- [ ] go lame（足が不自由になる）

- [ ] have residual neurological sequelae（神経学的後遺症を残す）
- [ ] a residual tumor（遺残腫瘍）

Day 23))) CD-A23
Quick Review
答えは左ページ下

- [ ] plague
- [ ] cholera
- [ ] typhoid
- [ ] severe
- [ ] Parkinson's disease
- [ ] latent
- [ ] rabies
- [ ] acute
- [ ] rampant
- [ ] glaucoma
- [ ] smallpox
- [ ] allergy
- [ ] cataract
- [ ] prevalent
- [ ] polio
- [ ] chronic

Common Ailments（家庭の医学）

ここでは患部や病気の特性などでジャンル分けして、病名を覚えて行こう。
備考には使い方やちょっとした情報も付記した。見出し語に掲載されていないものもあるので要チェック！

日常的な症状

英語	日本語	備考
☐ 310 nausea	吐き気	have nausea（吐き気がする）
☐ 311 diarrhea	下痢	have diarrhea（下痢をする、している）
☐ 312 hypertension	高血圧	「高脂血症」は hyperlipidemia【略】HL
☐ 313 convulsion	けいれん	go into convulsions（けいれんを起こす）
☐ 314 cough	せき	develop a bad cough（せきがひどくなる）
☐ 321 obesity	肥満	BMI（肥満指数）= body mass index
☐ fever	熱	have a slight fever（ちょっと熱がある）
☐ runny nose	鼻水の出る鼻	have a runny nose（鼻水が出る）

けが

英語	日本語	備考
☐ 315 fracture	骨折	break a bone（骨折する）= 動 fracture
☐ 316 backache	腰痛	back trouble、low [lower] back pain
☐ 317 wound	傷（争いなどでの）	hurt は一般的、injury は交通事故などでの負傷
☐ 318 blister	水ぶくれ	get a blister on ～（～にまめができる）
☐ bleeding	出血	have bleeding from ～（～から出血する）

内臓の病気

英語	日本語	備考
☐ 325 pneumonia	肺炎	感染によることが多い
☐ 326 nephritis	腎炎	感染によって引き起こされるタイプもある
☐ 327 hepatitis	肝炎	感染によって引き起こされるものがほとんど
☐ 328 appendicitis	虫垂炎	この症状を「盲腸炎」と呼ぶこともある
☐ 329 bronchitis	気管支炎	感染によって引き起こされるタイプもある
☐ 332 myocardial infarction	心筋梗塞	一般的に「心臓発作」とも呼ばれることもある
☐ 333 heart attack	心臓発作	心筋梗塞などによる発作

眼の病気

英語	日本語	備考
□ 359 glaucoma	緑内障	眼圧が異常に上昇し、視神経が冒される疾患
□ 360 cataract	白内障	水晶体（lens）が混濁し視力を低下させる疾患

感染するタイプの病気

英語	日本語	備考
□ 338 AIDS	エイズ	ヒト免疫不全ウィルス（HIV: human immunodeficiency virus）の感染によって起こる
□ 349 tetanus	破傷風	tetanus shot（破傷風の予防注射）
□ 350 tuberculosis	結核	昔は「テーベー（TB）」などと呼んでいた
□ 351 influenza	インフルエンザ	口語では flu
□ 352 measles	はしか	麻疹とも呼ぶ
□ 353 polio	ポリオ	小児に多い疾患で、俗に小児まひとも呼ばれる
□ 354 smallpox	天然痘	疱瘡（ほうそう）とも。1980年に根絶されたと宣言が出された
□ 355 cholera	コレラ	コレラ菌による感染性の腸の病気
□ 356 typhoid	腸チフス	チフス菌による。感染源は汚染された飲み水や食物など
□ chickenpox	水疱瘡	My boy came down with chickenpox.（息子が水疱瘡にかかった）

心・精神・脳に関係する病気や症状

英語	日本語	備考
□ 340 amnesia	記憶喪失症	amnesia from a head injury（頭部外傷による記憶喪失）
□ 341 dementia	認知症	かつての呼称「痴呆」は「認知症」と改称された
□ 342 neurosis	神経症	neurotic tendency（神経症的傾向）
□ 343 dyslexia	失読症	文字で書かれている内容が読めないかまたは理解できない状態
□ 344 insomnia	不眠症	be up with insomnia（不眠症で眠れない）
□ 345 depression	うつ病	fall into a severe state of depression（ひどいうつ状態に陥る）
□ 346 autism	自閉症	脳の機能障害によると考えられているが、まだメカニズムは解明されていない
□ 347 anorexia	拒食症	「過食症」は bulimia
□ PTSD	心的外傷後ストレス障害	post-traumatic stress disorder の略

Column

接頭辞や接尾辞

英単語を覚える際に、その単語の語源や接頭辞・接尾辞の意味を知っておくと大変便利です。例えば medicine の語源は、ラテン語の動詞 medeor / mederi「癒す」から派生した単語です。remedy も接頭辞 re-「再び」+ mederi「癒す」で同源です。また cure「〜を癒す、治す」の語源はラテン語の cura「心配、世話、治療」です。さらに、女性の愛用する「マニキュア」は、「手」を意味するラテン語 manus + cure「心配、世話」ですし、「ペディキュア」は「足」を意味するラテン語 pedis + cure です。pedis は pedestrian「歩行者」の語源でもあります。

また、接頭辞で否定の意味を持つものは in-, im-, ir-, il, ig-, un-, dis-, de-, non- などがありますが、in-(im-, ir-, il-, ig-) はラテン語派生である一方、un- はゲルマン語起源の接頭辞であり、基本的にアングロサクソン起源の動詞や形容詞に用いられます。in- は b や p の前では im- に変化しますが、un- は unbalance や unpleasant のように um- とはなりません。

このようにその語の成立の歴史と環境によって使用されるルールなどにもろもろの違いが生じます。歴史的には数百年も異なる接頭辞であり、その言語環境も異なるためにできた違いなのです。

覚えておくと便利な接頭辞

反対	contra-	contradict [conrta + dict (speak)] = 反対する
	counter-	counteract [counter + act (行なう)] = 対抗する
	anti-	antibody [anti + body] = 抗体
	with-	withdraw [with + draw (引く)] = 引き下がる
否定	un-	unpleasant [un + pleasant (楽しい)] = 不快な
	non-	nonsense [non + sense (意味)] = 無意味
	dis-	dislike [dis + like (好き)] = 嫌い
	in-, im-	inhuman [in + human (人間の)] = 非人間的な
	il-	illegal [il + legal (合法の)] = 不法の
	ir-	irregular [ir + regular (規則的な)] = 不規則な
	mal-	malpractice [mal + practice (診療)] = 医療過誤
前、前進	pre-	precaution [pre + caution (注意)] = 用心
	pro-	proceed [pro + ceed (go)] = 前進する
	fore-	foresee [for + see (見る)] = 予知する

Review Quiz 1

このチャプターで学習した単語をきちんと覚えているかチェックしてみよう！

1. 貧血は呼吸困難を引き起こすことがある。
   (A　　　) may cause breathlessness.

2. 食べたものを全部吐く
   (v　　　) everything one has eaten

3. 健康を徐々に衰えさせる
   (u　　　) one's health

4. 持病
   an old (a　　　)

5. 彼の健康は悪化し始めた。
   His health began to (d　　　).

6. 彼はぜんそくを病んでいる。
   He is sick with (a　　　).

7. 慢性病患者
   a chronic (i　　　)

8. 〜に打撲傷を負う
   get a (b　　　) on 〜

9. 成功の障害
   a (d　　　) to success

10. アレルギー性発疹
    an allergic (r　　　)

Review Quiz 1 Answer

※カッコ内は見出し語番号

1. Anemia [301]

2. vomit [288]
   吐き気は「nausea」。セットで覚えておくといいだろう。

3. undermine [280]

4. ailment [290]
   重度ではないが、慢性的な病気や不快を指す。頻出単語なのでしっかり覚えておこう。

5. deteriorate [282]

6. asthma [331]

7. invalid [289]
   形容詞で「無効な」という意味もある。

8. bruise [281]
   動詞で「〜に打撲傷を与える」という意味も必ず覚えよう。

9. drawback [320]
   障害や欠陥一般を指す語。

10. rash [309]
    measles（はしか）と一緒に覚えておこう。

Review Quiz 2

1. 彼は慢性肺炎にかかっている。
   He has (ch   ) pneumonia.

2. 刺し傷で腫れ上がる
   (s   ) with the sting

3. 彼は左足が不自由である。
   He is (l   ) in the left leg.

4. 内科的（慢性）疾患
   an internal (ma   )

5. 良性腫瘍
   a benign (t   )

6. ワクチンを接種すれば破傷風になりません。
   Vaccination will protect you against (t   ).

7. 眠って二日酔いを取る
   sleep off a (h   )

8. 彼は肺炎の合併症で死亡した。
   He died of complications from (p   ).

9. 肝炎検査のために血液サンプルが取られた。
   They took a blood sample to test for (h   ).

10. その男は肥満の傾向にあった。
    The man tended towards (o   ).

Review Quiz 2 Answer

※ カッコ内は見出し語番号

1. chronic [366]
頻出の単語。本書にも数多く登場する。

2. swell [276]
自動詞で「腫れる」という意味。この単語に -ing がついた swelling は「腫れ」という意味になる。

3. lame [383]
差別的な表現とされることもあるので使用には気を付けたい。

4. malady [304]

5. tumor [335]
これも頻出単語。a malignant tumor（悪性腫瘍）も覚えておこう。

6. tetanus [349]

7. hangover [300]
副作用の意味で side effect、by-product などと一緒に覚えておこう。

8. pneumonia [325]
complications は「合併症」という意味。

9. hepatitis [327]

10. obesity [321]
生活習慣病として diabetes（糖尿病）、hypertension（高血圧）なども覚えておこう。

Chapter 4
生物

今回も長文などに頻出するテーマです。遺伝関係の単語や、生物の成長や仕組みに関する単語がたくさん出てきます。P.164 からは「人の一生」をイラストでまとめました。視覚的に覚えていきましょう。

Day 25
生物 動詞
Page 140 ▶ 143

Day 26〜30
生物 動詞以外
Page 144 ▶ 163

Cycle of Life（人の一生）
Page 164 ▶ 165

Column
Page 166

Review Quiz
Page 167 ▶ 170

Day 25　生物1（動詞）

Listen》CD-A25

□ 385
forage
[fɔ́:ridʒ]
> 自 **食糧を探し回る**、あさる　他 ～から飼料を集める　名 飼料、馬草

□ 386
inhabit
[inhǽbit]
> 他 （ある場所）**に住む**、居住[生息]する　⊕ live と違って他動詞用法であることに注意
> 名 inhabitant：居住者

□ 387
wean
[wí:n]
> 他 （赤ん坊・動物の子）**を**（…から）**乳離れさせる**（from . . .）；～を引き離す

□ 388
breed
[brí:d]
> 自 **繁殖する**　他 ～を繁殖させる；～を飼育する　名 品種、種
> 名 breeding：繁殖、飼育；しつけ、教養

□ 389
evolve
[iválv]
❶ 発音注意
> 自 **進化する**　他 ～を発展させる
> 名 evolution：進化

□ 390
degenerate
[didʒénərèit]
> 自 **退化する**、悪化する　形 悪化した、退化した
> 名 degeneration：悪化、衰退、退廃

□ 391
descend
[disénd]
> 自 （～の）**子孫である**、系統を引く（from ～）；降りる、下る（≒ go down　⇔ascend［上昇する］）　他 ～を降りる
> 名 descendant：子孫
> 形 descendent：先祖伝来の、降下する、派生した
> 熟 be descended from ～：～の子孫である

□ 392
differentiate
[dìfərénʃièit]
> 自 **分化する**　他 （細胞など）を分化させる；～を（…と）区別する、識別する（from . . .）（≒distinguish）；（～の間の）区別［差別］をする（between ～）（≒discriminate）

continued

今日から生物に関する単語を学ぼう。まずはいつものように動詞からいこう！ Let's go!

Listen モード　□□□□□
Listen & Check モード　□□□□□

Check

- ☐ In the park, I watched the squirrels foraging for seeds beneath the trees. (私は公園で、リスたちが木々の下で種を探し回っているのを見た)

- ☐ Believe it or not, there are tiny, but harmless, mites that inhabit human eyelashes. (まさかと思うでしょうが、人間のまつげに生息する、微小な、ただし無害なダニ類がいるのです)

- ☐ In captivity, panda cubs are slowly weaned, or removed from their mother's care, after roughly one and a half years. (飼育下においては、およそ1年半経つと、パンダの子どもはゆっくりと乳離れ、つまり、母親の保護から離れていくのである) [兵庫県立大 理]

- ☐ Apes live, contend, breed, and die in forests — end of story. (類人猿は生き、争い、繁殖し、そして森で死ぬ——それで終わりである) [大阪医科大]

- ☐ In the early 1800s, a French scientist named Jean Baptiste de Lamarck was the first scientist to propose a model of how life evolves. (1800年代の初めに、ジャン=バティスト・ド・ラマルクというフランスの科学者が、生命はいかに進化するかというモデルを最初に提示した) [三重大]

- ☐ In the neuropsychiatric disorders, nerve cells generally do not degenerate or die. (精神神経疾患では、一般的に神経細胞は退化したり死ぬことはない) [群馬大 改]

- ☐ The researchers suggested that traces of DNA in most modern humans indicates that we partly descended from Neanderthals. (現代人のほとんどのDNA鑑定が、私たちは部分的にネアンデルタール人の子孫であると示唆しているとその調査者たちは提案した)

- ☐ These two species of finch differentiated as a result of having lived on separate islands. (別々の島に生息した結果、このフィンチの2つの種は分化した)
  ⊕ finch：フィンチ。アトリ科の鳥の総称

continued
▼

Day 25

Listen 》CD-A25

□ 393 inherit
[inhérit]

他 (性質など)を(…から)**遺伝で受け継ぐ**(from ...)
形 inherent：本来備わっている、固有の
形 inheritable：遺伝する；相続可能な
名 inheritance：遺伝的性質[体質]
形 inherited：遺伝的に受け継いだ

□ 394 proliferate
[prəlífərèit]

自 **増殖する**(≒propagate、reproduce)；急増する；拡散する、まん延する

□ 395 transform
[trænsfɔ́ːrm]

他 **〜の形**[様相、構造]**を**(…に)**変える**(into ...)；〜に遺伝子変化を起こさせる
名 transformation：変化、変質、変態(≒metamorphosis)

□ 396 reproduce
[rìːprədjúːs]

自 **繁殖する**、増殖する 他 〜を繁殖させる；〜を複写[複製]する；〜を再生[復元]する
名 reproduction：繁殖、生殖作用、生殖医療
名 reproductive：繁殖の、生殖の；再生の

□ 397 secrete
[sikríːt]
❶発音注意

他 **〜を分泌する**

□ 398 absorb
[əbzɔ́ːrb]

他 **〜を**[血中に]**吸収する**、(熱・光・気体・液体・衝撃・音などを徐々に)吸収する、吸い上げる；(学問・思想など)を吸収する、自分のものとする
名 absorption：吸収(作用)；統合；没頭

□ 399 sting
[stíŋ]

他 (昆虫・植物などが)**〜を刺す** 名 刺すこと、毒針
❶ sting-stung-stung

□ 400 bloom
[blúːm]

自 (花が)**咲く**、開花する；栄える

Day 24 》CD-A24 Quick Review
答えは右ページ下

□ 末期的な
□ 致命的な
□ 良性の
□ 悪性の

□ 凝った
□ 不治の
□ まひしている
□ アルコール依存症の

□ 痛い
□ 病的な
□ かゆい
□ 危篤の

□ 色覚異常の
□ 進行性の
□ 足の不自由な
□ 残りの

Check

- ☐ The child **had inherited** thick curly hair from her — the same hair that she **had inherited** from her mother. (その子どもは豊かなカーリーヘアーを彼女から受け継いでいた— 彼女がその母から受け継いだのと同じ髪を)〔筑波大〕

- ☐ Certain kinds of bacteria **proliferate** when there is a lack of oxygen. (ある種の細菌は、酸素が欠乏すると急増する)

- ☐ For better reception, the listening elephant spreads its earflaps forward, effectively **transforming** its head into a satellite dish. (受信を良くするために、音を聞いているゾウは耳介を前方に広げるが、それは頭を効果的に衛星放送用アンテナへと変換しているのである)〔慶應義塾大〕

- ☐ Although viruses can **reproduce**, they do not exhibit most of the other characteristics of life. (ウイルスは増殖することができるが、生命体の持つその他のほとんどの特徴は示さない)〔金沢医科大〕

- ☐ This tiny frog **secretes** a deadly poison through its skin, which will kill any predator that tries to eat it. (この小さなカエルは、自分を食べようとするどんな補食者をも殺すことができる猛毒を皮膚から分泌します)

- ☐ Food is broken down into nutrients small enough to **be absorbed** into the bloodstream. (食べ物は血流の中に吸収されるべく、数々の栄養素に細かく分解される)〔大阪薬科大〕

- ☐ Scientists also say **being stung** by insects does not help arthritis and may be dangerous. (科学者たちは、昆虫に刺されることは関節炎の軽減にはならず、危険であるかもしれないとも言っている)〔摂南大 改〕

- ☐ Most flowering plants **bloom** during the spring months. (花を咲かせる植物のほとんどは、春の間に開花する)〔長崎大〕

Day 24 》CD-A24
Quick Review
答えは左ページ下

- ☐ terminal
- ☐ deadly
- ☐ benign
- ☐ malignant
- ☐ stiff
- ☐ incurable
- ☐ numb
- ☐ alcoholic
- ☐ sore
- ☐ morbid
- ☐ itchy
- ☐ critical
- ☐ color-blind
- ☐ progressive
- ☐ lame
- ☐ residual

Day 26 生物 2（動詞以外）

Listen)) CD-A26

□ 401
larva
[láːrvə]
❶ 複数形注意

名 **幼虫**；幼生　⊕ 複数形はlarvae [láːrviː]

□ 402
vector
[véktər]

名 **病原媒介動物**［昆虫］；ベクター；ベクトル

□ 403
bacterium
[bæktíəriəm]
❶ 複数形注意

名 **バクテリア**、細菌　⊕ 複数形は bacteria [bæktíəriə]

□ 404
microbe
[máikroub]

名 **微生物**；病原菌
関 名 microorganism：微生物

□ 405
fungus
[fʌ́ŋgəs]
❶ 複数形注意

名 **真菌**、菌（類）；キノコ；カビ　⊕ 複数形はfungi [fʌ́ŋgiː, fʌ́ŋgai]

□ 406
germ
[dʒə́ːrm]

名 **細菌**；ばい菌、病原菌、微生物（≒bacteria）；（植物の）胚、芽、胚芽

□ 407
strain
[stréin]
❶ 多義注意

名 **（菌）株**；血統、種族、家系；（精神的）緊張、ストレス；重圧、重荷；引っ張る力　自 引っ張る　他 ～を引っ張る

□ 408
virus
[váiərəs]

名 **ウイルス**；ウイルス病、ウイルス性疾患
形 viral：ウイルスの、ウイルス性の

continued

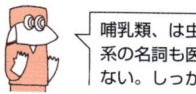

哺乳類、は虫類、両生類……生物系の名詞も医学部受験には欠かせない。しっかり覚えよう。

Listen モード　☐☐☐☐☐
Listen & Check モード　☐☐☐☐☐

Check

☐ hatch into larvae（孵化して幼虫になる）
☐ beetle larvae（甲虫の幼虫）

☐ the vector for malaria（マラリアの媒介生物）

☐ E. coli bacteria（大腸菌）
☐ salmonella bacteria（サルモネラ細菌）
☐ antibiotic-resistant bacteria（抗生物質耐性菌）

☐ gut microbes（腸内微生物）

☐ bacteria and fungi（バクテリアと菌類［細菌と真菌］）

☐ germ theory（細菌論）
☐ germ-free（無菌の）

☐ virulent strain（毒性株、毒性の強い菌株）
☐ feral strain（野生の血統）

☐ antibodies against the virus（ウイルス［に対する］抗体）
☐ influenza virus infection（インフルエンザウイルス感染）

continued
▼

Day 26

Listen)) CD-A26

☐ 409
wasp
[wásp]

名 スズメバチ

☐ 410
swine
[swáin]

- 名 (文学的・専門的に) ブタ；イノシシ
- 関 名 bovine：ウシ亜科の動物
- 関 BSE (bovine spongiform encephalopathy)：牛海綿状脳症 (狂牛病)

☐ 411
ape
[éip]

名 類人猿；サル；(広義に)(ヒト以外の) 霊長類　● テナガザル、オランウータン、チンパンジー、ゴリラなど

☐ 412
mammal
[mǽməl]

名 哺乳類；哺乳動物

☐ 413
reptile
[réptail]

名 は虫類；は虫類の動物

☐ 414
amphibian
[æmfíbiən]

名 両生類；両生動物

☐ 415
primate
[práimeit]

名 霊長類；霊長類の動物；大主教、首席司教

☐ 416
parasite
[pǽrəsàit]

名 寄生生物；寄生虫；寄生植物

Day 25)) CD-A25
Quick Review
答えは右ページ下

- ☐ ～に住む
- ☐ ～を吸収する
- ☐ 子孫である
- ☐ 繁殖する
- ☐ ～を分泌する
- ☐ 退化する
- ☐ ～を刺す
- ☐ 進化する
- ☐ 食糧を探し回る
- ☐ 分化する
- ☐ ～の形を変える
- ☐ 咲く
- ☐ 繁殖する
- ☐ ～を遺伝で受け継ぐ
- ☐ ～を乳離れさせる
- ☐ 増殖する

Check

☐ wave away a **wasp**（スズメバチを手で追い払う）

☐ **swine** flu（豚インフルエンザ）

☐ the great **apes**（[大型] 類人猿）

☐ marine **mammal**（海洋 [海生] 哺乳類）
☐ land **mammal**（陸生哺乳動物）

☐ the **Reptile** House at London Zoo（ロンドン動物園のは虫類館）

☐ a predecessor of **amphibians**（両生類の祖先）
☐ large **amphibians**（巨大両生類）

☐ nonhuman **primates**（ヒト以外の霊長類）
☐ **primate** species（霊長類種）

☐ malaria **parasite**（マラリア原虫）
☐ potentially harmful **parasites**（有害な恐れのある寄生体）

Day 25 》CD-A25
Quick Review
答えは左ページ下

☐ inhabit
☐ absorb
☐ descend
☐ reproduce

☐ secrete
☐ degenerate
☐ sting
☐ evolve

☐ forage
☐ differentiate
☐ transform
☐ bloom

☐ breed
☐ inherit
☐ wean
☐ proliferate

Chapter 1
Chapter 2
Chapter 3
Chapter 4
Chapter 5
Chapter 6

Day 27 生物 3（動詞以外）

Listen ♪) CD-A27

□ 417 predator [prédətər]
- 名 **捕食動物**、肉食動物
- 形 predatory：捕食性の

□ 418 carnivore [káːrnəvɔ̀ːr]
- 名 **肉食動物**
- 関 名 herbivore：草食動物

□ 419 invertebrate [invə́ːrtəbrət]
- 名 **無脊椎動物** 形 背骨のない
- 関 名 vertebrate：脊椎動物

□ 420 flora [flɔ́ːrə]
- ❶ 複数形注意
- 名 **植物相**、植物区系、フローラ（⇔ fauna [動物相]） ● ある地域・時代の植物群のこと。複数形は florae [flɔ́ːriː]

□ 421 fauna [fɔ́ːnə]
- ❶ 複数形注意
- 名 **動物相**、動物区系、ファウナ（⇔ flora [植物相]） ● ある地域・時代の動物群のこと。複数形は faunae [fɔ́ːniː]

□ 422 heredity [hərédəti]
- 名 **遺伝**；遺伝的形質；（親譲りの）性格、気性
- 関 名 gene：遺伝子
- 関 他 inherit：〜を遺伝で受け継ぐ

□ 423 gene [dʒíːn]
- 名 **遺伝子**
- 名 genetics：遺伝学
- 形 genetic：遺伝子 [学] の、遺伝子に関する；遺伝の；発生 [起源] の

□ 424 chromosome [króumə sòum]
- 名 **染色体**

continued
▼

遺伝に関する単語が多く登場するよ。医学部の長文問題でもこのトピックは頻出！

Listen モード ☐☐☐☐☐
Listen & Check モード ☐☐☐☐

Check

☐ predator[predatory] animal（捕食動物）

☐ mammal carnivore（肉食哺乳類）

☐ vertebrates and invertebrates（脊椎動物と無脊椎動物）

☐ flora and fauna（植物相と動物相 [動植物]）

☐ abyssal fauna（深海動物相）

☐ the laws of heredity（遺伝の法則）

☐ the gene pool（遺伝子プール）
☐ a related gene（関連遺伝子）
☐ gene therapy（遺伝子治療）

☐ an extra chromosome（過剰染色体）
☐ an artificial chromosome（人工染色体）
☐ pairs of chromosomes（染色体の対）

continued
▼

Day 27

Listen))) CD-A27

☐ 425 offspring
[ɔ́:fspriŋ]
❶ 複数形注意

名 (人・動物の) **子**、子孫 (≒ descendant ⇔ ancestor、forefather [祖先]); 成果、結果 (≒ outcome)　❶ 複数形は offspring もしくは offsprings

☐ 426 ancestor
[ǽnsestər]

名 **先祖**、祖先 (⇔ offspring [子孫]); 原型; 先駆者
形 ancestral: 先祖の、先祖代々の、先祖をなす
名 ancestry: (集合的に) 祖先、先祖 (⇔ posterity [子孫]); 家系、家柄

☐ 427 modification
[màdəfikéiʃən]

名 (生物の遺伝しない) **一時的変異**、変態; (遺伝子の) 組み換え; (部分的) 修正、変更

☐ 428 mutation
[mju:téiʃən]

名 **突然変異** (体、種) (≒ mutant); 変化、変形 (≒ change)

☐ 429 variation
[vèəriéiʃən]

名 **変異**、変種; 変化、変化量
名 variety: 変種; 変化に富むこと、多様性
関 名 mutation: 突然変異

☐ 430 species
[spí:ʃi:z]

名 (生物学の) **種**; 種類; 人類　❶ 複数形も同じ

☐ 431 extinction
[ikstíŋkʃən]

名 (種などの) **絶滅**、終息; 消灯、消火
形 extinct: 絶えた、絶滅した
他 extinguish: 〜を絶滅させる、〜を消す

☐ 432 action potential
[ǽkʃən pəténʃəl]

名 **活動電位**　❶ 神経の電気的活動。生物体の細胞や組織が刺激を受けたときに発生する

Day 26))) CD-A26
Quick Review
答えは右ページ下

☐ 両生類　☐ 病原媒介動物　☐ 微生物　☐ 真菌
☐ 哺乳類　☐ は虫類　☐ 幼虫　☐ 細菌
☐ ウイルス　☐ ブタ　☐ 株　☐ バクテリア
☐ スズメバチ　☐ 類人猿　☐ 寄生生物　☐ 霊長類

Check

- male offspring（男性の子孫）
- the relationships between parent and offspring（先祖と子孫の関係 [親子関係]）

- have a common ancestor（同じ祖先から来ている、共通の祖先を持つ）
- prehistoric ancestors（有史以前の [先史時代の] 祖先）

- cell modification（細胞の一時的変異）
- genetic modification（遺伝子組み換え [製品]）
- DNA modification（DNA修飾）

- a genetic mutation（遺伝子 [突然] 変異）
- a random mutation（ランダム [突然] 変異）

- natural variation（自然変異）
- individual variation（個体変異、個人差）
- inheritable variation（遺伝性変異）

- the human species（人類）
- the host species（宿主動物種）
- native species（在来種）

- the rate of extinction（消滅割合、絶滅速度）
- be threatened with extinction（絶滅の危機にさらされている、絶滅に瀕する）
- species extinction（種の絶滅）

- produce an action potential（活動電位を生じさせる）
- nerve action potential（神経活動電位）

Day 26)) CD-A26
Quick Review
答えは左ページ下

- amphibian
- mammal
- virus
- wasp
- vector
- reptile
- swine
- ape
- microbe
- larva
- strain
- parasite
- fungus
- germ
- bacterium
- primate

Day 28

生物 4（動詞以外）

Listen))) CD-A28

□ 433
cell
[sél]
- 名 **細胞**；（組織内の）小空洞；（分割された）小部屋

□ 434
stem cell
[stém sèl]
- 名 **幹細胞** ● 増殖し、分化する性質を持つ細胞

□ 435
cellular
[séljulər]
- 形 **細胞の**、細胞質の
- 名 cell：細胞

□ 436
membrane
[mémbrein]
- 名 （動植物の）**膜**、薄膜；細胞膜

□ 437
tissue
[tíʃuː]
- 名 （動植物の）**組織**

□ 438
receptor
[riséptər]
- 名 **受容体**、レセプター；受容器官 ● 細胞表面にあり細胞外の物質や光を選択的に受容する物質の総称

□ 439
metabolism
[mətǽbəlìzm]
- 名 **代謝**、物質交代；新陳代謝
- 形 metabolic：代謝の

□ 440
tentacle
[téntəkl]
- 名 **触手**、触角

continued
▼

生物の細胞や部位に関する単語を学ぼう。人体の文脈でもよく使われるので注意しよう。

Listen モード　☐☐☐☐☐
Listen & Check モード　☐☐☐☐☐

Check

- ☐ stem cell research（幹細胞研究）
- ☐ a living cell（生体細胞、生細胞）
- ☐ white blood cells（白血球）
- ☐ red blood cells（赤血球）

- ☐ Stem cells have great potential as a tool for gene therapy.（幹細胞には遺伝子療法の道具としての大きな可能性がある）[東邦大　改]

- ☐ cellular change（細胞変化）
- ☐ at a cellular level（細胞レベルで）

- ☐ mucous membrane（粘膜）
- ☐ tympanic membrane（鼓膜）
- ☐ permeable membrane（浸透膜）

- ☐ a solid growth of tissue（組織の充実性増殖）
- ☐ bone tissue（骨組織）
- ☐ examine brain tissue（脳組織を調べる）

- ☐ the cell-surface receptor（細胞の表面にある受容体、細胞表面レセプター）
- ☐ taste receptors（味覚受容体）

- ☐ rate of metabolism（代謝率［速度］）
- ☐ DNA metabolism（DNA代謝）
- ☐ metabolism tests（代謝試験）
- ☐ cellular metabolism（細胞代謝）

- ☐ sensory tentacle（触角）

---

continued
▼

Day 28

Listen)) CD-A28

□ 441
organ
[ɔ́:rgən]
▶

名 **臓器**、器官

□ 442
genital
[dʒénətl]
▶

名 (〜s) **生殖器**　形 生殖の、生殖器の

□ 443
gland
[glǽnd]
▶

名 **腺**　● 皮膚、粘膜などの分泌腺

□ 444
hormone
[hɔ́:rmoun]
▶

名 **ホルモン**

□ 445
lymphocyte
[límfəsàit]
▶

名 **リンパ球**

□ 446
saliva
[səláivə]
❶ 発音注意
▶

名 **唾液**；つば

□ 447
urine
[júərin]
▶

名 **尿**
関 名 urea：尿素

□ 448
mucus
[mjú:kəs]
▶

名 **粘液**；(植物の) やに；鼻汁、鼻くそ

Day 27)) CD-A27
Quick Review
答えは右ページ下

□ 活動電位
□ 絶滅
□ 遺伝
□ 遺伝子

□ 肉食動物
□ 先祖
□ 無脊椎動物
□ 変異

□ 一時的変異
□ 動物相
□ 突然変異
□ 種

□ 子
□ 染色体
□ 捕食動物
□ 植物相

Check

- [ ] an organ system（臓器系、器官系）
- [ ] a sensory organ（感覚器官）
- [ ] a speech organ（発音器官）
- [ ] an organ donor（臓器提供者）

- [ ] male genitals（男性生殖器官）
- [ ] the genital region（陰部、性器部）

- [ ] the lymph gland（リンパ腺）
- [ ] the sweat gland（汗腺）
- [ ] the mammary gland（乳腺）

- [ ] thyroid-stimulating hormone（甲状腺刺激ホルモン）
- [ ] hormone replacement therapy（ホルモン補充療法、ホルモン入れ替え療法）

- [ ] T lymphocytes（Tリンパ球）

- [ ] collect saliva samples（唾液サンプルを採取する）

- [ ] a urine test（尿検査）

- [ ] mucus antigens（粘液抗原）

Day 27 》CD-A27
Quick Review
答えは左ページ下

- [ ] action potential
- [ ] extinction
- [ ] heredity
- [ ] gene
- [ ] carnivore
- [ ] ancestor
- [ ] invertebrate
- [ ] variation
- [ ] modification
- [ ] fauna
- [ ] mutation
- [ ] species
- [ ] offspring
- [ ] chromosome
- [ ] predator
- [ ] flora

Chapter 1
Chapter 2
Chapter 3
Chapter 4
Chapter 5
Chapter 6

Day 29　生物 5（動詞以外）

Listen 》 CD-A29

□ 449
sense
[séns]

名 **感覚**；五感の1つ；知覚　他 ～を知覚する
形 sensitive：高感度の、神経質な
形 sensible：分別がある、賢明な
形 sensory：感覚の、知覚の
名 sensation：感覚、知覚　形 sentient：感覚を持った

□ 450
reflex
[ríːfleks]

名 (～es) **反射** (神経)；反射作用　形 反射性の、反動の

□ 451
egg
[ég]

名 **卵子** (≒ovum)；卵

□ 452
sperm
[spə́ːrm]

名 **精子**；精液

□ 453
embryo
[émbriòu]

名 **胚**；(8週未満の) 胎児
名 embryologist：発生学者
形 embryonic：初期の、未発達の；胚に関する
熟 embryonic stem cell：ES細胞、胚幹細胞

□ 454
fetus
[fíːtəs]

名 (8週以降の) **胎児**

□ 455
newborn
[njúːbɔ́ːrn]

名 **新生児** (≒neonate)　形 生まれたばかりの、新生の

□ 456
toddler
[tɑ́dlər]

名 (よちよち歩きの) **小児**、幼児；2～4歳ぐらいの幼児

continued
▼

生物の「成長」についてまとめてあるよ。胎児〜新生児〜年少者 etc……これも入試によく出る！

Listen モード ☐☐☐☐☐
Listen & Check モード ☐☐☐☐☐

Check

- ☐ the sense of touch (触覚)
- ☐ a sense of balance (バランス感覚)
- ☐ approximate number sense (概数感覚)
- ☐ a sense of guilt (罪悪感)

- ☐ newborn reflexes (新生児の反射)
- ☐ have reflexes (反射神経がある)

- ☐ an egg transfer (卵子移植手術)

- ☐ sperm count (精子数)

- ☐ a male embryo (雄性[男性]胚)
- ☐ human embryos (人間の胚細胞)

- ☐ abnormal fetus (異常胎児)
- ☐ 11-week-old fetuses (11週の胎児)

- ☐ fetuses and newborns (胎児と新生児)
- ☐ a blood test for newborns (新生児の血液検査)

- ☐ toddler development (幼児の発達)

continued
▼

Day 29

Listen)) CD-A29

☐ 457 **juvenile**
[dʒúːvənl]

名 年少者、少年少女、未成年者、若者　**形 青少年**(に特有)の、少年[少女]向けの；未熟な (≒immature)；若い (≒young)

☐ 458 **adolescence**
[ædəlésns]

名 青春[青年]期；思春期　● 通例13歳〜16歳くらい
形 adolescent：青春期の、青年期の、若々しい；(発言などが)子どもっぽい、未熟な

☐ 459 **mature**
[mətʃúər]

形 (心身が) 成熟した；十分に成長した；(果実などが) 熟した (⇔immature [未熟な])；熟年の
名 maturation：化膿
自 maturate：化膿する
他 maturate：〜を化膿させる、成熟させる

☐ 460 **menopause**
[ménəpɔːz]

名 更年期、閉経期

☐ 461 **longevity**
[lɑndʒévəti]

名 長生き；寿命
関 life expectancy：平均余命

☐ 462 **masculine**
[mǽskjulin]

形 男性らしい (⇔feminine [女性らしい])、力強い；(女性が) 男っぽい、男のような　● 性別としての男性を指す male と違い、力強さなど男性の特質を意味する
名 male：雄；男性
形 male：(動物の) 雄の (⇔female [女性の、雌の])；男性の

☐ 463 **feminine**
[fémənin]

形 女性らしい (⇔masculine [男性らしい])；女性の、女の　● 性別としての女性を指す female と違い、優しさ・繊細さなど女性の特質を意味する
名 female：雌；女性
形 female：(動物の) 雌の (⇔male [男性の、雄の])；女性の

☐ 464 **instinct**
[ínstiŋkt]

名 本能；生得の才能；直観
形 instinctive：天性の、本能的な

Day 28)) CD-A28
Quick Review
答えは右ページ下

☐ 臓器　☐ 受容体　☐ 唾液　☐ 膜
☐ 粘液　☐ 細胞の　☐ 触手　☐ 代謝
☐ 腺　☐ 尿　☐ ホルモン　☐ 組織
☐ リンパ球　☐ 細胞　☐ 生殖器　☐ 幹細胞

Check

- [ ] turn **juveniles** into delinquents (少年を非行に走らせる)

- [ ] during (one's) **adolescence** (青年期に)
- [ ] begin in **adolescence** ([病気などが] 青年期に発症する)

- [ ] become **mature** (成熟する)
- [ ] be **mature** for one's age (若いのにしっかりしている、ませている)
- [ ] a **mature** tree (成木)
- [ ] a **mature** fish (成熟魚)

- [ ] at the time of **menopause** (更年期)
- [ ] after **menopause** (閉経後)

- [ ] enhance **longevity** (寿命を延ばす)
- [ ] the **longevity** gene (長生きの体質、長寿の遺伝子)

- [ ] have a **masculine** image (男性的なイメージを持つ [がある])

- [ ] **feminine** character (雌性 [女性] 性徴)

- [ ] a natural **instinct** (生まれながらの本能)
- [ ] the survival **instinct** (生存本能)
- [ ] an animal **instinct** (動物的本能)

Day 28))) CD-A28
Quick Review
答えは左ページ下

- [ ] organ
- [ ] mucus
- [ ] gland
- [ ] lymphocyte
- [ ] receptor
- [ ] cellular
- [ ] urine
- [ ] cell
- [ ] saliva
- [ ] tentacle
- [ ] hormone
- [ ] genital
- [ ] membrane
- [ ] metabolism
- [ ] tissue
- [ ] stem cell

Day 30 生物 6（動詞以外）

Listen)) CD-A30

□ 465 **organism** [ɔ́:rɡənìzm]
图 **生体**：有機体、生物；（社会などの）有機体組織

□ 466 **pollen** [pɑ́lən]
图 **花粉**

□ 467 **habitat** [hǽbitæt]
图 （動植物の）**生息地**、生息環境、自生地

□ 468 **multiplication** [mʌ̀ltəplikéiʃən]
图 **増殖**、繁殖；増加、増大、増量；掛け算、乗法

□ 469 **decoy** [dí:kɔi]
图 **おとり**　他 ～をおびき寄せる

□ 470 **survival** [sərváivəl]
图 **生存**、生き残ること；生存者　形 緊急避難用の
自 survive：生き残る
他 survive：～より長生きする；～を切り抜けて長生きする

□ 471 **immune** [imjú:n]
形 （伝染病などに）**免疫のある**（to [from] ～）；免疫の
图 immunity：免疫
图 immunization：免疫を施すこと
他 immunize：～に免疫性を与える

□ 472 **inherent** [inhíərənt]
形 （性質などが）**本来備わっている**、生まれつきの、固有の

continued

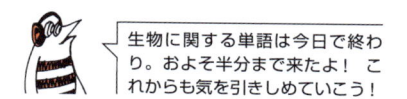

生物に関する単語は今日で終わり。およそ半分まで来たよ！ これからも気を引きしめていこう！

Listen モード ☐☐☐☐☐
Listen & Check モード ☐☐☐☐☐

Check

- ☐ the human organism（人体）
- ☐ living organisms（生体、有機体）

- ☐ be allergic to cedar pollen（スギ花粉にアレルギーがある、スギ花粉症の）
- ☐ pollen production（花粉の生成）
- ☐ pollen analysis（花粉分析）
- ☐ pollen grains（花粉粒）

- ☐ natural habitat（自然の生息環境）
- ☐ habitat loss（生息地の喪失）

- ☐ cancer-cell multiplication（がん細胞の増殖）

- ☐ act as a decoy（おとり役をする）

- ☐ be essential for survival（生存に不可欠である）
- ☐ battle for survival（生存競争）

- ☐ be immune to disease（病気に対して免疫がある）
- ☐ the immune system（免疫システム、免疫機能）
- ☐ immune cells（免疫細胞）
- ☐ an immune attack（免疫攻撃）

- ☐ an inherent capacity（本来備わった能力）
- ☐ an inherent ability to do（〜するという生得的な能力）

continued
▼

Day 30

Listen 》CD-A30

□ 473 barren [bǽrən]
形 (土地が) **不毛の** (≒sterile ⇔fertile [肥沃な]);不妊の;(植物が) 実を結ばない

□ 474 fertile [fə́ːrtl]
形 (人・動植物が) **多産な** (⇔sterile [不妊の]);(土地が) 肥沃な (⇔barren、infertile [不毛の、生殖能力のない])
名 fertility:肥沃;多産;生産力;受胎能力
動 fertilize:受精させる
名 fertilization:受精

□ 475 aerobic [ɛəróubik]
形 **好気性の** (⇔anaerobic [嫌気性の]);エアロビクスの ⊕ 酸素のあるところで正常に生息する性質 　名 (-s) エアロビクス

□ 476 nocturnal [nɑktə́ːrnl]
形 **夜行性の**、夜の (⇔diurnal [昼行性の])

□ 477 dormant [dɔ́ːrmənt]
形 **休眠中の**、冬眠状態の;眠っている (ような)、不活発な;(計画が) 実施されていない;(火山が) 休止状態の

□ 478 sterile [stéril]
形 **不妊の** (≒barren ⇔fertile [多産な]);無菌の;(土地などが) 不毛の、痩せた
他 sterilize:〜を不妊にする、〜を殺菌する

□ 479 infertile [infə́ːrtl]
形 **生殖能力のない**;不毛の (≒barren、sterile ⇔fertile [多産な、肥沃な])

□ 480 inborn [ìnbɔ́ːrn]
形 **先天的な**、持って生まれた (≒born、innate)

Day 29 》CD-A29
Quick Review
答えは右ページ下

- □ 感覚
- □ 本能
- □ 小児
- □ 反射 (神経)
- □ 精子
- □ 胚
- □ 卵子
- □ 女性らしい
- □ 男性らしい
- □ 青春期
- □ 更年期
- □ (8週以降の) 胎児
- □ 年少者
- □ 新生児
- □ 成熟した
- □ 長生き

Check

- [ ] barren land (不毛の地)
- [ ] a barren woman (子どものできない女性)

- [ ] a fertile animal (多産の動物)

- [ ] aerobic cultivation (好気培養)
- [ ] aerobic exercise (有酸素運動)

- [ ] a nocturnal animal (夜行性動物)

- [ ] remain dormant in the body ([ウイルスなどが] 体内に潜伏し続ける)
- [ ] lie dormant within ~ (~の中に潜む)

- [ ] self-sterile (自家不妊の)

- [ ] infertile eggs (無精卵)

- [ ] inborn errors of metabolism (先天性代謝異常)

Chapter 1
Chapter 2
Chapter 3
Chapter 4
Chapter 5
Chapter 6

Day 29)) CD-A29
Quick Review
答えは左ページ下

- [ ] sense
- [ ] instinct
- [ ] toddler
- [ ] reflex
- [ ] sperm
- [ ] embryo
- [ ] egg
- [ ] feminine
- [ ] masculine
- [ ] adolescence
- [ ] menopause
- [ ] fetus
- [ ] juvenile
- [ ] newborn
- [ ] mature
- [ ] longevity

Cycle of Life（人の一生）

「人が生まれてから死ぬまで」の各時期を英語でどのように表現するのかを、ここでイラストとともに覚えよう。Chapter 4 で登場した単語が中心となっている。

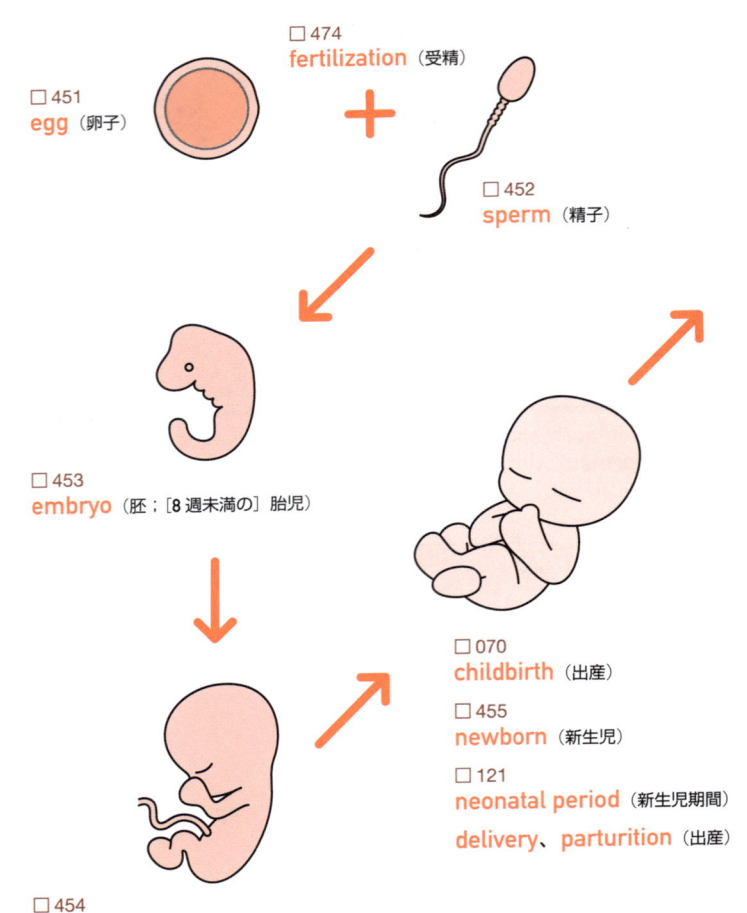

☐ 474
fertilization（受精）

☐ 451
egg（卵子）

☐ 452
sperm（精子）

☐ 453
embryo（胚；[8 週未満の] 胎児）

☐ 454
fetus（[8 週以降の] 胎児）

☐ 070
childbirth（出産）

☐ 455
newborn（新生児）

☐ 121
neonatal period（新生児期間）

delivery、**parturition**（出産）

☐ 456
toddler（小児）

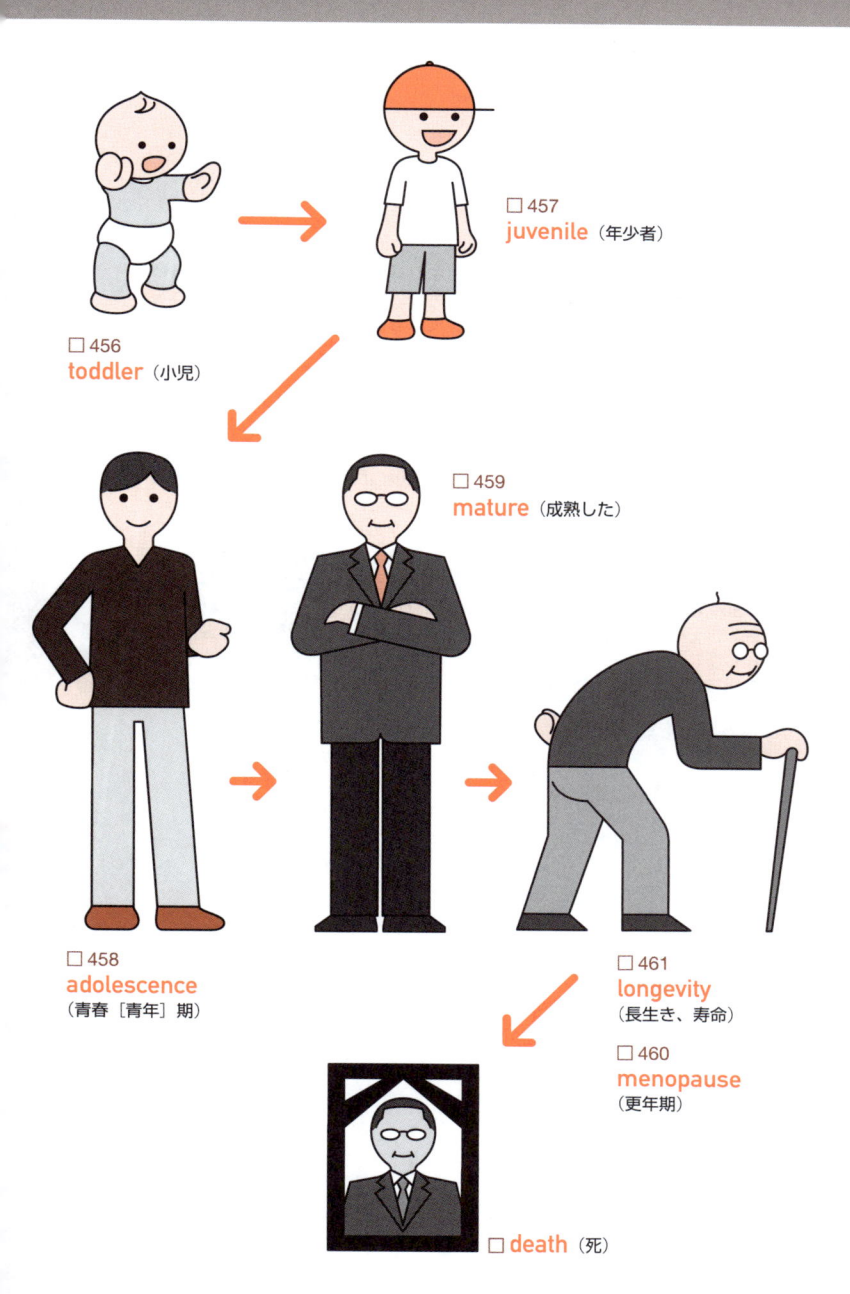

☐ 457
juvenile（年少者）

☐ 459
mature（成熟した）

☐ 458
adolescence
（青春［青年］期）

☐ 461
longevity
（長生き、寿命）

☐ 460
menopause
（更年期）

☐ **death**（死）

Column

記憶力に自信のない人は…

　単語を覚えなければならないことは重々分かっていても、覚えるのがおっくうだったり、一度覚えたはずの単語を忘れてしまったりしてやる気がそがれてしまうことがよくあります。しかし、人間は「忘却の生き物」とも言われ、覚えたことを忘れてしまうのはある意味仕方がないのです。

　さて、ではできるだけ覚えたことを忘れないでいるためにはどうしたらよいのでしょう。ドイツの有名な心理学者ヘルマン・エビングハウス（Hermann Ebbinghaus、1850年 - 1909年）は人間の忘却について研究し、そのメカニズムを解明しようとしました。

　彼の研究成果の中に、「忘却曲線」というものがあります。彼の理論によれば、一度は覚えたものでも20分後には約40％を忘れ、24時間後にはなんと約75％も忘れてしまうのです（実は、覚えている量の問題ではなく節約率のグラフなのですが結局記憶量に帰結するのでわかりやすく解釈しています）。

　ですから、記憶の定着には、覚えた直後の反復が重要と言えるでしょう。また、アメリカのスタンフォード大学の研究データによると、25回繰り返し使った語（単語・熟語）はほぼ忘れないそうです。なるべく忘れないうちにたくさん繰り返し、日々覚えたことを確認する習慣を作ることで忘却を防ぐことができるはずです。是非試してみてください。

エビングハウスの忘却曲線

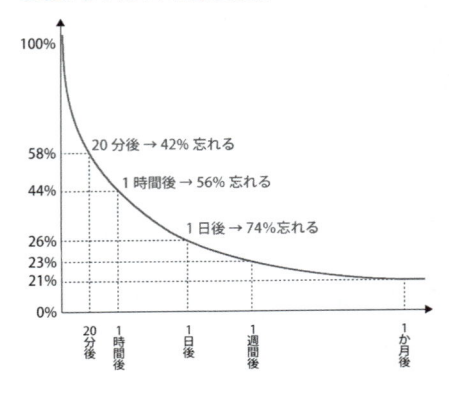

- 20分後 → 42％ 忘れる
- 1時間後 → 56％ 忘れる
- 1日後 → 74％ 忘れる

（横軸：20分後、1時間後、1日後、1週間後、1か月後）
（縦軸：100％、58％、44％、26％、23％、21％、0％）

Review Quiz 1

このチャプターで学習した単語をきちんと覚えているかチェックしてみよう！

1. 花粉への抵抗力を高める
   build up (p   ) resistance

2. 回虫（左辺のカッコに入る単語は？）
   intestinal (p   ) = intestinal worms

3. 霊長類
   a (p   )

4. 免疫反応
   (i   ) reaction

5. そのキノコは落葉樹の森に生育する。
   The (f   ) grows in deciduous woodland.

6. 無性生殖する菌類
   asexually (r   ing) fungus

7. 発育中の胎児
   a developing (f   )

8. 恐竜の絶滅
   the (e   ) of the dinosaurs

9. メンデルの遺伝の法則
   the Mendelian theory of (h   )

10. 多産系の犬
    a (f   ) dog

Review Quiz 1 Answer

※ カッコ内は見出し語番号

1. pollen [466]

2. parasite [416]
　回虫は、腸内の寄生虫を指す。したがって答えは parasite。

3. primate [415]

4. immune [471]
　頻出の単語。しっかり覚えておこう。

5. fungus [405]
　複数形は fungi なので注意。

6. reproducing [396]

7. fetus [454]
　8 週間以降の胎児を指す。P.164 〜 165 で「人の一生」のイラストをチェック。

8. extinction [431]
　形容詞は extinct（絶滅した）。

9. heredity [422]
　遺伝系トピックの長文で頻出の単語。

10. fertile [474]
　この対義語である、sterile、barren、infertile もあわせて覚えたい。

Review Quiz 2

1. 排尿する
   discharge / pass (u   )

2. 幹細胞の分化
   differentiation of a (s   ) (c   )

3. 細菌に対する抵抗力を付ける
   build up resistance to a (g   )

4. 基礎代謝
   basal (m   )

5. 優性突然変異
   a dominant (m   )

6. 健康と長寿を享受する
   enjoy health and (l   )

7. 小児保険
   (j   ) insurance

8. 先天的な才能
   an (i   ) talent

9. その病気は心筋の退化を引き起こす。
   The disease causes (d   ion) of the heart muscle.

Review Quiz 2 Answer

※ カッコ内は見出し語番号

1. **urine** [447]

2. **stem cell** [434]
   embryonic stem cell は「ES 細胞」、induced pluripotent stem cell は「iPS 細胞」。

3. **germ** [406]
   bacteria とセットで覚えておこう。

4. **metabolism** [439]
   （新陳）代謝の意味。基礎代謝は何も活動を行っていないときに必要な代謝（生命の維持に必要な代謝）。

5. **mutation** [428]
   「一時的変異」は modification。

6. **longevity** [461]

7. **juvenile** [457]

8. **inborn** [480]
   「生まれつき持っている」の innate と似た言葉。他に似た言葉としては natural、native、inherent など。

9. **degeneration** [390]
   degenerate は形容詞として「悪化した」という意味も押さえておこう。

Chapter 5
科学・化学と環境

いよいよ後半戦です。今回は科学や環境についての単語を学んでいきます。元素記号や栄養素などについても押さえておくと受験でかなり有利になります。チャンツを最大限に利用してモチベーションを保ち続けましょう！

Day 31 前半
科学・化学 動詞
Page 172 ▶ 173

Day 31 後半〜35 前半
科学・化学 動詞以外
Page 174 ▶ 189

Day 35 後半
環境 動詞
Page 190 ▶ 191

Day 36
環境 動詞以外
Page 192 ▶ 195

List of Elements
（元素名・記号リスト）
Page 196 ▶ 198

5 nutrients（5大栄養素）
Page 199

Column
Page 200

Review Quiz
Page 201 ▶ 204

Day 31 科学・化学 1 (動詞〜動詞以外)

Listen)) CD-B1

□ 481
analyze
[ǽnəlàiz]

他 **〜を分析する**：〜を解析する
名 analysis：分析

□ 482
engineer
[èndʒiníər]

他 **〜を遺伝子操作する**：〜を巧みに処理する　名 エンジニア、技師
関 genetic engineering：遺伝子工学

□ 483
activate
[ǽktəvèit]

他 **〜を活性化する**：〜を作動 [稼働、始動、起動] させる；(反応) を促進する；〜に放射能を与える
名 activation：活性化

□ 484
dilute
[dilúːt]

他 (液体など) **を** (…で) **薄める** (with . . .) (⇔concentrate [〜を濃縮する])；〜の効果 [効力、強度] を弱める (≒weaken)　形 (水などで) 薄めた、希釈した
名 dilution：希釈、希釈物

□ 485
evaporate
[ivǽpərèit]

自 **蒸発する**、蒸気になる、気化する　他 〜を蒸発させる；(果物など) を (加熱などによって) 乾燥させる、濃縮する
名 evaporation：蒸発
関 他 boil：〜を煮沸消毒する

□ 486
penetrate
[pénətrèit]

自 (〜の中へ) **染み込む** [浸透する]、(〜に) 入り込む (into 〜)；(〜を) 貫く (through 〜)　他 (弾丸・光などが) 〜を貫通する
名 penetration：浸透、進出

□ 487
radiate
[réidièit]

他 (熱・光など) **を放射** [放出] **する**　自 (光・熱などが) 放射される、発せられる；(〜から) 放射状に広がる (from 〜)
名 radiation：放射線、放射エネルギー；(光・熱などの) 放射

□ 488
react
[riǽkt]

自 (刺激・状況などに) **反応する** (to 〜)；(化学物質が) (〜に／…と) 反応する (on 〜 / with . . .)　他 〜に (化学) 反応を起こさせる
名 reactor：原子炉
名 reaction：反応、態度　形 reactive：よく反応する、反発する

continued
▼

ここからは科学・化学関連の単語を学んでいくよ。今日の前半は動詞。後半は栄養素（名詞）など！

Listen モード ☐☐☐☐☐
Listen & Check モード ☐☐☐☐☐

Check

☐ More than thirty years' worth of songs of humpback whales **have been** recorded and **analyzed** by scientists. (30余年分のザトウクジラの歌が科学者たちによって録音され、分析されてきた) [産業医科大]
➕ humpback whale：ザトウクジラ

☐ Doctors inject "good" genes — ones they **have engineered** in the laboratory — into the cells of a patient. (医師は、研究室で遺伝子操作を行った「良い」遺伝子を、患者の細胞に注入する) [日本獣医生命科学大]

☐ Only a small portion of the brain devoted to processing written language **is activated** during reading. ([何かを]読んでいる間は、記述された言語を処理することに専念する脳の小さな一部分だけが活性化されている) [高知大]

☐ People lose salt through their sweat, and overdrinking **dilutes** the sodium in the bloodstream, causing the brain to swell and push against the skull. (人間は汗によって塩分を失い、水分の取り過ぎは血液中のナトリウムを薄め、脳が膨張して頭蓋骨を圧迫する原因となる) [大阪薬科大]

☐ As the oceans warm, water **evaporates**, forming clouds. (海洋が温まると、水は蒸発し雲を形成する) [明治薬科大]

☐ A large part of the water that falls on the land as rain and snow **penetrates** deep into the ground, where it is stored in the spaces between rocks, called aquifers. (雨や雪として大地に降り注ぐ水の大部分は地中に浸透するが、そこで帯水層と呼ばれる岩石の間のスペースに蓄えられる) [明治大 農]

☐ The average human body **radiates** heat at approximately 100 joules per second. (平均的な人間の体は、1秒間に約100ジュールの熱を発している)

☐ Inflammation is the body's way of **reacting** to infection. (炎症とは、感染に対して体が反応する手段である) [名古屋市立大]

continued
▼

Day 31

Listen 》CD-B1

□ 489
glucose
[glúːkous]

🔸 **ブドウ糖**、グルコース ➕ 単糖類の1つ。デンプン、グリコーゲンの加水分解によって得られる白色の結晶で、水によく溶ける。生体内でエネルギー源として重要な役割を果たす
類 名 fructose：果糖、フルクトース

□ 490
carbohydrate
[kàːrbouháidreit]

🔸 **炭水化物** ➕ 糖類およびその類縁化合物。生物界に広く分布し、体の構成成分、エネルギー源として重要。5大栄養素の1つ
類 名 fat：脂肪、脂、脂質

□ 491
protein
[próutiːn]
❶ 発音注意

🔸 **タンパク質** ➕ 生物体を構成する、窒素を含む有機化合物。アミノ酸、核酸、リン酸、糖、脂質などを含む。5大栄養素の1つ

□ 492
beta carotene
[béitə kærətìːn]

🔸 **ベータカロチン** ➕ 緑黄色野菜などに含まれる色素。人体内でビタミンAになる

□ 493
amino acid
[əmíːnou æsid]

🔸 **アミノ酸**
類 名 protein：タンパク質

□ 494
nitrogen
[náitrədʒən]
❶ 発音注意

🔸 **窒素** ➕ 元素記号は N

□ 495
oxygen
[ɑ́ksidʒən]

🔸 **酸素** ➕ 元素記号は O

□ 496
potassium
[pətǽsiəm]

🔸 **カリウム**、ポタシウム ➕ 元素記号は K

Day 30 》CD-A30
Quick Review
答えは右ページ下

□ 増殖
□ 生息地
□ 不妊の
□ おとり

□ 不毛の
□ 多産な
□ 先天的な
□ 花粉

□ 好気性の
□ 生存
□ 生体
□ 夜行性の

□ 休眠中の
□ 本来備わっている
□ 生殖能力のない
□ 免疫のある

Check

- [ ] **blood glucose level**（血糖値、血中グルコース［ブドウ糖］値［濃度］）

- [ ] **a low-carbohydrate diet**（炭水化物の少ない食事）

- [ ] **high-protein foods**（高タンパク質食品）
- [ ] **a glucose transporter protein**（グルコース輸送タンパク質）

- [ ] **contain beta carotene**（ベータカロチンを含む）
- [ ] **beta-carotene-rich food**（ベータカロチンを多く含む食品）

- [ ] **an amino acid in the blood**（血中のアミノ酸）

- [ ] **liquid nitrogen**（液体窒素）
- [ ] **nitrogen oxides**（窒素酸化物）

- [ ] **a low-oxygen environment**（低酸素環境）
- [ ] **supplemental oxygen**（酸素補給）
- [ ] **lack of oxygen**（酸欠、酸素の欠乏）

- [ ] **potassium loss**（カリウムの損失）
- [ ] **serum potassium**（血清カリウム）

Chapter 1
Chapter 2
Chapter 3
Chapter 4
Chapter 5
Chapter 6

Day 30》CD-A30
Quick Review
答えは左ページ下

- [ ] multiplication
- [ ] habitat
- [ ] sterile
- [ ] decoy
- [ ] barren
- [ ] fertile
- [ ] inborn
- [ ] pollen
- [ ] aerobic
- [ ] survival
- [ ] organism
- [ ] nocturnal
- [ ] dormant
- [ ] inherent
- [ ] infertile
- [ ] immune

Day 32　科学・化学 2（動詞以外）

Listen)) CD-B2

□ 497
zinc
[zíŋk]

名 **亜鉛**　⊕ 元素記号はZn

□ 498
hydrogen
[háidrədʒən]

名 **水素**　⊕ 元素記号はH

□ 499
radium
[réidiəm]
❶ 発音注意

名 **ラジウム**　⊕ 元素記号はRa

□ 500
sodium
[sóudiəm]

名 **ナトリウム**　⊕ 元素記号はNa

□ 501
sulfur
[sʌ́lfər]

名 **硫黄**、イオウ　⊕ 元素記号はS

□ 502
mercury
[mə́ːrkjuri]

名 **水銀**；（温度計などの）水銀柱；（M～）水星　⊕ 元素記号はHg

□ 503
uranium
[juəréiniəm]
❶ 発音注意

名 **ウラン**　⊕ 元素記号はU

□ 504
iodine
[áiədàin]
❶ 発音注意

名 **ヨウ素**、ヨード　⊕ 元素記号はI

continued

元素名を英語で学ぶのはなかなか新鮮だよね。Chapter の最後には元素記号一覧もあるからチェック！

Listen モード ☐☐☐☐☐
Listen & Check モード ☐☐☐☐☐

Check

☐ zinc production（亜鉛生産）

☐ hydrogen fuel（水素燃料）
☐ hydrogen-powered cars（水素を動力とする車）

☐ radioactive radium（放射性ラジウム）

☐ sodium carbonate（炭酸ソーダ、炭酸ナトリウム）
☐ a high-sodium diet（高ナトリウム食）

☐ sulfur dioxide（二酸化硫黄）　⊕ 化学式は SO_2
☐ atmospheric sulfur（大気硫黄）

☐ a mercury column（水銀柱）
☐ a mercury-containing compound（水銀を含む化合物）

☐ enriched uranium（濃縮ウラン）
☐ solid uranium（固体ウラン）

☐ iodine deficiency（ヨード [ヨウ素] 欠乏症）

continued
▼

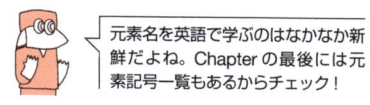

Day 32

Listen)) CD-B2

□ 505
carbon dioxide
[káːrbən daiáksaid]
名 **二酸化炭素** ⊕ 化学式は CO_2

□ 506
ozone
[óuzoun]
名 **オゾン** ⊕ 化学式は O_3

□ 507
the periodic table
[ðə pìəriádik téibl]
名 **周期表**

□ 508
neutron
[njúːtrɑn]
名 **中性子**、ニュートロン ⊕ 「電子」は electron、「陽子」は proton

□ 509
molecule
[máləkjùːl]
名 **分子**；微粒子
形 molecular：分子の

□ 510
particle
[páːrtikl]
名 **粒子**；微量、少量、小片

□ 511
quantum
[kwántəm]
名 **量子**；分量；多量

□ 512
nuclear
[njúːkliər]
形 **原子力の**；原子核の；核兵器の
名 nucleus：原子核；細胞核

| Day 31)) CD-B1 Quick Review 答えは右ページ下 | □酸素 □アミノ酸 □カリウム □ベータカロチン | □〜を分析する □反応する □蒸発する □〜を放射する | □炭水化物 □〜を活性化する □タンパク質 □窒素 | □〜を遺伝子操作する □〜を薄める □ブドウ糖 □染み込む |

Check

- [ ] the level of carbon dioxide (二酸化炭素濃度)
- [ ] remove carbon dioxide (二酸化炭素を除去する)

- [ ] ozone destruction (オゾン破壊)
- [ ] the ozone layer (オゾン層)

- [ ] the periodic table of the elements (元素周期表)
- [ ] memorize the periodic table (周期表を暗記する)

- [ ] a neutron star (中性子星)

- [ ] the structure of a molecule (分子構造)
- [ ] water molecules (水分子 [水分])

- [ ] a dust particle (ちり粒子)
- [ ] the particle theory (粒子理論)

- [ ] quantum theory (量子 [理] 論)
- [ ] quantum mechanics (量子力学)
- [ ] at quantum levels (量子レベルで見ると)

- [ ] nuclear reactor (原子炉)
- [ ] nuclear energy (核エネルギー)

Day 31 》CD-B1
Quick Review
答えは左ページ下

- [ ] oxygen
- [ ] amino acid
- [ ] potassium
- [ ] beta carotene
- [ ] analyze
- [ ] react
- [ ] evaporate
- [ ] radiate
- [ ] carbohydrate
- [ ] activate
- [ ] protein
- [ ] nitrogen
- [ ] engineer
- [ ] dilute
- [ ] glucose
- [ ] penetrate

Day 33 科学・化学 3 (動詞以外)

Listen)) CD-B3

□ 513
radioactive
[rèidiouǽktiv]

形 **放射性の**、放射能のある
名 radioactivity：放射能
関 名 radium：ラジウム

□ 514
fluid
[flú:id]

名 **流体**、流動体；体液　● 分子が自由に動ける液体（liquid）、気体（gas）などの総称　形 流体の、流動性を持つ；流動的な

□ 515
gravity
[grǽvəti]

名 **重力**、引力（≒gravitation）；重大さ

□ 516
atmosphere
[ǽtməsfìər]
❶ アクセント注意

名 **大気**(圏)；(特定の場所の) 空気；雰囲気
形 atmospheric：大気の

□ 517
satellite
[sǽtəlàit]

名 **衛星**；人工衛星

□ 518
hemisphere
[hémisfìər]

名 (地球・天体の) **半球**；脳半球

□ 519
terrestrial
[təréstriəl]

形 **地球(上)の**（⇔extraterrestrial [地球外の]）；陸(上)の；陸生の（⇔aquatic [水生の]）

□ 520
fossil
[fásəl]

名 **化石**

continued
▼

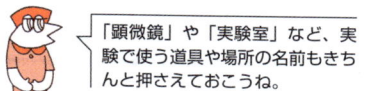

「顕微鏡」や「実験室」など、実験で使う道具や場所の名前もきちんと押さえておこうね。

Listen モード ☐☐☐☐☐
Listen & Check モード ☐☐☐☐☐

Check

- ☐ radioactive material（放射性物質）
- ☐ radioactive cesium（放射性セシウム）

- ☐ fluid dynamics（流体力学）
- ☐ fluid pressure（流圧）

- ☐ the force of gravity（引力）
- ☐ the law of gravity（重力の法則）
- ☐ a zero-gravity environment（無重力環境）

- ☐ into the atmosphere（大気中に）
- ☐ the earth's atmosphere（地球大気圏）

- ☐ satellite technology（衛星技術）
- ☐ a space satellite（宇宙衛星）
- ☐ a weather satellite（気象観測衛星）

- ☐ the Northern Hemisphere（[地球の]北半球）

- ☐ terrestrial gravitation（地球引力）

- ☐ fossil fuel（化石燃料）
- ⊕ 石炭・石油などを指して使われる

continued
▼

Day 33

Listen)) CD-B3

□ 521
layer
[léiər]

名 **層**；地層；階層
関 名 tissue：(細胞の) 組織

□ 522
laboratory
[lǽbərətɔ̀:ri]

名 **実験室**、研究所
名 labor：労働；仕事 (≒work, job)；出産
形 laborious：骨の折れる、困難な

□ 523
microscope
[máikrəskòup]

名 **顕微鏡**
形 microscopic：顕微鏡の、顕微鏡でしか見えない
関 名 endoscope：内視鏡

□ 524
clone
[klóun]

名 **クローン** ● 単一個体または細胞から無性生殖によって生じた遺伝的に同一な個体群または細胞群

□ 525
culture
[kʌ́ltʃər]

名 (微生物・組織の) **培養**；培地；文化

□ 526
ingredient
[ingrí:diənt]

名 **成分**、要素；原料

□ 527
condition
[kəndíʃən]

名 **条件**；状態；(～s) 状況；事情 (≒situation)；調子、病気 他 ～を (…するように) 条件付ける (to do)
名 conditioning：条件付け；調節；空調

□ 528
parameter
[pərǽmətər]

名 **媒介変数**、パラメーター

Day 32)) CD-B2
Quick Review
答えは右ページ下

□水素
□中性子
□ナトリウム
□オゾン

□亜鉛
□ウラン
□粒子
□原子力の

□量子
□ヨウ素
□硫黄
□水銀

□周期表
□二酸化炭素
□分子
□ラジウム

Check

- ☐ form a **layer** (層を作る)
- ☐ a thick **layer** (厚い層)

- ☐ **laboratory** animals (実験動物)
- ☐ **laboratory** tests (臨床試験、検体検査)

- ☐ be examined under a **microscope** (顕微鏡で検査される)
- ☐ look at cells and tissues with **microscopes** (細胞や組織を顕微鏡で見る)

- ☐ a human **clone** (クローン人間)

- ☐ a **culture** plate (培養皿)
- ☐ grow in **culture** (培地中で成育する)

- ☐ a natural **ingredient** (天然成分)
- ☐ an important **ingredient** (重要成分)

- ☐ on [under] **condition** that ~ (~という条件で)
- ☐ a test **condition** (試験条件)
- ☐ a complex **condition** (複合条件)

- ☐ the **parameter** values (パラメーター値)
- ☐ distributed-**parameter** (分散パラメーターの)

Day 32 » CD-B2
Quick Review
答えは左ページ下

- ☐ hydrogen
- ☐ neutron
- ☐ sodium
- ☐ ozone
- ☐ zinc
- ☐ uranium
- ☐ particle
- ☐ nuclear
- ☐ quantum
- ☐ iodine
- ☐ sulfur
- ☐ mercury
- ☐ the periodic table
- ☐ carbon dioxide
- ☐ molecule
- ☐ radium

Day 34 科学・化学 4（動詞以外）

Listen)) CD-B4

□ 529
phenomenon
[finámənàn]
❶ 複数形注意

名 **現象**、事象；特異な事物
❶ 複数形は phenomena [finámənə]

□ 530
survey
[sə́ːrvei]

名 **調査**；調査書[表]；測量；見渡すこと 他 ～を詳細に調査[検査] する；(土地など) を測量する

□ 531
saturation
[sæ̀tʃəréiʃən]

名 **飽和状態**；浸透；彩度
関 unsaturated fatty acid：不飽和脂肪酸

□ 532
analysis
[ənǽləsis]
❶ 複数形注意

名 **分析**、解析 ❶ 複数形はanalyses [ənǽləsìːz]
他 analyze：～を分析する

□ 533
kinesics
[kiníːziks]
❶ 発音注意

名 **動作学**、動力学 ❶ 身振りや顔の表情などと伝達の関係を研究する学問

□ 534
biochemistry
[bàioukémətri]

名 **生化学** ❶ 生物体を構成する物質や生体内に生じる化学物質およびその化学反応の過程を対象とする科学

□ 535
biotechnology
[bàiouteknálədʒi]

名 **生命工学**、バイオテクノロジー

□ 536
botany
[bátəni]

名 **植物学**
形 botanical：植物学の
名 botanist：植物学者

continued

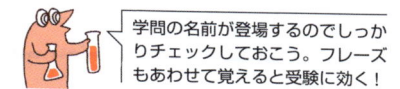

学問の名前が登場するのでしっかりチェックしておこう。フレーズもあわせて覚えると受験に効く！

Listen モード ☐☐☐☐☐
Listen & Check モード ☐☐☐☐☐

Check

- ☐ a rare phenomenon (まれな現象)
- ☐ a psychological phenomenon (心理現象)

- ☐ the survey results (調査結果)
- ☐ survey data (調査データ)
- ☐ a selective survey (選択的調査)

- ☐ reach saturation (飽和状態に達する)

- ☐ DNA analysis (DNA鑑定)
- ☐ genetic analysis (遺伝分析)

- ☐ developmental kinesics (発達動作学)

- ☐ the American Society for Biochemistry and Molecular Biology (米国生化学・分子生物学会)
- ☐ study biochemistry (生化学を学ぶ)

- ☐ the benefits and risks of biotechnology (生命工学の利点とリスク)
- ☐ the use of biotechnology (生命工学[バイオテクノロジー]の利用)

- ☐ applied botany (応用植物学)

continued
▼

Day 34

Listen 》CD-B4

□ 537
anthropology
[æ̀nθrəpάlədʒi]

名 **人類学**
名 anthropologist：人類学者

□ 538
archaeology
[ὰːrkiάlədʒi]

名 **考古学**
名 archaeologist：考古学者

□ 539
physiology
[fìziάlədʒi]

名 **生理学**：生理機能
形 physiological：生理学上の；生理的な

□ 540
biology
[baiάlədʒi]

名 **生物学**、生態学；生態
形 biological：生物学の、生物学的な

□ 541
rectangle
[réktæ̀ŋgl]

名 **長方形**、矩形

□ 542
diameter
[daiǽmətər]

名 **直径**

□ 543
radius
[réidiəs]

名 **半径**；放射状のもの
関 名 radium：ラジウム

□ 544
kinetic
[kinétik]

形 **運動(上)の**

Day 33 》CD-B3
Quick Review
答えは右ページ下

□ 成分　□ 重力　□ 化石　□ 半球
□ 大気　□ 実験室　□ 衛星　□ 層
□ 条件　□ クローン　□ 顕微鏡　□ 放射性の
□ 培養　□ 地球の　□ 流体　□ 媒介変数

Check

- ☐ cultural anthropology (文化人類学)
- ☐ the department of anthropology (人類学部)

- ☐ the museum of archaeology (考古博物館)

- ☐ Nobel Prize winners in physiology or medicine (ノーベル医学生理学賞の受賞者たち)
- ☐ human physiology (人間生理学、人類生理学)

- ☐ cell biology (細胞生物学)
- ☐ molecular biology (分子生物学)
- ☐ marine biology (海洋生物学)

- ☐ the shape of rectangle (長方形)

- ☐ 1 inch in diameter (直径で1インチ)
- ☐ small diameter fibers and particles (直径の小さい繊維や粒子)

- ☐ the radius of the circle (その円の半径)

- ☐ kinetic activity (動的活動)

Chapter 1
Chapter 2
Chapter 3
Chapter 4
Chapter 5
Chapter 6

Day 33 》CD-B3
Quick Review
答えは左ページ下

- ☐ ingredient
- ☐ atmosphere
- ☐ condition
- ☐ culture
- ☐ gravity
- ☐ laboratory
- ☐ clone
- ☐ terrestrial
- ☐ fossil
- ☐ satellite
- ☐ microscope
- ☐ fluid
- ☐ hemisphere
- ☐ layer
- ☐ radioactive
- ☐ parameter

Day 35 科学・化学 5（動詞以外）/ 環境 1（動詞）

Listen)) CD-B5

□ 545
inert
[inə́:rt]

形 **不活性の**：自力で運動できない

□ 546
luminous
[lú:mənəs]

形 **光を出す**、発光性の；明るい、照明された

□ 547
organic
[ɔ:rgǽnik]

形 **有機的な**：有機体の；臓器の
名 organism：生体；有機体

□ 548
toxic
[táksik]

形 **有毒な**、毒性のある；毒に起因する、中毒にかかっている
名 toxin：毒素
名 toxicity：毒性

□ 549
spontaneous
[spɑntéiniəs]

形 （現象が）**自然に起こる**、自然発生的な；自発的な、進んでいる（⇔ forced [強制された]）；（植物が）野生の、自生の

□ 550
chemical
[kémikəl]

形 **化学の**、化学的な、化学作用の（による） 名 化学物質、化学薬品
関 名 chemotherapy：化学療法

□ 551
reversible
[rivə́:rsəbl]

形 **可逆的な**、元へ戻せる（⇔ irreversible [不可逆な]）；両面仕立ての ● いったん進んだものや、変化したものを元の状態に戻すことのできるような性質や機能のことを幅広く指す言葉

□ 552
homogeneous
[hòumədʒí:niəs]

形 **同種の**、同質の、均質の（⇔ heterogeneous [異種の]）

continued
▼

今日の前半で科学・化学系はおしまい。後半から環境に関する単語が登場！ 動詞から始まるよ。

Listen モード ☐☐☐☐☐
Listen & Check モード ☐☐☐☐☐

Check

☐ chemically inert（化学的に無害な [不活性の]）

☐ luminous paint（夜光塗料）

☐ organic materials（有機物）
☐ organic farming（有機農法）

☐ non-toxic（毒 [性] のない、毒性を示さない）
☐ toxic substances（有害物質）

☐ spontaneous fluctuations（自然変動）
☐ spontaneous generation（偶然 [自然] 発生）

☐ chemical energy（化学 [的] エネルギー）
☐ a chemical reaction（化学反応 [変化]）

☐ a reversible action（可逆的作用）

☐ culturally homogeneous（文化的に同質な）

continued
▼

Day 35

Listen)) CD-B5

□ 553
shed
[ʃéd]

他 (葉・毛・羽など) **を落とす**；〜を (不要・無用なものとして) 捨てる；(光・熱など) を発散する；(涙・血など) を流す

□ 554
slaughter
[slɔ́:tər]

他 (動物) **を解体処理する**、殺す；(多数の人) を虐殺 [惨殺] する

□ 555
evacuate
[ivǽkjuèit]

自 **避難 [疎開] する**　他 (危険な地域などから) 〜を避難させる、疎開させる (from . . .)；(場所など) を明け渡す、〜から立ち退く；(便など) を排せつ [排出] する (≒ empty)
名 evacuation：避難、疎開、空にすること

□ 556
contaminate
[kəntǽmənèit]

他 〜を (…で) **汚染する**、不純にする (by [with] . . .)；〜を堕落させる、〜に悪影響を及ぼす　➕ 異物などの混入により本来の機能が失われる場合などが contaminate、汚染がある程度広がり広範囲に及ぶ場合が pollute
名 contamination：汚染 (物質)　名 contaminant：汚染物質

□ 557
preserve
[prizə́:rv]

他 **〜を保護 [保存] する** (≒ protect)；(食料など) を保存加工する
名 preservation：保存；保護；貯蔵
名 preservables：保存のきく食品
名 preservative：防腐剤

□ 558
coexist
[kòuigzíst]

自 (〜と) **共存する** (with 〜)；(〜と) 平和共存する (with 〜)；同時 [同所] に存在する (with 〜)
名 coexistence：共生、共存

□ 559
adapt
[ədǽpt]

自 (環境などに) **適応 [順応] する** (to 〜)　他 〜を適応させる；〜を脚色する　➕ adopt は「〜を採用する、養子にする」
名 adaptability：(環境などへの) 順応性
形 adaptable：順応できる、順応性のある
名 adaptation：適合、適応

□ 560
pollute
[pəlú:t]

他 **〜を汚染する**；〜の神聖さを汚す
名 pollutant：汚染物質
名 pollution：汚染、汚染物質

Day 34)) CD-B4
Quick Review
答えは右ページ下

- □ 現象
- □ 生理学
- □ 生物学
- □ 調査
- □ 長方形
- □ 飽和状態
- □ 生化学
- □ 半径
- □ 動作学
- □ 生命工学
- □ 直径
- □ 運動の
- □ 人類学
- □ 分析
- □ 植物学
- □ 考古学

Check

- Because of the cold weather, the trees have shed their leaves early this year. (寒い気候のせいで、今年は木々が例年より早くその葉を落としてしまった)

- The outbreak ended when Malaysian authorities closed eight farms and slaughtered a million pigs. (マレーシア当局が8つの農場を閉鎖し、百万匹のブタを解体処理して、その [病気の] 大流行は収まった) [北里大]

- When they realized the storm was a major hurricane, it was too late to evacuate. (彼らがその嵐が巨大なハリケーンだと気づいた時は、すでに避難するには遅すぎた) [名城大学]

- It is thought that every person on Earth is now contaminated and our bodies may now contain up to 200 artificial chemicals. (今日、地球上の全ての人々は汚染されており、われわれの体は今や最大で200種の人工的な化学物質を含有しているだろうと考えられている) [奈良県立医科大]

- Zoos can help to preserve rare animals such as the Giant Panda and the African Elephant. (動物園はジャイアントパンダやアフリカゾウなどの希少な動物を保護するのに役立つ) [広島大 改]

- These bacteria have coexisted with humans for thousands of years and are actually beneficial to us. (これらの細菌は何千年にもわたって人類と共存し、実は私たちにとって有益なものなのです)

- Polar bears have adapted to life in the extreme climate of the Arctic. (ホッキョクグマは、北極圏の苛酷な気候下での暮らしに適応してきた)

- In China, which is in the middle of an economic boom, seventy percent of rivers and lakes are believed to have been polluted. (経済の急成長の最中にある中国では、河川と湖の70%が汚染されていると見られている) [山口大]

Day 34)) CD-B4
Quick Review
答えは左ページ下

- phenomenon
- physiology
- biology
- survey
- rectangle
- saturation
- biochemistry
- radius
- kinesics
- biotechnology
- diameter
- kinetic
- anthropology
- analysis
- botany
- archaeology

Day 36　環境 2（動詞以外）

Listen ») CD-B6

□ 561
ecosystem
[ékousistəm]

名 **生態系**

□ 562
ecology
[ikálədʒi]

名 **生態学**、環境学；生態環境、環境
形 ecological：生態上の、生態学の
関 自 biodegrade：生物分解する

□ 563
biodiversity
[bàioudaivə́:rsəti]

名 **生物の多様性**、多様化

□ 564
iceberg
[áisbə:rg]

名 **氷山**

□ 565
tide
[táid]

名 **潮の干満**、潮汐；潮流
形 tidal：潮の、干満の；周期的な
関 tidal wave：高波、津波

□ 566
arctic
[á:rktik]

名 (the A〜) **北極圏**、北極地方 (⇔antarctic [<the A〜> 南極圏]) ●「北極」は the North Pole　形 北極 (圏) の

□ 567
conservation
[kànsərvéiʃən]

名 **自然保護** (≒nature preservation)；保存、管理

□ 568
deforestation
[di:fɔ:ristéiʃən]

名 **森林伐採**、森林破壊

---

continued

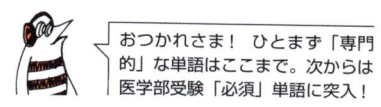

おつかれさま！ ひとまず「専門的」な単語はここまで。次からは医学部受験「必須」単語に突入！

Listen モード ☐☐☐☐☐
Listen & Check モード ☐☐☐☐☐

Check

- ☐ the marine ecosystem (海洋生態系)
- ☐ keep an ecosystem healthy (生態系を健全に保つ)

- ☐ a tropical ecology (熱帯生態学)

- ☐ preserve biodiversity (生物多様性を保つ)
- ☐ the loss of biodiversity (生物多様性の喪失)

- ☐ hit an iceberg (氷山に衝突する)

- ☐ at low tide (引き潮[時]に、干潮に)
- ☐ a red tide (赤潮)

- ☐ in the Arctic (北極圏では)
- ☐ the Arctic region (北極地方、極寒地帯)
- ☐ the Arctic Circle (北極圏)

- ☐ the International Union for Conservation of Nature and Natural Resources (国際自然保護連合)
- ☐ marine conservation (海洋保護)

- ☐ the aftereffects of deforestation (森林伐採の余波)

continued
▼

Day 36

Listen 》CD-B6

□ 569
eruption
[irʌ́pʃən]

名 (火山の) **爆発**、噴火；(病気・災害などの) 勃発 (≒outbreak、pandemic)、突発、発生；発疹

□ 570
sewage
[súːidʒ]
❶ 発音注意

名 **下水**、汚水

□ 571
corrupt
[kərʌ́pt]

形 **汚染された** (≒contaminated、polluted)；不正な、堕落した 他 ～を堕落させる、腐敗させる

□ 572
endangered
[indéindʒərd]

形 (動植物が) **絶滅寸前の**、絶滅の危機にさらされた ❶ 「絶滅した」はextinct
他 endanger：～を危険にさらす、危うくする

□ 573
sustainable
[səstéinəbl]

形 **持続** [継続、維持] **可能な**；環境を破壊しない、環境にやさしい
他 sustain：(行為など) を持続させる、維持する (≒keep)

□ 574
rainfall
[réinfɔːl]

名 **降雨量**、降水量 (≒precipitation)；降雨
反 名 drought：干ばつ

□ 575
humid
[hjúːmid]

形 (不快なほど) **湿気の多い**、(高温) 多湿の (≒muggy) ❶「暑くて湿っぽい」というニュアンス。moist は「程よく湿っぽい」、damp は「寒くて少し湿っぽい」を表す
名 humidity：湿度

□ 576
temperate
[témpərət]

形 (気候などが) **温和な** (≒mild)；(地域が) 温和な気候の

Day 35 》CD-B5
Quick Review
答えは右ページ下

□ 可逆的な
□ 適応する
□ 光を出す
□ 避難する

□ ～を保護する
□ ～を落とす
□ 同種の
□ 有毒な

□ 不活性の
□ ～を汚染する（c-）
□ 化学の
□ 共存する

□ 有機的な
□ 自然に起こる
□ ～を汚染する（p-）
□ ～を解体処理する

Check

Chapter 1
- [ ] a volcanic eruption (火山爆発[噴火])
- [ ] the eruption of the disease (病気の突発)

Chapter 2
- [ ] a poor sewage system (貧弱な下水設備)
- [ ] domestic sewage (家庭下水)

Chapter 3
- [ ] corrupt air (汚れた空気)

Chapter 4
- [ ] the endangered species (絶滅危惧種)

Chapter 5
- [ ] sustainable development (環境維持開発、持続可能な発展[開発])
- [ ] building a sustainable society (持続可能な社会の構築)

Chapter 6
- [ ] the annual rainfall (年間降水量)

- [ ] a humid climate (湿潤気候)
- [ ] the hot and humid weather (高温多湿の天候、暑くてムシムシした天気)

- [ ] a temperate region (温帯地方、温暖な地域)

Day 35 ● CD-B5
Quick Review
答えは左ページ下

- [ ] reversible
- [ ] adapt
- [ ] luminous
- [ ] evacuate
- [ ] preserve
- [ ] shed
- [ ] homogeneous
- [ ] toxic
- [ ] inert
- [ ] contaminate
- [ ] chemical
- [ ] coexist
- [ ] organic
- [ ] spontaneous
- [ ] pollute
- [ ] slaughter

List of Elements（元素名・記号リスト）

主な元素名を一覧にした。英語と日本語で呼び方が違うものがあるので注意しよう。

元素番号	元素	発音	元素記号	和名
1	hydrogen	[háidrədʒən]	H	水素
2	helium	[híːliəm]	He	ヘリウム
3	lithium	[líθiəm]	Li	リチウム
4	beryllium	[bəríliəm]	Be	ベリリウム
5	boron	[bɔ́ːrɑn]	B	ホウ素
6	carbon	[káːrbən]	C	炭素
7	nitrogen	[náitrədʒən]	N	窒素
8	oxygen	[áksidʒən]	O	酸素
9	fluorine	[flúəriːn]	F	フッ素
10	neon	[níːɑn]	Ne	ネオン
11	sodium	[sóudiəm]	Na	ナトリウム
12	magnesium	[mægníːziəm]	Mg	マグネシウム
13	aluminum	[əlúːmənəm]	Al	アルミニウム
14	silicon	[sílikən]	Si	ケイ素
15	phosphorus	[fásfərəs]	P	リン
16	sulfur	[sʌ́lfər]	S	硫黄
17	chlorine	[klɔ́ːriːn]	Cl	塩素
18	argon	[áːrgɑn]	Ar	アルゴン
19	potassium	[pətǽsiəm]	K	カリウム
20	calcium	[kǽlsiəm]	Ca	カルシウム
21	scandium	[skǽndiəm]	Sc	スカンジウム
22	titanium	[taitéiniəm]	Ti	チタン
23	vanadium	[vənéidiəm]	V	バナジウム
24	chromium	[króumiəm]	Cr	クロム
25	manganese	[mǽŋgəniːs]	Mn	マンガン
26	iron	[áiərn]	Fe	鉄
27	cobalt	[kóubɔːlt]	Co	コバルト
28	nickel	[níkəl]	Ni	ニッケル
29	copper	[kápər]	Cu	銅
30	zinc	[zíŋk]	Zn	亜鉛
31	gallium	[gǽliəm]	Ga	ガリウム
32	germanium	[dʒərméiniəm]	Ge	ゲルマニウム
33	arsenic	[áːrsənik]	As	ヒ素
34	selenium	[silíːniəm]	Se	セレン
35	bromine	[bróumiːn]	Br	臭素
36	krypton	[kríptɑn]	Kr	クリプトン
37	rubidium	[ruːbídiəm]	Rb	ルビジウム

元素番号	元素	発音	元素記号	和名
38	strontium	[stránʃiəm]	Sr	ストロンチウム
39	yttrium	[ítriəm]	Y	イットリウム
40	zirconium	[zə:rkóuniəm]	Zr	ジルコニウム
41	niobium	[naióubiəm]	Nb	ニオブ
42	molybdenum	[məlíbdənəm]	Mo	モリブデン
43	technetium	[tekní:ʃiəm]	Tc	テクネチウム
44	ruthenium	[ru:θí:niəm]	Ru	ルテニウム
45	rhodium	[róudiəm]	Rh	ロジウム
46	palladium	[pəléidiəm]	Pd	パラジウム
47	silver	[sílvər]	Ag	銀
48	cadmium	[kǽdmiəm]	Cd	カドミウム
49	indium	[índiəm]	In	インジウム
50	tin	[tín]	Sn	スズ
51	antimony	[ǽntəmòuni]	Sb	アンチモン
52	tellurium	[telúəriəm]	Te	テルル
53	iodine	[áiədàin]	I	ヨウ素
54	xenon	[zí:nɑn]	Xe	キセノン
55	cesium	[sí:ziəm]	Cs	セシウム
56	barium	[bɛ́əriəm]	Ba	バリウム
57	lanthanum	[lǽnθənəm]	La	ランタン
58	cerium	[síəriəm]	Ce	セリウム
59	praseodymium	[prèizioudímiəm]	Pr	プラセオジム
60	neodymium	[nì:oudímiəm]	Nd	ネオジム
61	promethium	[prəmí:θiəm]	Pm	プロメチウム
62	samarium	[səmɛ́əriəm]	Sm	サマリウム
63	europium	[juəróupiəm]	Eu	ユウロピウム
64	gadolinium	[gæ̀dəlíniəm]	Gd	ガドリニウム
65	terbium	[tə́:rbiəm]	Tb	テルビウム
66	dysprosium	[dispróusiəm]	Dy	ジスプロシウム
67	holmium	[hóulmiəm]	Ho	ホルミウム
68	erbium	[ə́:rbiəm]	Er	エルビウム
69	thulium	[θjú:liəm]	Tm	ツリウム
70	ytterbium	[itə́:rbiəm]	Yb	イッテルビウム
71	lutetium	[lu:tí:ʃiəm]	Lu	ルテチウム
72	hafnium	[hǽfniəm]	Hf	ハフニウム
73	tantalum	[tǽntələm]	Ta	タンタル
74	tungsten	[tʌ́ŋstən]	W	タングステン
75	rhenium	[rí:niəm]	Re	レニウム
76	osmium	[ɑ́zmiəm]	Os	オスミウム

元素番号	元素	発音	元素記号	和名
77	iridium	[irídiəm]	Ir	イリジウム
78	platinum	[plǽtənəm]	Pt	白金
79	gold	[góuld]	Au	金
80	mercury	[mə́ːrkjuri]	Hg	水銀
81	thallium	[θǽliəm]	Tl	タリウム
82	lead	[léd]	Pb	鉛
83	bismuth	[bízməθ]	Bi	ビスマス
84	polonium	[pəlóuniəm]	Po	ポロニウム
85	astatine	[ǽstətìːn]	At	アスタチン
86	radon	[réidɑn]	Rn	ラドン
87	francium	[frǽnsiəm]	Fr	フランシウム
88	radium	[réidiəm]	Ra	ラジウム
89	actinium	[æktíniəm]	Ac	アクチニウム
90	thorium	[θɔ́ːriəm]	Th	トリウム
91	protactinium	[pròutæktíniəm]	Pa	プロトアクチニウム
92	uranium	[juəréiniəm]	U	ウラン
93	neptunium	[neptjúːniəm]	Np	ネプツニウム
94	plutonium	[pluːtóuniəm]	Pu	プルトニウム
95	americium	[æməríʃiəm]	Am	アメリシウム

5 nutrients （5大栄養素）

人間に欠かせない5大栄養素を英語で言えるようにしておこう。
それぞれの栄養素が含まれる代表的な食物や、関連する栄養素も覚えておこう。

Carbohydrates
（炭水化物）
☐ 490

役割：エネルギーになる
食物：rice（米）、bread（パン）、corn（とうもろこし）

Fats
（脂質）

役割：身体の構成やエネルギー貯蔵
食物：butter（バター）、oil（油）

Proteins
（たんぱく質）
☐ 491

役割：生物の細胞の主要構成要素。20種類のamino acid（アミノ酸）☐ 493からなる。
食物：egg（卵）、meat（肉）

Vitamins
（ビタミン）

役割：体の機能・調子を整える。ビタミンには大きくA,B,C,D,Eなど複数あり、beta carotene（ベータカロチン）☐ 492は体内でビタミンAを作る
食物：vegetable（野菜）、fruit（果物）

Minerals
（ミネラル）

役割：体の機能・調子を整える。potassium（カリウム）☐ 496やsodium（ナトリウム）☐ 500などもミネラルの一種
食物：salt（塩）、seaweed（海藻）

Column

「水」について

　「水」をテーマにした長文は医学部の入試で繰り返し扱われています。2011年の福島での原発事故当時の水の買い占めなど、水資源が豊富なこの国でも安全な水の確保は他人事ではありません。水質の悪化が生態系の頂点にある人類に影響することは当然ですし、下痢を起こす程度の汚染でも貧困地域では死に繋がってしまいます。事実、世界では年間300万人以上が汚染された水が原因で命を落としています。水資源について認識を新たにしてみる必要があるでしょう。

水の重要性

　地球上に存在する物質で水ほど重大な役割を生物全体に果たすものはありません。人体の場合、成人の平均的体重の約60％は水分で、幼児や子供では約80％にもなり得ます。環境にもよりますが、人は4〜10日水を飲まないと死に至ります。肺胞の水分が減少すると、酸素と二酸化炭素の交換ができなくなります。これが脱水症状で、死の危険をはらみます。

　また、水は栄養分を運び、不要成分を排出する手助けをします。体温維持や血圧調整を助け、ミネラルバランスを保つなど、生命維持に直結した物質なのです。

　地球上の水の総量は、14億立方キロと推計されていますが、そのうち塩水が97.5パーセント、残る2.5％の大部分は凍っており、全体の僅か約0.01パーセントが淡水として、我々の周りにあるにすぎません。それを利用しながら生き物の生命が維持されているというわけです。

　地球上で毎年40兆トンの海水が、太陽を熱源として、淡水化されて陸地に運ばれ、陸からは75兆トンの水が蒸発して雲となり降雨降雪として循環し、陸地の汚れた水も、水蒸気となることで浄化されます。大気中にある汚れを溶かして降ってくるため、大気を浄化する機能もあるのです。

水への意識を高めよう

　人口増加、都市化などの傾向が続けば、2025年には、世界人口の約3分の2が水不足の状態になるという推計もあり、水不足、水質汚染、洪水などの世界の水問題に適切に対応していくには、科学技術の調査・研究を進めていく必要があります。

　世界の水問題についての日本国民一般の関心は高い一方、水を「豊富に使っている」人の割合が日本人の約3割を占めており、水問題について危機意識は高いとは言い難いのが現状です。

　水の重要性を理解し、意識の向上を図ることが、これからの環境保全のためにも必要です。

　あまりにも重要な問題であるため、受験でも「水」をテーマにした出題が多いのではないかと思われます。

（一部文部科学省ウェブサイトを利用・参考にしました）

Review Quiz 1

このチャプターで学習した単語をきちんと覚えているかチェックしてみよう！

1. 人体の生理機能
   the (p   ) of the human body

2. ヨードで傷口を洗い流す
   flush a wound with (i   )

3. 空気中の粒子
   aerial (p   s)

4. 最高級の素材を使用しなさい。
   Use the very best (i   s).

5. 核燃料
   (n   ) fuel

6. 流星は大抵地球の大気（圏）で燃え尽きる。
   Meteors usually burn up in the earth's (a   ).

7. 彼の動機を分析する
   (a   ) his motive

8. 下水の詰まり
   a (s   ) backup

9. 右脳
   the right (h   ) of the brain

10. シーラカンスはしばしば生きた化石と表現される。
    A coelacanth is often described as a living (f   ).

Review Quiz 1 Answer

※ カッコ内は見出し語番号

1. physiology [539]

2. iodine [504]
   この場合は殺菌剤の「ヨードチンキ」のことを指している。

3. particles [510]

4. ingredients [526]
   「料理の材料」という意味でも使われる。

5. nuclear [512]
   nuclear は形容詞なので注意。「原子核」という名詞は nucleus。

6. atmosphere [516]
   「大気」のほかに、「雰囲気」という意味でもよく使われる。

7. analyze [481]

8. sewage [570]

9. hemisphere [518]
   「天体の半球」という意味も覚えておこう。

10. fossil [520]
    これも頻出単語。必ず覚えておこう。再生エネルギーなど、環境系の長文の中で fossil fuel（化石燃料）としてよく出る。

Review Quiz 2

1. 電気現象
   an electrical (p   )

2. 有害廃棄物
   (t   ) waste

3. 生命工学に専心する
   immerse oneself in (b   )

4. 液体の飽和点
   the (s   ) point of a liquid

5. こぼしたインクが服にしみ通った。
   The spilt ink (p   ed) my clothes.

6. 自然気胸
   (s   ) pneumothorax

7. 汚染された空気
   (c   ) air ≒ polluted air、contaminated air

8. 太陽熱は水を蒸発させる。
   Heat from the sun (e   s) water.

9. 汚染地域
   a (c   ed) area

10. 窒素分子
    a nitrogen (m   )

Review Quiz 2 Answer

※ カッコ内は見出し語番号

1. phenomenon [529]
   複数形は phenomena。

2. toxic [548]

3. biotechnology [535]
   遺伝子組換えやクローンなどもこの分野。

4. saturation [531]

5. penetrated [486]
   「貫通する」の意味でも頻出なので覚えておこう。

6. spontaneous [549]

7. corrupt [571]
   右辺は2つとも「汚染された空気」の意味で、corrupt が正解。3つとも重要だ。

8. evaporates [485]
   この単語も環境系の長文で頻出。

9. contaminated [556]
   7. が分かればすぐ分かるだろう。

10. molecule [509]
    形容詞 molecular（分子の）も頻出。

Chapter 6
医学部受験必須単語

最後は「専門的な単語ではないが、医学部の問題で頻出する単語」を学びます。これらの単語は難関私大や国立大の医学部以外でも見かけますが、本書で掲載しているものは語義を医学部向けに最適化しています。バッチリ覚えて強力な「武器」を手に入れましょう！

Day 37〜44
医学部受験必須単語 動詞
Page 206 ▶ 237

Day 45〜61
医学部受験必須単語 動詞以外
Page 238 ▶ 305

Column
Page 306

Review Quiz
Page 307 ▶ 310

Day 37 医学部受験必須単語 1（動詞）

Listen ♪ CD-B7

□ 577
generalize
[dʒénərəlàiz]

他 **～を一般化する**、総合する；～を普及させる、広める

□ 578
suppress
[səprés]

他 （感情・衝動など）**を抑える**、抑制する；（反乱・暴動など）を鎮圧する（≒crush）；（活動など）をやめさせる；（証拠など）を隠す
名 suppression：抑圧、鎮圧、弾圧；抑制；禁止

□ 579
represent
[rèprizént]

他 **～を代表する**；～を表す、意味している、象徴する；～に相当する；～を言う、述べる
名 representation：代表、代理；絵画；表記；表現；（～s）説明
名 representative：代表者、代理人；（R～）米国下院議員

□ 580
provoke
[prəvóuk]

他 （感情など）**を引き起こす**（≒produce、evoke、cause、arouse、induce、trigger）；～を挑発［刺激］して…させる（into -ing [to do]）；～を怒らせる

□ 581
succumb
[səkám]
❶ 発音注意

自 （～に）**負ける**、屈する（to ～）（≒yield）；（～で）死ぬ（≒die）、倒れる（to ～）

□ 582
confine
[kənfáin]

他 **～を**（…の範囲に）**制限する**、限定する（to . . .）；～を（ある場所に）閉じ込める（in [to] . . .）；（be confined で）（病気で）引きこもる　名 (-s) 境界線；範囲

□ 583
stipulate
[stípjulèit]

他 （契約条項として）**～を規定する**（that節）　自 （～を）条件として要求する、約束する（for ～）

□ 584
astonish
[əstániʃ]

他 **～を驚かす**、びっくりさせる（≒astound）　❶ 驚きの強さは、surprise＜astonish＜astound の順
形 astonishing：驚くべき

continued

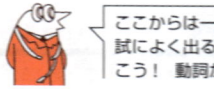

ここからは一般的かつ医学部の入試によく出る重要単語を学んでいこう！ 動詞からスタート！

Check

- I want to write a simplified manual which will generalize the details for new users. (私は新規ユーザー向けの詳細を一般化 [統合] した簡易マニュアルを書きたい)

- They have lost weight because they are suppressing their urge to eat. (彼らは食べるための衝動を抑えているので痩せてしまったのである) [北里大]

- The visitor, especially if he represents a large well-known company, usually gets royal treatment. (訪問者は、彼が有名大企業を代表していればなおさらのこと、大抵は最高級のもてなしを受けるのである) [愛知医科大]

- Discussion of the relationship between guns and violence usually provokes a strong emotional reaction in most people. (銃と暴力行為との関係についての討論は大抵、多くの人々の感情的な反応を引き起こす) [旭川医科大 改]

- Why can mosquitoes carry deadly viruses, such as West Nile and dengue, without succumbing to them? (蚊はなぜ自身が負ける [死ぬ] ことなしに、西ナイル熱やデング熱のような致死的なウイルスを媒介することができるのだろうか) [防衛医科大]

- The pleasure of eating in a Japanese restaurant is not confined to the taste of the food but extends to the atmosphere surrounding the meal. (日本食レストランで食事をする楽しみは、料理を味わうことに限られるのではなく、その料理を囲む雰囲気を楽しむことにも及ぶ) [東京薬科大]

- Your contract stipulates that holiday requests must be made at least one month in advance. (あなたの契約では、休暇の申請は遅くとも1カ月前にはなされなくてはならないと規定されている)

- He was astonished to find himself surrounded by rubbish, day after day, thousands of miles from land. (陸地から何千マイルも離れ、来る日も来る日も廃棄物 [ごみ] に取り囲まれていることに気付いて、彼はがくぜんとした) [香川大]

continued

Day 37

Listen 》CD-B7

□ 585 tumble [tʌ́mbl]
📘 (〜を) **転がり落ちる** (down 〜); 倒れる; (〜につまずいて) 転ぶ (over 〜), あわてて動く; (価格などが) 暴落する; (建物などが) 崩壊する (+down)

□ 586 exhibit [igzíbit]
📙 (感情など) **を表に出す**; 〜を展示する、発表する 📗 展示、展覧
📗 exhibition: 展示 (会)、展覧 (会)

□ 587 unleash [ʌnlíːʃ]
📙 (感情など) **を** (…に) **解き放つ**、爆発させる (on [upon] …); 〜のひもなどを解く

□ 588 warrant [wɔ́ːrənt]
📙 **〜の正当な理由となる**: 〜を正当化する; 〜を保証する 📗 (裁判所が発行する逮捕・家宅捜索などの) 令状 (for 〜); (〜の) 正当な理由 (for 〜) (≒justification)
📗 warranty: 保証: 保証書 (≒guarantee)

□ 589 shrink [ʃríŋk]
📘 **縮む**; 小さくなる; (数量・価値などが) 減少する 📙 〜を縮ませる; 〜を減らす 📗 収縮

□ 590 improvise [ímprəvàiz]
📘 **即興で作る** [演奏する、歌う] 📙 〜を即興で作る [演奏する、歌う]; 〜を間に合わせで作って急場をしのぐ

□ 591 dispose [dispóuz]
📘 (〜を) **処理する** (of 〜); (〜を) 売却する (of 〜) 📙 〜を配置する (≒arrange); 〜に…する気にさせる (to do)
📗 disposal: 処分、除去、売却

□ 592 underlie [ʌ̀ndərlái]
📙 (思想・行動など) **の基礎となる**、背後にある、根底にある; 〜の下にある
📗 underlying: 基礎をなす、内在する、第一の

Day 36 》CD-B6 Quick Review
答えは右ページ下

- □ 生態系
- □ 生態学
- □ 汚染された
- □ 湿気の多い
- □ 氷山
- □ 潮の干満
- □ 爆発
- □ 絶滅寸前の
- □ 森林伐採
- □ 温和な
- □ 持続可能な
- □ 下水
- □ 生物の多様性
- □ 降雨量
- □ 自然保護
- □ 北極圏

Check

- ☐ Several climbers **tumbled** down the side of the mountain when the snow beneath them collapsed. (足元の雪が崩れ、何人かの登山者が山の側面を転がり落ちた)

- ☐ People with Werner's syndrome **exhibit** many of the complex symptoms of aging at a young age. (ウェルナー症候群の人は、若くして多くの複雑な老化の兆候を示す) [愛媛大]

- ☐ Space rocks and volcanoes could also **unleash** toxic and heat-trapping gases that — once the dust settled — enable runaway global warming. (宇宙の岩石や火山もまた、いったんちりが収まれば、地球温暖化を進行させる有害な温室効果ガスを放出することもある) [近畿大]

- ☐ They decided that a minor accident like this one didn't **warrant** calling the police. (この程度のささいな事故では、警察を呼ぶには及ばないと彼らは判断した)

- ☐ Biologists have long recognized that mammals larger than rabbits tend to **shrink** on small islands. (小さな島において、ウサギより大きい哺乳類は、小型化する傾向があることに生物学者は昔から気付いていた) [奈良県立医科大 改]

- ☐ I play the piano well from written music, but I find it difficult to **improvise**. (楽譜をもとにピアノを弾くのは得意ですが、即興で演奏するのは難しいですね)

- ☐ Another way to **dispose** of trash is to burn it. (ごみを処理するもう1つの方法は、それを焼却することである) [東北薬科大]

- ☐ This "plasticity" of the brain **underlies** its ability to recover lost function. (失われた機能を回復させることができるという脳の力の根底には、このような脳の「可塑性」がある) [大分大]

Day 36 CD-B6
Quick Review
答えは左ページ下

☐ ecosystem ☐ iceberg ☐ deforestation ☐ biodiversity
☐ ecology ☐ tide ☐ temperate ☐ rainfall
☐ corrupt ☐ eruption ☐ sustainable ☐ conservation
☐ humid ☐ endangered ☐ sewage ☐ arctic

Day 38　医学部受験必須単語 2（動詞）

Listen 》CD-B8

□ 593
jeopardize
[dʒépərdàiz]

他 （生命・財産など）**を危険にさらす** [陥れる]
名 jeopardy：危険にさらされること、有罪になる危険性

□ 594
pierce
[píərs]

他 **～を貫通する**；～を突き通す [刺す]；～に穴を開ける；（音などが）（静けさなど）をつんざく

□ 595
facilitate
[fəsílətèit]

他 （行動・処置など）**を促進する**、助成する；～を容易 [楽] にする；（人）を手助けする、手伝う（≒help、assist、aid）

□ 596
design
[dizáin]

他 **～を設計する**、～の図案を描く；～を（…のために）考案する（for ...）；～が（…するよう）仕組む（to do）　名 略図、設計図；図案；計画

□ 597
verify
[vérəfài]

他 **～を立証する**、実証する、～が事実であることを証明する；～が正しい [真実である] かどうか確かめる、照合する

□ 598
withdraw
[wiðdrɔ́ː]

他 **～を引き抜く**；（預金）を引き出す、～を（…から）回収する（from ...）；～を（…から）退かせる（from ...）；（陳述など）を取り消す　自 退く、引きさがる、身を引く、引きこもる

□ 599
stun
[stʌ́n]

他 **～をびっくりさせる**、ぼう然とさせる；～を気絶させる
形 stunning：驚くほど素晴らしい [美しい]、とても魅力的な；驚くべき、びっくりさせる

□ 600
ascertain
[æ̀sərtéin]

他 **～を解明する**、突き止める、究明する；～を確かめる

continued
▼

この本に掲載している単語は医学部の過去問で実際に出題されたものばかり！

Listen モード　☐☐☐☐☐
Listen & Check モード　☐☐☐☐☐

Check

☐ They were worried that a lawsuit would jeopardize the hospital's reputation. (彼らは訴訟がその病院の評判を脅かすのではないかと心配した)

☐ It was my first spinal tap, and I gingerly pushed the needle and trocar through the soft tissue, worrying that I was going to pierce the spinal cord. (それは私にとって初めての脊椎穿刺で、脊髄を刺し通してしまうことを恐れながら、私は針と套管針を極めて慎重に軟組織に押し込んだ) [大分大]

☐ The donations we received this year will facilitate a remodeling of the hospital. (私どもが今年受けました寄付金は、病院の改築に役立ててまいります)

☐ The logic of the evolutionary biologists is hard to fault. Animals are not designed to live forever, they say, because there would be no point. (進化生物学者の論理はまず間違うことはない。動物は永遠に生き長らえるようには設計されていない、なぜならそうする意味がないからだ、と彼らは言っている) [愛媛大]

☐ Scientists design experiments and try to obtain results verifying or disproving a hypothesis. (科学者は実験を考案し、仮説を立証もしくは反証することによって結論を得ようとする) [広島大 改]

☐ The procedure involves putting a needle in the spinal space and withdrawing a small amount of fluid. (その処置は、脊髄空間に針を刺して少量の液体を採取することを含む) [琉球大]

☐ He was stunned by the patient's rapid recovery. (その患者の迅速な回復に、彼は驚かされた)

☐ The court may be able to ascertain that the father's death was certainly the doctor's fault. (裁判所は、その父親の死が確かに医師の過失によるものだと突き止めることができるだろう) [北里大]

continued
▼

Chapter 1
Chapter 2
Chapter 3
Chapter 4
Chapter 5
Chapter 6

Day 38

Listen)) CD-B8

□ 601 indicate
[índikèit]

他 **〜を示す**、示唆する；〜を指し示す；〜を述べる、指摘する
名 indicator：表示器、指し示す人・もの

□ 602 swirl
[swə́:rl]

他 **〜をぐるぐるかき混ぜる**、回転させる　自 ぐるぐる回る、跳びはねる　名 回転、渦巻き

□ 603 demolish
[dimáliʃ]

他 (建物)**を破壊する**、取り壊す；(制度・計画など)を廃止する、取りやめる；(議論・理論)を粉砕する、覆す；(人)をやっつける
名 demolition：取り壊し、破壊、廃止

□ 604 exhilarate
[igzílərèit]

他 **〜を活気づける**；〜を愉快にする

□ 605 suspend
[səspénd]

他 (活動など)**を一時停止する**、延期する；〜を停学[停職]にする；〜をつるす(≒hang)；(通例 be suspended で)浮く　自 支払い不能になる

□ 606 surpass
[sərpǽs]

他 (範囲・限界の点で)**〜を超える**；(量・程度・能力などで)〜より勝る、〜をしのぐ (in [at] ...) (≒excel)

□ 607 smuggle
[smʌ́gl]

他 **〜を密輸**[輸入・輸出]**する**、〜をこっそり持ち込む[持ち去る]

□ 608 summon
[sʌ́mən]

他 **〜を**(…に)**呼び出す**、召喚する (to ...) (≒call for 〜)；〜に(…へ)出頭を命じる (to ...)；(議会など)を招集する；(勇気など)を奮い起こす (+up)

Day 37)) CD-B7
Quick Review
答えは右ページ下

- □ 縮む
- □ 〜を驚かす
- □ 〜を代表する
- □ 転がり落ちる
- □ 〜を一般化する
- □ 処理する
- □ 〜を抑える
- □ 〜の基礎となる
- □ 負ける
- □ 〜を解き放つ
- □ 〜の正当な理由となる
- □ 〜を引き起こす
- □ 即興で作る
- □ 〜を制限する
- □ 〜を規定する
- □ 〜を表に出す

Check

- [ ] To test the hypothesis that a bigger brain indicates greater intelligence, the brain volumes of chimpanzees, monkeys, and rats were compared with human brains. (脳が大きいほど知能が優れていることを示唆する仮説を検証するために、チンパンジーやサル、それにネズミの脳の容量が人間の脳と比較された) [大阪医科大 改]

- [ ] She swirled the mixture in the test tube to check its thickness. (その濃度を調べるために彼女は試験管の中の混合物をぐるぐるかき混ぜた)

- [ ] Most of the city's buildings were made of wood and have long since been demolished, or have burnt down or rotted away. (その街の建物はほとんどが木造で、破壊されてから長い年月が経っていたり、焼け落ちたり、朽ち果てたりしていた) [和歌山県立医科大]

- [ ] I find that a jog in the morning really exhilarates me for the rest of the day. (朝のジョギングのおかげでその日の残りの時間をとても生き生きと過ごせているのだと感じる)

- [ ] Already 139 countries have abolished the death penalty or suspended executions for a long time. (すでに139の国が、死刑を廃止したり、長い間死刑執行を停止したりしている) [名古屋市立大]

- [ ] Machines will probably surpass overall human intellectual capability by 2020, and have an emotional feel just like people. (2020年までには、機械は人間の知力全般を超え、人と同然に感情を持つようになるだろう) [奈良県立医科大]

- [ ] Over-the-counter drugs from one country are often smuggled into countries where they are not legally available. (ある国で市販されている薬が、その薬が合法的に入手できない国々へ密輸されることはよくある)

- [ ] Then my parents would summon me for dinner from my play on the street outside our house. (それから両親は、家の外の通りで遊んでいた私を夕食のために呼び入れるのだった) [獨協医科大]

Day 37 ▶ CD-B7
Quick Review
答えは左ページ下

- [ ] shrink
- [ ] astonish
- [ ] represent
- [ ] tumble
- [ ] generalize
- [ ] dispose
- [ ] suppress
- [ ] underlie
- [ ] succumb
- [ ] unleash
- [ ] warrant
- [ ] provoke
- [ ] improvise
- [ ] confine
- [ ] stipulate
- [ ] exhibit

Day 39 医学部受験必須単語 3（動詞）

Listen)) CD-B9

□ 609 simulate [símjulèit]
- 他 **〜の模擬実験をする**、シミュレーションを作る、シミュレートする；〜のふりをする、〜を装う（≒pretend）
- 名 simulation：模擬実験、シミュレーション

□ 610 accumulate [əkjúːmjəlèit]
- 自 （次第に）**蓄積する**、増える、積もる、たまる　他 （金・財産・知識など）を（徐々に）蓄積する、積み上げる、積み重ねる、集める（≒gather）
- 名 accumulation：蓄積
- 形 accumulative：収集する、積み重ねる

□ 611 withhold [wiðhóuld]
- 他 〜を（…に）**与えずにおく**、保留する（from . . .）；（感情など）を抑える、制する　● withdrawは「〜を取り消す、〜を引っ込める、〜を引き抜く」

□ 612 wane [wéin]
- 自 （力・光などが）**衰える**、徐々に弱まる、薄れる；終わりに近づく；（月が）欠ける　名 衰え、終末
- ● waxing and waning：月の満ち欠け

□ 613 exert [igzə́ːrt]
- 他 **〜を行使する**、使う（≒use）；(exert oneself で)（〜するために／…のために）努力する（to do / for . . .）（≒make efforts）
- 名 exertion：激しい活動、骨折り、行使

□ 614 execute [éksikjùːt]
- 他 （計画など）**を実行[遂行]する**（≒carry out）；〜を（…のかどで）処刑する（for . . .）；（役）を演ずる（≒perform）；（法律など）を執行する

□ 615 allot [əlɑ́t]
- 他 〜を（…に）**割り当てる**、分配する（to . . .）（≒assign）；〜を（…に）充てる、充当する（for . . .）

□ 616 overwhelm [òuvərhwélm]
- 他 **〜を圧倒する**；〜を（精神的に）押しつぶす；〜をひっくり返す　● be overwhelmed by [with] 〜で、「〜で圧倒される」
- 形 overwhelming：圧倒的な、抗し難い

continued
▼

Check

- ☐ This computer is used to simulate complicated weather systems such as hurricanes. (このコンピューターは、ハリケーンなどの複雑な気象系をシミュレーションするために使われています)

- ☐ Excessive intake of fat can cause cholesterol to accumulate inside the arteries, thereby increasing the risk of heart attacks. (脂肪の過剰摂取は動脈内にコレステロールが蓄積する原因となり、その結果、心臓発作のリスクは増大する)［昭和大］

- ☐ Your expense repayment is being withheld until we can identify the charges on this receipt. (この領収書の請求が確認できるまで、お客さまの代金の払い戻しは保留となります)

- ☐ I refused to let my enthusiasm wane, even when I grew tired or grumpy. (飽き飽きしたり、うんざりしたときでも、私は自分の情熱を衰えさせないようにした)［獨協医科大］

- ☐ Galileo discovered that atmosphere had weight and so could exert pressure. (ガリレオは大気には重量があり、ゆえに圧力を利用することができることを発見した)［名古屋大］

- ☐ The plan sounds good on paper but it may be difficult to execute without an experienced staff. (その計画は書類上は素晴らしいが、経験を積んだスタッフがいないと実行するのは難しいだろう)［東北福祉大］

- ☐ Beds were allotted to individual students. (ベッドは生徒1人1人に割り当てられていた)［大分大］

- ☐ During the snowstorm, the emergency room was overwhelmed with traffic accident victims. (吹雪の間、救急救命室は交通事故の被害者でごった返した［圧倒されていた］)

continued
▼

Day 39

Listen)) CD-B9

□ 617 submit
[səbmít]

他 (計画・書類など) **を** (…に) **提出する** (to . . .) (≒produce、hand in ~、turn in ~); ~を (…に) 服従させる (to . . .) 自 (~に) 服従する (to ~)
名 submission: 提出、提案; 降伏

□ 618 unify
[júːnəfài]

他 **~を1つのまとまりにする**、統一 [統合] する

□ 619 accommodate
[əkάmədèit]

他 **~に** (…を) **融通する** (with . . .); ~を収容 [収納] できる; (要求など) を受け入れる
名 accommodation: (~s) 宿泊設備、宿泊所; 調停、和解; (~ への) 適応、順応 (to ~)

□ 620 trickle
[tríkl]

自 **滴り落ちる**、少しずつ流れる; 漏れる　他 ~を (…に) 少しずつ流す (into . . .)　名 しずく、少量

□ 621 stir
[stə́ːr]

他 **~をかき混ぜる**、かき回す　⊕ stir in ~で「~を液体などに入れて混ぜる」　自 動き出す; 動き回る
形 stirring: 感動的な、奮起させる
名 stirring: (感情などが) 湧き起こること

□ 622 generate
[dʒénərèit]

他 **~を生み出す**、発生させる (≒produce); (電気など) を起こす

□ 623 harmonize
[hάːrmənàiz]

自 (~と) **調和する**、一致する (with ~); 和声で歌う　他 ~ に調和させる、和音をつける

□ 624 coincide
[kòuinsáid]

自 (~と) **同時に起こる**、同一の空間を占める (with ~); (意見などが) (~と) 一致する、合う (with ~)
名 coincidence: (偶然の) 一致、合致、同時発生

Day 38)) CD-B8
Quick Review
答えは右ページ下

- □ ~を示す
- □ ~を一時停止する
- □ ~を立証する
- □ ~をびっくりさせる
- □ ~を危険にさらす
- □ ~を超える
- □ ~を設計する
- □ ~を呼び出す
- □ ~を引き抜く
- □ ~を解明する
- □ ~を促進する
- □ ~を密輸する
- □ ~を破壊する
- □ ~を貫通する
- □ ~をぐるぐるかき混ぜる
- □ ~を活気づける

Check

- ☐ Professor Jenkins praised Ken both for his work in class and for the assignment he submitted recently. (ジェンキンス教授は、教室での勉強ぶりと彼が最近提出した課題の両方について、ケンを褒めたたえた) [日本医科大]

- ☐ I think the country's various plans should be unified to fix this problem. (この問題を解決するために、国のいろいろな制度は統一されるべきだと私は考える) [岡山大]

- ☐ As poor migrants streamed in from the countryside, developers accommodated their need for housing by building cheap row houses for the migrants to rent. (貧しい移民が地方から流入してきたため、開発業者は移民が借りる粗末な長屋を建てて、彼らの住宅に関する要望に便宜を図った) [杏林大]

- ☐ Rainwater trickled into the room through a crack in the window frame. (窓枠の隙間から、雨水が部屋の中に滴り落ちてきた)

- ☐ In Columbus's day, the native peoples added chili powder to the cocoa powder, stirred it vigorously, and drank it. (コロンブスの時代、先住民たちはココアパウダーにチリパウダーを加え、それを力強くかき混ぜて飲んだ) [甲南女子大]

- ☐ Those who work hard generate more wealth for the company and should be sufficiently rewarded. (熱心に働く人々は会社により多くの富を生み出す[もたらす]のであり、彼らはそれに十分に見合う報酬を受けるべきである) [神戸学院大]

- ☐ The building structures have to harmonize with natural surroundings not only in their appearance but also in the type of materials used. (建造物は外観のみならず、使用される建材の種類についても、周囲の自然と調和していなければならない) [同志社大 社会工 改]

- ☐ Actually, my birthday coincides with my sister's, but she was born two years earlier. (実は私の誕生日は姉と同じなんだけど、彼女の方が2年先に生まれているの)

Day 38 CD-B8
Quick Review
答えは左ページ下

- ☐ indicate
- ☐ suspend
- ☐ verify
- ☐ stun
- ☐ jeopardize
- ☐ surpass
- ☐ design
- ☐ summon
- ☐ withdraw
- ☐ ascertain
- ☐ facilitate
- ☐ smuggle
- ☐ demolish
- ☐ pierce
- ☐ swirl
- ☐ exhilarate

Day 40 医学部受験必須単語 4 (動詞)

Listen 》CD-B10

□ 625
qualify
[kwάləfài]
- 他 **〜に**(…の)**資格**[権限]**を与える**(as [for] ...) 自 (〜の) 資格を得る (as [for] 〜)
- 形 qualified：資格を有する、免許を有する、適任の
- 名 qualification：資格、必要条件、素質、免許状

□ 626
precede
[prisíːd]
- 他 (時間的に)**〜より先に起こる**、〜に先行する、先立つ；〜の前に (…を) 置く (with [by] ...)；〜の上位である

□ 627
resort
[rizɔ́ːrt]
- 自 (物・手段などに)**頼る**、訴える (to 〜) 名 よく行くところ、行楽地

□ 628
render
[réndər]
- 他 (人・物を)**〜の状態にする**；(援助など) を与える；〜を表現する；(ある言語) を (他言語に) 翻訳する (into 〜) 名 年貢；(壁などの) 下塗り

□ 629
incline
[inkláin]
- 自 (〜に)**心が傾く** (to [toward] 〜)、(〜) したいと思う (to do)；(〜の) 傾向がある、(〜に) 似ている (to [toward] 〜)
- 形 inclined：傾いた、(〜に) 心が向いて (toward 〜)

□ 630
collide
[kəláid]
- 自 (〜と) (激しく)**衝突する**、ぶつかる (with 〜) (≒crash)；(〜と／…に関して) 衝突する、一致しない (with 〜 / over ...) (≒clash)
- 名 collision：衝突、不一致

□ 631
restrict
[ristríkt]
- 他 **〜を**(…に)**制限する**、限定する (to [within] ...) (≒limit)
- 形 restricted：制限された、限られた、部外秘の、機密の
- 名 restriction：制約 [制限]

□ 632
weigh
[wéi]
- 自 **〜の重さがある** 他 〜の重さを量る；〜をよく考える

continued
▼

今日の最後に出てくる「blur」。他動詞の用法と自動詞の用法どちらも重要だからしっかり覚えよう。

Listen モード ☐☐☐☐☐
Listen & Check モード ☐☐☐☐☐

Check

- ☐ His license qualified him to work as a pharmacist, but not as a doctor. (彼の免許は薬剤師として働く資格を与えたもので、医師としてのものではない)

- ☐ The award ceremony was preceded by a light lunch and cocktails. (授賞式に先立って、軽い昼食とカクテルが出された)

- ☐ When the power went out, we resorted to using candles so we could study for the exam. (停電したときは、ろうそくに頼ったので、試験勉強をすることができました)

- ☐ Culture tells us subtly why do we do what we do, rendering us unfamiliar with the lives of cultural outsiders. (文化は、私たちを文化的外部者の生活について未知の状態にし、自分たちの行動の理由を、それとなく教えるのである) [自治医科大]

- ☐ She was often inclined to disagree with her husband in political matters. (政治問題に関しては、彼女はしばしば夫に異議を唱えたいという思いに駆られた)

- ☐ While rushing for the soccer ball, the two children collided and fell to the ground. (サッカーボールを追いかけていて、2人の子どもがぶつかって地面に倒れた)

- ☐ Nevertheless, language does expand or restrict our thought within the normal world of communication. (それにもかかわらず、言語は通常のコミュニケーションの世界において、確かに私たちの思考を広げたり、制限したりするのである) [杏林大]

- ☐ The woman was about 5 feet, 5-1/2 inches (166 cm) tall and weighed 173 pounds (78.5 kg). (その女性は身長が約5フィート5-1/2インチ [166cm] で、体重は173ポンド [78.5kg] だった) [奥羽大]

continued
▼

Day 40

Listen))) CD-B10

☐ 633 offset
[ɔ́:fsét]

他 ~を(…で)**埋め合わせる**、相殺する、補う(by …) 名 相殺するもの、埋め合わせ

☐ 634 demonstrate
[démənstrèit]

他 **~を実証する**、証明する;~を説明[明示]する、~を表明する 自 (集会などで)意思表示する;デモする
名 demonstration:デモ;実物説明;公開授業

☐ 635 supervise
[sú:pərvàiz]

他 (仕事をする人や組織を)**を監督する**;(仕事や行為など)を監視する、管理する
名 supervision:監督、管理、指示
名 supervisor:監督、管理者
形 supervisory:監督の

☐ 636 cling
[klíŋ]

自 (習慣・思い出などに)**執着する** (to ~);(~に)しがみつく、(~を)抱き[握り]しめる (to [on, at] ~);(~に)ぴったりくっつく (to ~) (≒stick to ~、adhere to ~)

☐ 637 debilitate
[dibílətèit]

他 **~を衰弱させる**、弱らせる;~を弱体化させる

☐ 638 withstand
[wiðstǽnd]

他 (外部の力・攻撃・困難など)**に抵抗する**、よく耐える、持ちこたえる (≒resist)

☐ 639 single
[síŋgl]

他 **~を選び出す** (+out) 形 ただひとつの、独身の 名 1人、1個;独身者

☐ 640 blur
[blə́:r]

他 (物の形・輪郭・境界・記憶など)**をぼやけさせる**、不鮮明にする 自 (物の形・輪郭・境界などが)ぼやける 名 ぼやけ、不鮮明な状態

Day 39))) CD-B9
Quick Review
答えは右ページ下

☐ ~を提出する ☐ ~を生み出す ☐ ~をかき混ぜる ☐ ~の模擬実験をする
☐ ~に融通する ☐ ~を割り当てる ☐ 調和する ☐ 衰える
☐ ~を圧倒する ☐ ~を行使する ☐ 同時に起こる ☐ 蓄積する
☐ ~を実行する ☐ 滴り落ちる ☐ ~を1つのまとまりにする ☐ ~を与えずにおく

Check

- ☐ In case of living donation, the risk of surgery is offset by the psychological benefits of not losing someone related to the donor. (生体移植の場合、手術の危険性は、臓器提供者とつながる誰かの命を失わずに済む、という心理的利益と相殺される) [北里大]

- ☐ In 2004, a study demonstrated that a drug called paroxetine HCl in controlled release tablet form significantly reduced symptoms in fibromyalgia patients. (2004年、ある研究が、パロキセチンHClと呼ばれる制御放出錠剤で、線維筋痛患者の症状が著しく軽減したことを実証した) [東邦大 改]

- ☐ So young children should be carefully supervised when they brush their teeth. (それゆえ、幼い子どもたちは歯磨きをするときに注意深く監督[監視]されるべきだ) [東京歯科大]

- ☐ She clings to her dream of becoming a doctor. (彼女は医者になるという夢に固執している) [金城大]

- ☐ Some migraine headaches can completely debilitate a person. (片頭痛が完全に人を衰弱させてしまうこともある)
  ✚ migraine headache：片頭痛

- ☐ This new camera can withstand low temperatures and rain, but is not fully waterproof. (この新しいカメラは低温と雨に耐えるが、完全防水ではない)

- ☐ Matthew was singled out and won the contest. (マシューはそのコンテストの参加者に選ばれ、そして優勝した) [兵庫医科大]

- ☐ Fallingwater's placement and materials blur the boundary between river, hill, and house. (落水荘の位置とその素材が、川と丘や家との境界をぼんやりさせる) [北海道大]
  ✚ Fallingwater：落水荘。アメリカの建築家フランク・ロイド・ライト制作の建造物

Day 39 CD-B9
Quick Review
答えは左ページ下

- ☐ submit
- ☐ accommodate
- ☐ overwhelm
- ☐ execute
- ☐ generate
- ☐ allot
- ☐ exert
- ☐ trickle
- ☐ stir
- ☐ harmonize
- ☐ coincide
- ☐ unify
- ☐ simulate
- ☐ wane
- ☐ accumulate
- ☐ withhold

Day 41 医学部受験必須単語 5（動詞）

Listen))) CD-B11

□ 641 retrieve
[ritríːv]

他 **～を（…から）取り戻す**、回収する、取ってくる（from …）;～を回復する;（コンピューターで）（情報）を検索する;（猟犬が）（獲物）を探して取ってくる
名 retrieval：回復、救助；検索

□ 642 utilize
[júːtəlàiz]

他 **～を（…のために）利用する**、役立たせる（for …）（≒ make use of ～、take advantage of ～、turn [put] ～ to [good] account）
名 utility：役に立つもの　名 utilization：利用
形 utilitarian：実用的な　名 utilitarian：功利主義者

□ 643 tantalize
[tǽntəlàiz]

他 **～をじらして苦しめる**、見せびらかしてじらす、からかう
形 tantalizing：人の期待をかきたてる、じれったい

□ 644 interact
[ìntərǽkt]

自 **互いに影響し合う**、相互に作用する;（～と）交流する（with ～）
名 interaction：相互作用；交流
形 interactive：対話式の；双方向の；インタラクティブな、相互に作用する

□ 645 contradict
[kɑ̀ntrədíkt]

他 **～と矛盾する**、相反する；～を否定する
名 contradiction：矛盾、反対
形 contradictory：矛盾する、正反対の；議論好きな

□ 646 astound
[əstáund]

他 **～をびっくり仰天させる**（≒ astonish）

□ 647 manifest
[mǽnəfèst]

他 （気持ち・態度など）**を明らかにする**、はっきり示す（≒ show）;（manifest oneself で）現れる（≒ appear）　形 明白な、はっきりした
名 manifestation：明示、表明；示威運動；（霊魂の）現れ
名 manifesto：宣言（書）、声明（書）

□ 648 stride
[stráid]

自 **大またで歩く**；（～を）またぐ、またいで越す（over [across] ～）　名 大またで歩くこと、（進歩や発展の）歩み
熟 make great strides in ～：～で大きく飛躍する
熟 take ～ in stride：～を楽々と処理する

continued
▼

「manifest」という動詞のニュアンスに注意。「態度」で何かを示すというような意味。

Listen モード　☐☐☐☐☐
Listen & Check モード　☐☐☐☐☐

Check

☐ The brain generally does not need to know most things; it merely knows how to go out and retrieve the data. (一般的に脳というものは、大抵のことを知っている必要はない。それは単に、データを探しに行って持ってくる方法を知っているにすぎない)［大分大］

☐ Armed with the capability to think, human beings discovered ways to utilize the resources the Earth had accumulated in the past. (思考能力を武器に、人類は地球が過去に蓄積してきた資源を利用する方法を見つけ出した)［鳥取大］

☐ The smell of coffee from the café tantalized me, but on my new diet I wasn't allowed to drink it. (カフェから漂ってくるコーヒーの香りが私をじらしたが、新しい食事療法の最中なのでそれを飲むことはできなかった)

☐ Brain development and the environment interact. (脳の発達と環境は相互に影響し合う)［大阪大］

☐ This study on the health effects of coffee contradicts another one from five years ago. (コーヒーの健康への影響に関するこの研究は、5年前の別の研究と矛盾する)

☐ Professor Karen Oberhauser, a monarch butterfly specialist, said that when the monarch's journey was confirmed, people were astounded. (カレン・オーバーハウザー教授は、オオカバマダラの専門家で、オオカバマダラの移動が確認されたときに人々はびっくり仰天したものだと語った)［名古屋大　改］

☐ At least two staff members manifested interest in the new overseas position. (少なくとも2名のメンバーが新しい海外の役職に興味を示した)

☐ One of the first things to know about Osaka is that people stand on the right of escalators and stride up on the left. (大阪についてまず知ったことの1つは、人々がエスカレーターで右側に立ち、左側は大またで歩いて上るということだ)［浜松医科大］

continued

Day 41

Listen 》CD-B11

649 foster [fɔ́:stər]
他 **〜を育成** [助長、促進] **する**；(子ども) を (里子として) 育成する (≒adopt)；(病人など) を世話する　形 里親 [里子] の

650 perish [périʃ]
自 (不慮の事故・災害・戦争などで) **死ぬ**；消滅 [死滅] する　⊕ die の遠回しな語で主に新聞用語　他 〜を弱らせる、苦しめる；〜を腐らせる
名 perishables：生鮮食料品

651 perceive [pərsí:v]
他 **〜に** (五感で) **気付く** (≒notice)；〜を理解する (≒understand)；〜が (…であると) 分かる (to be ...)
名 perception：知覚；認知

652 pant [pǽnt]
自 **息を切らす**、あえぐ (≒gasp)；(〜を) 熱望 [渇望] する (for 〜)　他 〜をあえぎながら言う

653 stroll [stróul]
他 **〜をぶらつく**、ぶらぶら歩く　自 (〜を) ぶらぶら歩く、散歩 [散策] する；放浪する (around [along、across、in] 〜) (≒ wander, loiter)

654 maneuver [mənú:vər]
他 **〜を巧みに扱う**、さばく；(軍隊など) を動かす　自 巧みに進む；(軍の) 演習を行う　名 作戦行動、大演習

655 disable [diséibl]
他 (機能) **を無効にする**；(人の体) を無能力にする；(人の体) に障害を与える
形 disabled：身体に障害のある (≒handicapped、challenged)
関 名 impediment：身体的障害；妨害

656 disagree [dìsəgrí:]
自 (気候・食べ物が) (〜の体質に) **合わない** (with 〜) (⇔agree [合う])；(人と) 意見が合わない (with 〜)、(〜について) 意見が一致しない (on 〜) (⇔agree [意見が合う])

Day 40 》CD-B10 Quick Review
答えは右ページ下

- □ 〜の状態にする
- □ 〜を選び出す
- □ 〜を監督する
- □ 〜をぼやけさせる
- □ 〜の重さがある
- □ 〜に資格を与える
- □ 執着する
- □ 心が傾く
- □ 〜を実証する
- □ 〜を埋め合わせる
- □ 頼る
- □ 〜より先に起こる
- □ 衝突する
- □ 〜を衰弱させる
- □ 〜に抵抗する
- □ 〜を制限する

Check

- [ ] Teachers can foster strength in students, creating students who are not afraid of failure but actually welcome it as a learning opportunity. (失敗を恐れるのではなく、それを学ぶ機会として本当に歓迎するような生徒を創ることによって、教師は彼らの内なる強さを育むことができる) [広島大]

- [ ] Franklin and 34 of his men perished on board of mysterious diseases before the 104 survivors abandoned ship in April 1848. (1848年4月に104名の生存者たちが船を放棄する以前に、フランクリンと34名の部下たちは謎の病によって船上で死亡した) [東邦大]

- [ ] Scientists have understood that elephants communicate at a frequency typically too low for the human ear to perceive — about twenty hertz. (ここ数年、科学者たちの間では、人間の耳には通常低過ぎて認知できない約20ヘルツの周波数で、ゾウが意思疎通を行っていることが分かってきている) [慶應義塾大 改]

- [ ] Mammals employ a variety of tactics to avoid burning up: dogs pant and many cat species are most active during the cooler evening hours. (哺乳動物は、高熱を避けるためにさまざまな方策を用いている: 犬はハアハアとあえぐし、多くの種のネコは涼しい夜間に最も活動的になる) [東京薬科大]

- [ ] Helen and James decided to stroll the streets to bring back old memories. (ヘレンとジェイムズは、古い思い出を呼び戻すために通りをぶらぶら歩いてみることにした) [就実大]

- [ ] To help them maneuver robotic tools inside patients' bodies, the doctors put cameras on the tools. (患者の体内での [手術用] ロボット器具操作を補助するために、医師たちは器具にカメラを取り付ける) [大阪大]

- [ ] As soon as I disabled the junk mail filter, my inbox was filled with unwanted e-mails. (迷惑メールフィルターを無効にしたとたん、私の受信箱は不要なEメールでいっぱいになった)

- [ ] I've got a stomachache. I must have had something that disagreed with me. (お腹が痛い。何か体に合わない物を食べたに違いない) [東京医科大]

Day 40 CD-B10
Quick Review
答えは左ページ下

- [ ] render
- [ ] single
- [ ] supervise
- [ ] blur
- [ ] weigh
- [ ] qualify
- [ ] cling
- [ ] incline
- [ ] demonstrate
- [ ] offset
- [ ] resort
- [ ] precede
- [ ] collide
- [ ] debilitate
- [ ] withstand
- [ ] restrict

Day 42 医学部受験必須単語 6（動詞）

Listen 🔊 CD-B12

□ 657
rebuke
[ribjú:k]

他 **〜を**（…のことで）**強く非難する**、叱責する（for . . .）（≒ criticize、blame、accuse、condemn、reproach、denounce）名 非難、叱責、懲戒

□ 658
mourn
[mɔ́:rn]

自（不幸・人の死などを）**悲しむ**、嘆く（for [over] 〜）他 〜を悲しむ、嘆く（≒be sorry for 〜）

□ 659
intrigue
[intrí:g]

他 **〜の好奇心**[興味]**をそそる**（≒amuse、fascinate）
自（〜に対して）陰謀を企てる、策略をめぐらす（against 〜）（≒plot）

□ 660
perplex
[pərpléks]

他（人）**を**（…で）**当惑させる**、まごつかせる（with . . .）（≒puzzle）；（事・問題など）を複雑にする、ややこしくする
形 perplexed：当惑した、まごついた
名 perplexity：当惑、混乱、難問題

□ 661
console
[kənsóul]
❶ 多義注意

他 **〜を慰める**、元気付ける（≒comfort）名 操作台、制御卓
[kánsoul]

□ 662
condemn
[kəndém]

他 **〜を**（…の理由で）**非難する**、とがめる（for . . .）（≒blame）；〜に有罪の判決をする；〜に（…するように）強いる（to do）
名 condemnation：激しい非難；有罪宣告

□ 663
tease
[tí:z]

他 **〜をからかう**、いじめる；〜に（…を）しつこくねだる、せがむ（for . . .）名 からかう[いじめる]人；からかうこと
熟 pull one's leg：（人）をからかう
熟 make fun of 〜：〜を物笑いの種にする
➕ bully/tease＜bother＜pester＜nag＜worry＜plague＜harass

□ 664
vex
[véks]

他（人）**をいらいらさせる**、怒らせる（≒irritate、annoy）；〜をてこずらせる；（問題など）をさかんに論じる

---

continued
▼

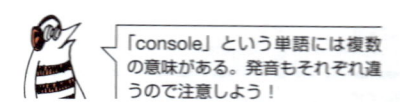

「console」という単語には複数の意味がある。発音もそれぞれ違うので注意しよう!

Listen モード ☐☐☐☐☐
Listen & Check モード ☐☐☐☐☐

Check

☐ The hospital director rebuked the resident for filling out the patient's chart incorrectly. (院長は、患者のカルテに誤った記入をした研修医を叱責した)

☐ When a loved one dies or you lose your job, for example, it's normal and healthy to mourn. (例えば、愛する人が亡くなったり、仕事を失ったりした場合、嘆き悲しむことは正常で健全なことである) [大阪医科大]

☐ He was always intrigued by the study of DNA, and hoped to become a geneticist. (彼は常にDNA研究に興味をそそられていて、遺伝学者になりたいと思った)

☐ Nationalism has always perplexed the U.S. Government. (ナショナリズムは、常にアメリカ政府を困惑させてきた) [自治医科大]

☐ Ex-pat Americans can have their Oreo cookies, while homesick New Zealanders can console themselves with wine and kiwi fruit. (国外在住のアメリカ人にはオレオクッキーがある一方、ホームシックのニュージーランド人はワインとキウイで自らを元気付ける) [明治薬科大] ⊕ ex-pat : 国外在住の

☐ In democratic countries any efforts to restrict the freedom of the press are rightly condemned. (民主主義国家においては、出版[報道]の自由を制限するいかなる動きも正しく非難される) [福岡大]

☐ They tease and ridicule people who are weak. (彼らは弱者をからかい、あざ笑っている) [弘前大]

☐ She was vexed by her husband's refusal to attend her sister's wedding. (彼女は夫が彼女の妹の結婚式への出席を拒んだことにいら立った)

continued
▼

Day 42

Listen 》CD-B12

☐ 665
harass
[hərǽs]
❶ アクセント注意

他 〜を（面倒・心配などで）**しつこく悩ます**、苦しめる、困らせる
图 harassment：悩ませること、いやがらせ

☐ 666
respect
[rispékt]

他 **〜を尊敬する**、〜に敬意を表する；〜を考慮する、尊重する　图 尊敬、敬意；尊重；（〜との）関連、関係（to 〜）；点
形 respectable：ちゃんとした、まともな
形 respectful：礼儀正しい、尊敬の念に満ちた、丁寧な
形 respective：それぞれの、各自の、めいめいの

☐ 667
horrify
[hɔ́:rəfài]

他 （人）**をぞっとさせる**、怖がらせる（≒terrify、frighten）；〜をあきれさせる

☐ 668
recollect
[rèkəlékt]

他 **〜を**（努力して）**思い出す**；〜したことを思い出す（-ing [having done]）　✚ remember よりフォーマルな語
图 recollection：記憶；めい想；平静

☐ 669
lure
[lúər]

他 （人）**を**（…に）**誘惑する**（in [into]...）（≒tempt、attract）；〜を誘い出す、おびき出す（+away [out]）；〜を（…に）誘い込む（in [into]...）　图 魅力あるもの；おとり（≒decoy）；ルアー

☐ 670
exaggerate
[igzǽdʒərèit]

他 **〜を誇張する**、大げさに言う；〜を強調する
图 exaggeration：誇張
熟 it is no exaggeration to say that 〜 = it is not too much to say that 〜 = it is safe to say that 〜：〜と言っても過言ではない、間違いない

☐ 671
affirm
[əfə́:rm]

自 （〜は）（は正しいと）**断言する**（to 〜）；支持する　他 〜を（…と）断言する、〜を肯定する、〜を（正しいと）主張する（≒assert、allege）；〜を支持する
形 affirmative：肯定的な

☐ 672
articulate
[ɑ:rtíkjulèit]

他 （考えなど）**をはっきり述べる**；（語など）をはっきり発音する；はっきり言う[発音する]　形 はっきり発音された　[ɑ:rtíkjulət]
图 articulation：明瞭な発音；明確な表現

Day 41 》CD-B11
Quick Review
答えは右ページ下

- ☐ 〜を無効にする
- ☐ 合わない
- ☐ 〜をぶらつく
- ☐ 息を切らす
- ☐ 互いに影響し合う
- ☐ 〜を利用する
- ☐ 死ぬ
- ☐ 〜と矛盾する
- ☐ 〜を巧みに扱う
- ☐ 〜をじらして苦しめる
- ☐ 〜を取り戻す
- ☐ 〜を育成する
- ☐ 〜をびっくり仰天させる
- ☐ 〜に気付く
- ☐ 大またで歩く
- ☐ 〜を明らかにする

Check

- [ ] How can we recognize signs in our children at home that they are being harassed at school? (学校でいじめられている子どもたちの家庭における [いじめの] サインに、われわれはどのように気付いてあげられるだろうか) [埼玉医科大]

- [ ] He appears very polite on the surface, but in reality he doesn't respect us. (彼はうわべは非常に礼儀正しく見えるが、実際のところは私たちを尊敬していない) [東京慈恵会医科大]

- [ ] The notion that growth might slow or cease horrifies many people. (成長が減速、あるいは止まるかもしれない、という考えは、多くの人々をぞっとさせるものである) [岐阜大 改]

- [ ] Research on short-term memory indicates that getting a good night's sleep can also help one to recollect things more clearly. (短期記憶に関する研究は、良質の睡眠を取ることが人が物事をより鮮明に思い出すのに役立つ、ということを示唆している) [東海大]

- [ ] Many doctors are lured by the idea of becoming a specialist in a certain field. (医師の多くは、特定分野で専門医になるという発想に魅了されるものである)

- [ ] Although Lilly's belief seems to be exaggerated, dolphins have indeed indicated some possible language ability as shown by experiments. (リリーの信念は誇張されているように見えるが、実験によって明らかなように、これまで実際にイルカはある種の言語能力を持つ可能性を示している) [三重大]

- [ ] Today (as anyone with children can affirm), it is well understood that a baby in pain will show clear discomfort. (今では [子どもがいる人なら誰でも断言できるが]、痛みを感じている赤ん坊が明らかな不快感を見せることはよく知られている) [東京慈恵会医科大]

- [ ] Effective communication serves to build community, to educate, and to help individuals articulate their experiences. (効果的なコミュニケーションは、コミュニティーを形成したり、教育をしたり、各人がその経験を明確に述べたりするために役立つ) [埼玉医科大]

Day 41 CD-B11
Quick Review
答えは左ページ下

- [ ] disable
- [ ] disagree
- [ ] stroll
- [ ] pant
- [ ] interact
- [ ] utilize
- [ ] perish
- [ ] contradict
- [ ] maneuver
- [ ] tantalize
- [ ] retrieve
- [ ] foster
- [ ] astound
- [ ] perceive
- [ ] stride
- [ ] manifest

Day 43　医学部受験必須単語 7 （動詞）

Listen)) CD-B13

□ 673
puzzle
[pÁzl]
他 **～を当惑させる**、まごつかせる；(…で) 煩わせる (over [about] …)　自 当惑する　名 パズル、難問
形 puzzling：不可解な、困惑させる

□ 674
decipher
[disáifər]
❶ 発音注意
他 **～を解読する**；～の意味をつかむ；～をはっきりさせる　名 解読

□ 675
quote
[kwóut]
他 (語句・文章) を (…から) **引用する** (from …)；(例など) を示す；～に値段を言う　名 引用語句 [文]；引用符
名 quotation：引用；見積もり、相場づけ

□ 676
abbreviate
[əbríːvièit]
他 **～を** (…に) **省略する** (to, as …)；～を簡潔にする
名 abbreviation：略語、省略形

□ 677
recount
[rikáunt]
他 **～について詳しく話す**、～を物語る；～を列挙する

□ 678
advocate
[ǽdvəkèit]
他 **～を支持 [擁護、弁護、唱道] する**；～することを主張する (that節)　名 支持者、提唱者
名 advocacy：擁護、弁護

□ 679
agitate
[ǽdʒitèit]
自 (～のために／～に対して) **扇動する**、かき立てる、運動する (for ～ / against ～)　他 ～を扇動する、かき立てる、運動する；(人) を動揺 [興奮] させる；(液体) をかく拌する

□ 680
exploit
[iksplóit]
他 **～を** (利己的目的のために) **不当に使う**；～を搾取する、食い物にする；(資源など) を利用 [活用] する
名 exploitation：搾取、私的利用；開発、開拓；利用

continued
▼

まだまだ動詞は続く。よく日本語でも「インストール」と言うけど、もともとの意味は？

Listen モード　☐☐☐☐☐
Listen & Check モード　☐☐☐☐

Check

☐ The film review puzzled me, because I couldn't tell if it was positive or negative.（自分としては善し悪しを決めかねていたので、その映画の批評には当惑した）

☐ Surprise and disgust are also fairly easy to decipher. The emotion of surprise helps animals to respond to novel stimuli.（驚きと嫌悪を解読することもまた、極めて簡単である。驚きの感情は、動物が未体験の刺激に反応するために役立つものである）[横浜市立大]

☐ One learned scholar got up and quoted the Greek scientist Aristotle on the subject.（1人の学識者は立ち上がり、そのテーマに関してギリシャの科学者アリストテレスを引用した）[神戸大 改]

☐ The Tokyo Girls Collection, often abbreviated as TGC, is a fashion festival started in 2005.（東京ガールズコレクションは、しばしばTGCと略されるが、2005年に始まったファッションのお祭りである）[東京医療保健大]

☐ He flopped on the sofa and recounted the accident, and how he had forgotten about the school's metal stairs, treacherously slippery in rain.（彼はソファにドサッと座ると、その事故のことを、そして雨で不安定に滑りやすくなっていた学校の金属製の階段のことをどのように忘れてしまったのかについて詳しく話した）[昭和大]

☐ The group advocated improvements to the national healthcare system.（その団体は国民健康保険制度の改善を支持した）

☐ The speaker went from town to town agitating for changes to the agricultural laws.（その演説者は、農業法の改正を訴えながら町から町へと動いた）

☐ The hacker exploited a flaw in the company's database in order to get access to their server.（そのハッカーは、サーバーにアクセスするためにその企業のデータベースの欠陥を悪用した）

continued
▼

Day 43

Listen 》CD-B13

681 migrate
[máigreit]
❶発音注意

自 (人が) (〜から/…へ) **移住する** (from 〜 / to . . .); (動物などが) (定期的に) 移動する、渡る
名 migration: 移住、移動;(鳥の) 渡り;移住者
関 自 emigrate: 国外へ移住する
関 自 immigrate: 国内に移住してくる

682 negotiate
[nigóuʃièit]

自 **交渉する**、協議する;〜を (人と) 取り決める (with . . .) 他 〜を取り決める、〜を上手に切り抜ける
名 negotiation: (条約・商談などでの) 交渉、話し合い、折衝
名 negotiator: 交渉者、協議者

683 persecute
[pə́ːrsikjùːt]

他 〜を (宗教・人種などの相違で) **迫害する**、虐げる (for . . .);〜を (質問などで) うるさく悩ます (with [by] . . .)
名 persecution: 迫害、虐待;うるさく悩ますこと

684 proclaim
[proukléim]

他 (公式に) **〜を宣言する**、公表する (≒declare);〜を公然と示す (≒indicate、show clearly)

685 testify
[téstəfài]

自 (法廷で) **証言する** 他 〜だと証言 [証明] する (that節);(〜の) 証拠となる (to 〜);〜を立証する

686 immigrate
[íməgrèit]

自 (人が他国から) **移住してくる**、(人が移住のために) 他国に入る (⇔emigrate [(人が移住のために) 自国を離れる]) 他 〜を移住させる
名 immigrant: 移民

687 install
[instɔ́ːl]

他 (装備など) **を取り付ける**、設備する;〜を任命する (≒appoint)、(…として) 就任させる (as . . .);〜をインストールする

688 house
[háuz]
❶発音注意

他 **〜を収容する**;(人) を家に住まわせる 名 家、住宅

Day 42 》CD-B12
Quick Review
答えは右ページ下

□〜を誇張する　□〜を思い出す　□〜をからかう　□〜を当惑させる
□〜を誘惑する　□〜を非難する　□断言する　□〜をいらいらさせる
□〜を尊敬する　□〜を強く非難する　□〜を慰める　□悲しむ
□〜をはっきり述べる　□〜の好奇心をそそる　□〜をしつこく悩ます　□〜をぞっとさせる

Check

- ☐ Since the Meiji Era, scores of Japanese people migrated to different places all over the world. (明治時代以降、多くの日本人が世界中のさまざまな土地に移住した) [富山大]

- ☐ Very few Japanese even know how to negotiate in the Western sense. (西洋の感覚で交渉するやり方を知っている日本人はほとんどいない) [慶應義塾大]

- ☐ They suggest that each invasive mammal species should be considered on its merits and not persecuted just for being foreign. (それぞれの侵略的な哺乳動物種は、その真価を基に検討されるべきで、単に外来種だからということで迫害されるべきではない、と彼らは提言している) [富山大]

- ☐ Although most Americans speak English, U.S. lawmakers have never proclaimed English the official national language. (ほとんどのアメリカ人が英語を話すが、アメリカの立法府議員が英語を国の公用語として公式に宣言したことはない) [東海大]

- ☐ The woman who had witnessed the theft was asked to testify at the hearing. (その窃盗を目撃した女性は、公聴会で証言するよう求められた)

- ☐ In the late 1800s and early 1900s tens of thousands of young men and women immigrated to Hawaii. (1800年代後半と1900年代初めには、何万人という若い男女がハワイへ移住した) [駒澤大]

- ☐ Fortunately, the hospital's new air-conditioning system had been installed when the first heat wave of the summer arrived. (幸運なことに、夏の熱波の第一弾が押し寄せたときには、その病院の新しい空調システムはすでに設置されていた) [北里大]

- ☐ At the moment, all of our X-ray equipment is housed in the basement of the hospital. (現在のところ、全てのX線撮影装置は病院の地下室に収納されています)

Day 42 CD-B12
Quick Review
答えは左ページ下

- ☐ exaggerate
- ☐ lure
- ☐ respect
- ☐ articulate
- ☐ recollect
- ☐ condemn
- ☐ rebuke
- ☐ intrigue
- ☐ tease
- ☐ affirm
- ☐ console
- ☐ harass
- ☐ perplex
- ☐ vex
- ☐ mourn
- ☐ horrify

Day 44 医学部受験必須単語 8 (動詞)

Listen ») CD-B14

□ 689
launch
[lɔ́:ntʃ]

他 (ロケット) **を打ち上げる**、発射する;(計画など) を始める、に着手する;(新製品など) を送り出す 自 始める、乗り出す

□ 690
accelerate
[æksélərèit]

他 **〜を加速する**、早める、促進する (⇔decelerate [〜の速度を落とす]) 自 速くなる、加速される
名 acceleration:促進、加速 (度)

□ 691
retard
[ritá:rd]

他 (成長・進歩など) **を遅らせる**;〜を防げる、阻止 [妨害] する 名 遅延;(差別的) 知脳発達が遅れた人
形 retarded:(差別的) 知能の遅れた

□ 692
acknowledge
[æknɑ́lidʒ]

他 **〜を認める**;(〜したこと) を認める (-ing);〜を承認する;(手紙など) を受け取ったことを知らせる;〜に感謝する ⊕ be acknowledged as 〜 で「〜だと認められている」
名 acknowledgment:承認、認識;感謝;受領確認

□ 693
surmise
[sərmáiz]

他 (状況・人の意図) **を推量する** (≒assume、guess) 自 推量する 名 推量

□ 694
anticipate
[æntísəpèit]

他 **〜を期待する**;〜を予測する、見込む
名 anticipation:予想、期待

□ 695
notify
[nóutəfài]

他 **〜に** (…を) **知らせる** (of [about] ...);〜に (…ということを) 知らせる (that [wh] 節)

□ 696
assume
[əsjú:m]

他 **〜と仮定 [想定] する**、〜であると決めてかかる (≒surmise、guess);(根拠なく) 〜を本当 [確か] だと思う;(責任・任務など) を負う、〜を引き受ける
名 assumption:想定、仮定;引き受けること

continued
▼

今日で動詞はおしまい！ かなりタフだったんじゃないかな？ 明日からも気を引きしめて行こう！

Listen モード　□□□□□
Listen & Check モード　□□□□□

Check

- [ ] Humans write, investigate, create, and quest. We splice genes, split atoms, launch rockets. (人類はものを書き、調査し、創造し、そして探索する。われわれは遺伝子を接合し、原子を分割し、ロケットを打ち上げる) [大阪医科大]

- [ ] Professor Smith fears that B vitamins can accelerate the growth of some cancers. (スミス教授は、ビタミンBが一部のがんの成長を加速させる可能性があることを懸念している) [昭和大]

- [ ] This drug can retard the progress of the disease, but it is not a cure. (この薬は病気の進行を遅らせることができますが、それは治癒ではありません)

- [ ] Experts here acknowledge that Britain has mosquito populations capable of causing the disease in humans. (こちらの専門家たちは、イギリスには人間のマラリアを引き起こし得る数の蚊がいると認めている) [横浜市立大]

- [ ] He could not surmise what the blood tests were for, so he decided to ask the nurse. (彼はその血液検査が何のためなのか推測することができなかったので、看護師に尋ねることにした)

- [ ] When the package arrived, it was not the one I had been anticipating. (荷物が届いたが、それは私が期待していたものではなかった)

- [ ] The school called to notify her that her daughter was feeling ill. (学校は、娘の具合が悪いと彼女に電話で知らせた)

- [ ] Client-centered therapists assume that people are basically good and that they are capable of handling their own lives. (来談者中心療法士たちは、人間は本来善であり、自身の人生の舵取りができるものである、ということを前提としている) [大阪薬科大]

continued
▼

Day 44

Listen)) CD-B14

□ 697 consider
[kənsídər]

- 他 **〜と考える** [見なす、認める]；〜を考慮 [考察・検討] する
- 形 considerable：かなりの
- 形 considerate：(〜に対して) 思いやりのある (of、to、toward 〜)（≒thoughtful）；慎重な、思慮深い

□ 698 deduce
[didjúːs]

- 他 (仮説などから)(結論など) **を推定する**、推論する、演繹する (from ...)；〜だと推定する (that 節)

□ 699 attribute
[ətríbjuːt]

- 他 **〜を**(…の) **結果と考える**、せいにする、(…に) 起因すると考える (to ...)（≒ascribe、credit）；〜が (…に) 属すると考える (to ...) 名 特性、属性
- 名 attribution：(特定のものの) 特定、帰属、属性

□ 700 speculate
[spékjulèit]

- 自 (〜について) **臆測する**（≒guess）(on [about、over] 〜)；(〜について) 熟考 [思索] する (on [about] 〜)；〜だと臆測する (that 節)；(〜に) 投機する、(〜を) 思惑買い [売り] する (in 〜)
- 名 speculation：推量、熟考
- 形 speculative：思索的な、危険な

□ 701 comprehend
[kàmprihénd]

- 他 **〜を理解** [把握] **する**；〜を包含する、含む
- 名 comprehension：理解、知識；包括
- 形 comprehensible：理解できる
- 形 comprehensive：(理解力が) 幅広い、広範囲にわたる；包括的な（≒inclusive）

□ 702 tolerate
[tálərèit]

- 他 (言動など) **を黙認する**、大目に見る；〜に耐える；〜に耐性がある（≒endure、bear、withstand、stand、put up with 〜、stand up to 〜、resist）
- 名 tolerance：我慢、忍耐
- 形 tolerant：寛容な

□ 703 imply
[implái]

- 他 **〜をほのめかす**、暗示する；〜という意味を含む
- 名 implication：含意、言外の意味、含み；密接な関係
- 形 implicit：暗に意味された
- 副 implicitly：暗黙のうちに

□ 704 visualize
[víʒuəlàiz]

- 他 **〜を思い浮かべる**、心に描く（≒image）；〜を視覚化する 自 思い浮かべる

Day 43)) CD-B13 Quick Review
答えは右ページ下

- □ 〜を迫害する
- □ 〜を当惑させる
- □ 交渉する
- □ 〜を引用する
- □ 〜を省略する
- □ 証言する
- □ 〜を解読する
- □ 〜を宣言する
- □ 扇動する
- □ 〜について詳しく話す
- □ 〜を取り付ける
- □ 〜を収容する
- □ 移住する
- □ 〜を支持する
- □ 〜を不当に使う
- □ 移住してくる

Check

- ☐ Unlike payment for organs, the compensation for expenses brought on by donation is considered fully justified. (臓器に対する支払いとは異なり、臓器提供で生じる費用の賠償は完全に正当なものと見なされる) [北里大]

- ☐ I couldn't deduce what he was thinking from the expression on his face. (彼が考えていることを、その表情からうかがい知ることはできなかった)

- ☐ A medical researcher attributed the problem to the surroundings. (ある医学研究者は、その問題を環境のせいであるとした) [九州大]

- ☐ The newspapers continued to speculate over why the musician had been brought to the hospital. (新聞はそのミュージシャンがなぜ病院に連ばれたかを憶測し続けた)

- ☐ Aphasia leaves people unable to use or comprehend words, and is often triggered by stroke or other brain injuries. (失語症は、人が言葉を使ったり理解したりすることをできなくし、また、しばしば脳卒中やその他の脳損傷を引き起こす) [信州大]

- ☐ Older people tolerated me and listened to me when I was young. (私が若いころ、年配の人たちは私のことを大目に見てくれたし、私の話も聞いてくれた) [東北大]

- ☐ Everyday speech implies that we control reason while we are often controlled by our emotions. (日常の言葉は、われわれがしばしば感情に支配される一方で、理性を支配することを暗示している) [日本医科大]

- ☐ An experienced surgeon can visualize the surgery before it begins. (熟練した外科医は、実際の手術が始まる前にそれを思い浮かべることができる)

Chapter 1
Chapter 2
Chapter 3
Chapter 4
Chapter 5
Chapter 6

Day 43 CD-B13
Quick Review
答えは左ページ下

- ☐ persecute
- ☐ puzzle
- ☐ negotiate
- ☐ quote
- ☐ abbreviate
- ☐ testify
- ☐ decipher
- ☐ proclaim
- ☐ agitate
- ☐ recount
- ☐ install
- ☐ house
- ☐ migrate
- ☐ advocate
- ☐ exploit
- ☐ immigrate

Day 45 医学部受験必須単語 9 (動詞以外)

Listen))) CD-B15

□ 705
realm
[rélm]
❶ 発音注意

图 (学問などの) **分野**、部門 (of 〜)；領域、範囲；王国 (≒ kingdom)

□ 706
eugenics
[juːdʒéniks]

图 **優生学** ➕ 単数扱い

□ 707
demography
[dimágrəfi]

图 **人口統計学**、人口の統計的研究
形 demographic：人口統計の、人口学の
関 图 population：人口

□ 708
statistics
[stətístiks]

图 **統計**：統計学、統計論 ➕ データとしての「統計」は複数扱い。学問の「統計学」は単数扱い

□ 709
ratio
[réiʃiòu]
❶ 発音注意

图 **比率**、比、歩合 (≒ proportion、rate)

□ 710
geometric
[dʒìːəmétrik]

形 **幾何学的な**：幾何学 (上) の
图 geometry：幾何学；幾何学書；幾何学様式

□ 711
summary
[sʌ́məri]

图 (〜の) **要約**、概略、大要 (of 〜) (≒ abstract、digest、synopsis)
他 summarize：〜を要約する、手短に述べる

□ 712
literacy
[lítərəsi]

图 **読み書き能力**、識字能力；(特定分野の) 知識、リテラシー
形 literate：読み書きができる (⇔ illiterate [読み書きのできない])；(複合語で) 〜を使う能力がある；教養 [学識] のある (≒ educated)

---

continued
▼

今日から動詞以外の必須単語を学ぼう。「学問」や「読み書き」、「社会制度」に関連する単語から！

Listen モード ☐☐☐☐☐
Listen & Check モード ☐☐☐☐☐

Check

- ☐ in the realm of ~ (~の分野で)
- ☐ in some realms (一部で)

- ☐ the eugenics movement (優生学運動)

- ☐ social demography (社会人口学)

- ☐ Statistics show that ~ (統計によると~)
- ☐ the official statistics (公式の統計、官庁統計)
- ☐ basic statistics (基礎統計学)

- ☐ the ratio of A to B (A対Bの比率)
- ☐ the surface-to-volume ratio (表面積対体積率)
- ☐ the risk-to-benefit ratio of ~ (~のリスク対効果比)
- ☐ the pupil-teacher ratio (1教師当たりの生徒数)

- ☐ geometric terms (幾何学用語)
- ☐ geometric patterns (幾何学模様)

- ☐ a summary of ~ (~の要約)
- ☐ in summary (要約すれば、手短に言えば)

- ☐ have the basic literacy skills (基本的な読み書き能力がある)
- ☐ with a ~ percent literacy rate (識字率~パーセントで)
- ☐ take a media literacy class (メディア・リテラシーのクラスを取る)

---

continued
▼

Day 45

Listen 》CD-B15

□ 713 literal
[lítərəl]

形 (意味などが) **文字通りの** (⇔figurative [比喩的な])；(訳などが) 逐語的な；平凡な、想像力のない
名 literacy：読み書き能力
副 literally：文字通りに；逐語的に；まさしく、本当に
形 literary：文学の、文芸の

□ 714 analogy
[ənǽlədʒi]

名 (〜との／〜間の) **類似**、類似性、共通点 (to [with] 〜 / between 〜) (≒likeness)；類推、推論

□ 715 paradox
[pǽrədàks]

名 **逆説**、パラドックス；矛盾 (した言葉・行為)
形 paradoxical：逆説的な、矛盾した；奇妙な
副 paradoxically：逆説的に [ではあるが]

□ 716 hypothesis
[haipάθəsis]
❶ 発音・複数形注意

名 **仮説**；前提；仮定
● 複数形は hypotheses [haipάθəsì:z]

□ 717 autonomy
[ɔ:tάnəmi]

名 **自律性**、自主性；自治 (権)；独立 (≒independence)；自治国家；自治体
形 autonomous：自治権のある、自律的な
熟 the autonomic nervous system：自律神経系

□ 718 accountability
[əkàuntəbíləti]

名 (医師などの) **説明責任**；会計責任
形 accountable：責任がある

□ 719 pension
[pénʃən]
❶ 多義注意

名 **年金**、恩給、扶助料；(まかない付きの) 下宿 [pɑ̀:ŋsjɔ́:ŋ]
他 〜に年金を給付する

□ 720 immigration
[ìməgréiʃən]

名 **移住**、入植；移民者数；出入国管理カウンター

Day 44 》CD-B14
Quick Review
答えは右ページ下

- □ 〜をほのめかす
- □ 〜を打ち上げる
- □ 〜を加速する
- □ 〜を認める
- □ 〜に知らせる
- □ 〜を推定する
- □ 〜を思い浮かべる
- □ 〜と考える
- □ 〜を推量する
- □ 〜を遅らせる
- □ 〜を結果と考える
- □ 〜と仮定する
- □ 〜を黙認する
- □ 〜を期待する
- □ 臆測する
- □ 〜を理解する

Check

- [ ] a literal translation (直訳)
- [ ] the literal meaning of ~ (~の文字通りの意味)

- [ ] find analogies (類似を見つける)

- [ ] the grandfather paradox (祖父殺しのパラドックス)
- [ ] the liar paradox (うそつきのパラドックス)

- [ ] confirm the hypothesis (仮説を確証する)
- [ ] develop a hypothesis about ~ (~について仮説を立てる)

- [ ] enjoy autonomy (自主性を享受する)

- [ ] achieve accountability (説明責任を果たす)

- [ ] pension scheme (公約年金制度)
- [ ] pension fund (年金基金)

- [ ] illegal immigration (不法移住 [入国・移民])
- [ ] immigration policy (移民 [移住] 政策)

Day 44 CD-B14
Quick Review
答えは左ページ下

- [ ] imply
- [ ] launch
- [ ] accelerate
- [ ] acknowledge
- [ ] notify
- [ ] deduce
- [ ] visualize
- [ ] consider
- [ ] surmise
- [ ] retard
- [ ] attribute
- [ ] assume
- [ ] tolerate
- [ ] anticipate
- [ ] speculate
- [ ] comprehend

Chapter 1
Chapter 2
Chapter 3
Chapter 4
Chapter 5
Chapter 6

Day 46 医学部受験必須単語 10（動詞以外）

Listen 》CD-B16

□ 721
birthrate
[bá:rθrèit]

图 **出生率**

□ 722
personnel
[pà:rsənél]
❶ アクセント注意

图 （官庁・会社・軍隊などの）**全職員**、総人員（≒staff）；人事課［部］（≒human resources）；（形容詞的に）人事の ❶ 普通は単数扱い。Allなどを伴うときは複数扱い

□ 723
rapport
[ræpó:r]
❶ 発音注意

图 **調和的な関係**、ラポール；意思の疎通性

□ 724
surveillance
[sərvéiləns]

图 （囚人・容疑者などの）**監視**、見張り（≒watch、snoop）；偵察、査察；監督

□ 725
unification
[jù:nəfikéiʃən]

图 **統一**（の過程）、結合（状態）、統一された状態

□ 726
allowance
[əláuəns]

图 （一定の）**割り当て量**、許容量、支給量；支給額、手当、費用；（子どもの）小遣い；承認、容認

□ 727
segregation
[sègrigéiʃən]

图 **人種**［性別］**的分離**［待遇］（≒discrimination）；分離、隔離

□ 728
repute
[ripjú:t]

图 **世評**、評判；名声、好評　他 （通例受身）～を（…と）考える、みなす（as [to be] ...）

continued

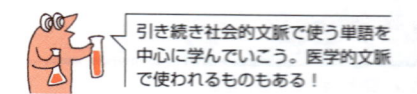

引き続き社会的文脈で使う単語を中心に学んでいこう。医学的文脈で使われるものもある！

Listen モード ☐☐☐☐☐
Listen & Check モード ☐☐☐☐☐

Check

☐ the falling birthrate (低下する出生率)

☐ school personnel (学校職員)
☐ pharmacy personnel (薬局員)

☐ doctor-patient rapport (医師と患者の信頼関係)
☐ build a good rapport with ~ (~と良い関係を作る)

☐ injury surveillance systems (傷害監視システム)

☐ the unification of Germany (東西ドイツの統一)
☐ achieve unification (統一を達成する)

☐ recommended daily allowance (1日当たりの推奨摂取 [許容] 量)

☐ racial segregation (人種差別 [分離])
☐ the segregation laws (人種分離法)

☐ be in high repute (評判が良い)

continued

Day 46

Listen)) CD-B16

□ 729
system
[sístəm]

图 **系統**、体系；組織、制度、体制；学説
形 systemic：体系の、全身の

□ 730
warfare
[wɔ́:rfèər]

图 **戦争状態** [行為]、交戦；武力衝突；闘争、争い

□ 731
incident
[ínsədənt]

图 **事件**、出来事 (≒accident)；偶発 [不随] 事件
関 图 malpractice：医療ミス

□ 732
controversy
[kántrəvə̀:rsi]

图 (可算で) (長期にわたる社会・道徳上の) **論争**、議論 (≒debate)；(不可算で) 論争 [論議] する [に加わる] こと
形 controversial：異論の多い [ある]、議論の余地がある (≒debatable)

□ 733
abuse
[əbjú:s]

图 **乱用**、悪用；虐待；悪口 他 ～を乱用 [悪用] する；～を虐待する

□ 734
nurture
[nə́:rtʃər]

图 **養育**、養成、教育 他 (子どもなど) を育てる、養育する

□ 735
orphan
[ɔ́:rfən]

图 **孤児**、親のない子 他 ～を孤児にする

□ 736
chaos
[kéiɑs]
❶ 発音注意

图 (全くの) **無秩序**、混乱 (状態) (≒disorder、confusion)；(天地創造以前の) 混沌、カオス (⇔cosmos [秩序])
形 chaotic：無秩序の、大混乱の；混沌 [雑然] とした (⇔cosmic [調和の取れた])

Day 45)) CD-B15
Quick Review
答えは右ページ下

□ 自律性
□ 幾何学的な
□ 分野
□ 人口統計学

□ 読み書き能力
□ 文字通りの
□ 仮説
□ 説明責任

□ 優生学
□ 要約
□ 統計
□ 類似

□ 移住
□ 逆説
□ 比率
□ 年金

Check

- ☐ **the highway** system (高速道路網)
- ☐ **the nervous** system (神経系)
- ☐ **the endocrine** system (内分泌系)
- ☐ **the immune** system (免疫システム、免疫系)

- ☐ **atomic** warfare (核戦争)
- ☐ **bacteriological** warfare (細菌戦)

- ☐ **incident report** (インシデント・レポート、ある事件の報告)
- ☐ **investigate the** incident (事件を調査する)
- ☐ **a shocking** incident (衝撃をもたらす大事件)
- ☐ **violent** incidents (暴力事件)

- ☐ **the long-standing** controversy **over** ~ (~をめぐる長年の論争)
- ☐ **create** controversy (物議を醸す)

- ☐ **alcohol** abuse (アルコールの乱用、アルコール依存症)
- ☐ **victims of physical** abuse (身体的虐待の犠牲者)

- ☐ **nature versus** nurture (生まれか育ちか)

- ☐ **adopt** orphans (孤児たちを養子にする)
- ☐ **war** orphans (戦災孤児)

- ☐ **total** chaos (全面的な混乱状態)
- ☐ **in the midst of the** chaos (カオスのただ中で、混乱の中)

Day 45 ◉ CD-B15
Quick Review
答えは左ページ下

- ☐ autonomy
- ☐ geometric
- ☐ realm
- ☐ demography
- ☐ literacy
- ☐ literal
- ☐ hypothesis
- ☐ accountability
- ☐ eugenics
- ☐ summary
- ☐ statistics
- ☐ analogy
- ☐ immigration
- ☐ paradox
- ☐ ratio
- ☐ pension

Chapter 1
Chapter 2
Chapter 3
Chapter 4
Chapter 5
Chapter 6

Day 47 医学部受験必須単語 11（動詞以外）

Listen))) CD-B17

□ 737
peril
[pérəl]

名（大きな差し迫った）**危険**、危難　⊕ danger よりも身近に迫った重大な危機を表す。「行為に伴って起こる危険」は risk

□ 738
well-being
[wélbíːiŋ]

名 **幸福**、安寧、福利；健康で安心なこと、満足できる生活状態、福祉（welfare）

□ 739
suit
[súːt]
❶ 多義注意

名 **訴訟**；スーツ；ひとそろい　他 ～に適する；～を満足させる　自 適合する、満足させる；似合う、ふさわしい
自 sue：訴訟を起こす
他 sue：～を相手取って訴訟を起こす

□ 740
refugee
[rèfjudʒíː]

名（戦争などの）**避難民**、難民；亡命者
名 refuge：避難；避難所、隠れ場所

□ 741
maniac
[méiniæk]

名 **マニア**、狂暴な人　形 熱狂的な、のめり込んだ
関 名 phobia：恐怖症

□ 742
pedestrian
[pədéstriən]

名 **歩行者**（≒ walker）

□ 743
staff
[stǽf]

名 **職員**、社員、スタッフ　⊕ 集合的　他（職員・スタッフなど）を配置する
熟 be on the staff of ～：～のスタッフ［メンバー・職員］である

□ 744
candidate
[kændidət]

名（職・地位への）**立候補者**、志願［志望］者（for ～）；（～に）なりそうな人（for ～）

continued
▼

今日は「人」に関する単語が多く出てくるよ。Check欄のフレーズとあわせて覚えよう。

Listen モード ☐☐☐☐☐
Listen & Check モード ☐☐☐☐☐

Check

☐ a real peril（深刻な危機）
☐ grave peril（重大な危険）

☐ well-being of children（子どもたちの幸福）
☐ physical well-being（肉体の健康）

☐ malpractice suits（医療過誤訴訟）

☐ the return of refugees（避難民の帰還）
☐ refugee populations（難民人口）
☐ the refugee camp（避難民収容所、難民キャンプ）
☐ environmental refugees（環境難民）

☐ gun maniac（ガン・マニア）

☐ hit the pedestrian（歩行者をはねる）
☐ watch out for pedestrians（歩行者に注意する）
☐ pedestrian crosswalk（横断歩道）

☐ be on the staff of ~（~のスタッフ［メンバー・職員］である）
☐ medical staff（［病院の］医局員、医員）
☐ staff of day-care centers（デイケアセンターの職員）
☐ academic staff（大学職員）

☐ major candidates（有力候補）
☐ successful candidates（当選者、合格者）
☐ a prospective candidate（立候補を予想される人物）

continued
▼

Day 47

Listen 》CD-B17

□ 745 fatality
[feitǽləti]

名 死亡者 (≒casualty)、不慮の死;災害、災難;運命

□ 746 starvation
[stɑːrvéiʃən]

名 飢餓 (≒famine)、餓死
自 starve:餓死する、飢える
他 starve:〜を餓死させる、〜を飢えさせる

□ 747 stricken
[stríkən]

形 (病気に・災害などに) **襲われた**;(災害や悲しみなどに) 打ちひしがれた

□ 748 savage
[sǽvidʒ]

形 **未開の**、野蛮な (≒primitive ⇔civilized [文明化した])、野生の;凶暴な、どう猛な、残酷な

□ 749 valid
[vǽlid]

形 (理由などが) **妥当な**、正当な;法的に有効な [認められた]、合法的な (⇔void、invalid [無効の])
他 validate:〜を法的に有効にする、〜を承認 [認可、批准] する
名 validity:妥当 (性)、正当性、効力

□ 750 mandatory
[mǽndətɔ̀ːri]

形 **命令の**、命令的な;義務的な、強制的な

□ 751 harmonious
[hɑːrmóuniəs]

形 **平和な**、仲のよい;調和の取れた

□ 752 exclusive
[iksklúːsiv]

形 **独占的な**;排他的な、特権階級に限られた (≒select ⇔open [開いている]);(〜に) 限定された (to 〜);唯一の
副 exclusively:排他的に、まったく〜のみ

Day 46 》CD-B16
Quick Review
答えは右ページ下

□ 乱用
□ 世評
□ 統一
□ 戦争状態
□ 論争
□ 全職員
□ 人種的分離
□ 事件
□ 調和的な関係
□ 監視
□ 系統
□ 出生率
□ 孤児
□ 割り当て量
□ 無秩序
□ 養育

Check

- ☐ the fatality rate (死亡率、致死率)
- ☐ fatality assessment (災害査定)

- ☐ suffer from starvation (飢えに苦しむ)
- ☐ avoid starvation (飢えをしのぐ、餓死を避ける)
- ☐ death by starvation (飢餓死)
- ☐ mass starvation (大量飢餓)

- ☐ the disaster-stricken area (被災地)

- ☐ in savage times (未開の時代に)
- ☐ savage land (未開の地)
- ☐ savage race (未開人)

- ☐ some valid points (いくつかのもっともな論点)
- ☐ a valid reason (正当な理由)
- ☐ a valid argument (妥当な議論)
- ☐ valid for ~ (有効期限は~)

- ☐ be mandatory to do (絶対~しなければならない)

- ☐ encourage harmonious relations (友好関係を促進する)

- ☐ mutually exclusive (相互排他的な、互いに矛盾する)
- ☐ the exclusive control (排他的制御)
- ☐ exclusive marketing rights (独占販売権)

Day 46))) CD-B16
Quick Review
答えは左ページ下

☐ abuse	☐ controversy	☐ rapport	☐ orphan
☐ repute	☐ personnel	☐ surveillance	☐ allowance
☐ unification	☐ segregation	☐ system	☐ chaos
☐ warfare	☐ incident	☐ birthrate	☐ nurture

Chapter 1
Chapter 2
Chapter 3
Chapter 4
Chapter 5
Chapter 6

Day 48　医学部受験必須単語 12（動詞以外）

Listen)) CD-B18

□ 753
legitimate
[lidʒítəmət]

形 **正当な**、公正な；合法の、適法の；道理にかなった；（子が）嫡出の

□ 754
radical
[rǽdikəl]

形 （改革などが）**徹底的な**、完全な；急進的な、過激な（⇔conservative [保守的な]）；根本的な（≒fundamental）

□ 755
racial
[réiʃəl]

形 **人種**[民族]**の**；人種[民族]間の
名 race：人種、民族
名 racism：人種差別、人種差別主義

□ 756
sacred
[séikrid]

形 **神聖な**；宗教的な（⇔profane、secular [世俗的な]）；尊い、尊ばれる

□ 757
ideology
[àidiálədʒi]
❶ 発音注意

名 **イデオロギー**、観念形態；特定文化[集団、個人]の考え方

□ 758
superstition
[sùːpərstíʃən]

名 （～に関する／…という）**迷信**（about ～／that節）；盲信
形 superstitious：迷信的な、迷信を信じる

□ 759
vandalism
[vǽndəlìzm]

名 **公共物の汚損**、芸術文化の破壊

□ 760
ritual
[rítʃuəl]

名 （宗教的）**儀式**（≒ceremony、rite）；（個人の）日常の習慣的行為　形 儀式の

---

continued
▼

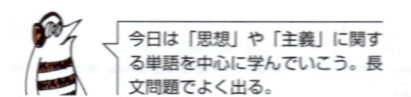

今日は「思想」や「主義」に関する単語を中心に学んでいこう。長文問題でよく出る。

Listen モード ☐☐☐☐☐
Listen & Check モード ☐☐☐☐☐

Check

☐ legitimate reasons (正当な理由)

☐ undergo radical change (激変する、徹底的改革を経験する)

☐ racial and cultural differences (人種・文化の違い)
☐ racial barriers (人種の壁)
☐ racial discrimination (人種差別)
☐ achieve racial equality (人種間の平等を実現する)

☐ sacred ground (聖地、聖域)
☐ a sacred tree (神木)

☐ political ideology (政治的イデオロギー)
☐ co-existence of ideologies (イデオロギーの共存)

☐ religious superstition (宗教的な迷信)
☐ believe in superstition (迷信を信じる)

☐ signs of vandalism (破壊行為の形跡)

☐ a religious ritual (宗教儀式)
☐ a funeral ritual (葬式)
☐ a traditional ritual (伝統的な儀式)

continued
▼

Day 48

Listen)) CD-B18

□ 761
humanism
[hjúːmənìzm]
- 名 **人間主義**；人文主義
- 名 humanity：人間性

□ 762
optimism
[ɑ́ptəmìzm]
- 名 **楽観主義**、楽天主義、楽観（⇔pessimism［悲観主義］）

□ 763
pessimism
[pésəmìzm]
- 名 **悲観主義**、悲観（⇔optimism［楽観主義］）

□ 764
torment
[tɔ́ːrment]
- 名 （肉体的・精神的な）**苦痛**（≒anguish）、苦悩（≒torture）；苦痛を引き起こすもの、悩みの種 他 ～をひどく苦しめる

□ 765
fatigue
[fətíːg]
- 名 （心身の）**疲労**、疲れ；（材質の）疲労；（～s）作業服；野戦服

□ 766
vigor
[vígər]
- 名 （心身の）**活動力**、精力、活力（≒strength）
- 形 vigorous：力強い、激しい；元気いっぱいの

□ 767
agony
[ǽgəni]
- 名 （肉体的・精神的な）**苦悶**［苦痛］（≒pain、ache）、苦悶（≒pain）；（感情の）激発、極み
- 自 agonize：苦悶する、必死に努力する
- 形 agonizing：苦しい、苦悶させる

□ 768
salutary
[sǽljutèri]
- 形 **健康に良い**（≒healthful）；有益な、ためになる

Day 47)) CD-B17
Quick Review
答えは右ページ下

- □ 飢餓
- □ 立候補者
- □ 未開の
- □ 職員
- □ 妥当な
- □ 避難民
- □ 独占的な
- □ 危険
- □ 歩行者
- □ 死亡者
- □ マニア
- □ 訴訟
- □ 襲われた
- □ 幸福
- □ 命令の
- □ 平和な

Check

- [ ] **the battle of humanism about ~** (〜に関する人道的な戦い)

- [ ] **a reason for optimism** (楽観する理由)

- [ ] **a pessimism about ~** (〜についての悲観論)

- [ ] **the torment of ~** (〜の苦しみ)

- [ ] **symptoms of fatigue** (疲労の症状)
- [ ] **cause fatigue** (疲労を引き起こす)
- [ ] **fatigue strength** ([金属などの] 疲労強度)
- [ ] **mental and physical fatigue** (心身の疲労)

- [ ] **have the greatest vigor** (元気旺盛である)
- [ ] **lose one's vigor** (気力が衰える、勢いがなくなる)

- [ ] **in agony** (苦悩して、苦悶して)

- [ ] **a salutary exercise** (健康に良い運動)

Chapter 1
Chapter 2
Chapter 3
Chapter 4
Chapter 5
Chapter 6

Day 47 ● CD-B17
Quick Review
答えは左ページ下

- [ ] starvation
- [ ] candidate
- [ ] savage
- [ ] staff
- [ ] valid
- [ ] refugee
- [ ] exclusive
- [ ] peril
- [ ] pedestrian
- [ ] fatality
- [ ] maniac
- [ ] suit
- [ ] stricken
- [ ] well-being
- [ ] mandatory
- [ ] harmonious

Day 49 医学部受験必須単語 13（動詞以外）

Listen)) CD-B19

□ 769 **senile** [síːnail]	形 **もうろくした**、ぼけた；老衰した、老人の	
□ 770 **weary** [wíəri]	形 （非常に）**疲れた**、（～で）疲れている (from ～)；（～に）うんざりしている (of ～)；疲れさせる；退屈な 他 ～を疲れさせる；～をうんざりさせる	
□ 771 **brisk** [brísk]	形 **元気の良い**、きびきびした、活発な；心地よく冷たい	
□ 772 **frail** [fréil]	形 （人・体が）**虚弱な**、ひ弱な (⇔robust、strong [強い、頑丈な])；（物が）壊れやすい、もろい (≒fragile)	
□ 773 **lean** [líːn] ❶多義注意	形 （引き締まって）**痩せた**、贅肉のない 自 体を曲げる；傾く 他 ～を傾かせる	
□ 774 **handicapped** [hǽndikæpt]	形 （身体・精神に）**障害のある** ➕ 不快に感じられる場合もあるので、disabled、challenged、impaired を用いることもある	
□ 775 **wax** [wǽks] ❶多義注意	名 **耳あか**；ろう 自 （月が）満ちる；増大する；～になる	
□ 776 **wrinkle** [ríŋkl]	名 （皮膚・衣類などの）**しわ**、ひだ (≒crease) 自 しわが寄る	

continued
▼

今日は「体の調子」や「部位」、「生活や日用品」などについて学んでいこう！

Listen モード ☐☐☐☐☐
Listen & Check モード ☐☐☐☐☐

Check

☐ **grow senile**（[年を取って] ぼける）

☐ **look weary**（疲れて見える）

☐ **brisk walking**（活発な歩行）

☐ **frail elderly**（虚弱な高齢者、要介護老人）

☐ **a lean man**（痩せた男）

☐ **a handicapped person**（身体障害者）
☐ **be handicapped by ~**（~による障害のある）

☐ **remove wax from one's ears**（耳あかを取る）

☐ **a wrinkle in the brain**（脳のしわ）

continued
▼

Day 49

Listen)) CD-B19

□ 777
loaf
[lóuf]
> 名 (俗語的に) **脳** (≒brain)　動 ぶらぶらして過ごす

□ 778
pesticide
[péstəsàid]
> 名 **殺虫剤**、農薬

□ 779
poison
[pɔ́izn]
> 名 **毒**、毒物；害を与える物〔人〕；弊害　動 ～に毒を盛る
> poisonous：有毒な、毒を含む

□ 780
condom
[kándəm]
> 名 **コンドーム**

□ 781
supplement
[sʌ́pləmənt]
> 名 (ビタミンなど栄養の) **補給剤**；補足、補充、追加；(書物などの) 付録 (≒appendix)　動 ～を補う
> supplementary：(～に対する) 補足の、補充の (to ～)

□ 782
equipment
[ikwípmənt]
> 名 **機器**、装置；設備、備品、備えること
> equipped：(～が) 備わっている (with ～)

□ 783
makeup
[méikʌ̀p]
> 名 (部品や成分の) **組み立て**、構成；化粧、化粧品

□ 784
diet
[dáiət]
❶ 多義注意
> 名 (日常の) **食べ物**、食事；えさ、常食；食事療法；日常飲食物の規制；(the Dietで) 国会、議会

Day 48)) CD-B18
Quick Review
答えは右ページ下

- □ 疲労
- □ 悲観主義
- □ 人間主義
- □ 公共物の汚損
- □ 儀式
- □ イデオロギー
- □ 人種の
- □ 神聖な
- □ 迷信
- □ 徹底的な
- □ 活動力
- □ 健康に良い
- □ 苦悶
- □ 正当な
- □ 楽観主義
- □ 苦痛

Check

- ☐ Use your loaf.(頭を使え)

- ☐ exposure to pesticides(殺虫剤への暴露)
- ☐ non-organic pesticides(非有機殺虫剤)

- ☐ take poison(毒を飲む)
- ☐ a dangerous poison(危険な毒)

- ☐ promote condom use(コンドームの使用を促す)

- ☐ herbal supplements(ハーブ系サプリメント)

- ☐ a piece of equipment(1つの道具)
- ☐ develop equipment to do(〜する機器を開発する)
- ☐ medical equipment(医療機器)
- ☐ lighting equipment(照明設備)

- ☐ genetic makeup(遺伝子構造)
- ☐ wear makeup(化粧している)

- ☐ low-fat diets(低脂肪食、低脂肪の食事)
- ☐ a change in diet(食事の変更)
- ☐ an inadequate diet(欠乏食、不適合食)
- ☐ improvements in diet(食生活の改善)

Chapter 1
Chapter 2
Chapter 3
Chapter 4
Chapter 5
Chapter 6

Day 48 ▶ CD-B18
Quick Review
答えは左ページ下

- ☐ fatigue
- ☐ pessimism
- ☐ humanism
- ☐ vandalism
- ☐ ritual
- ☐ ideology
- ☐ racial
- ☐ sacred
- ☐ superstition
- ☐ radical
- ☐ vigor
- ☐ salutary
- ☐ agony
- ☐ legitimate
- ☐ optimism
- ☐ torment

Day 50 医学部受験必須単語 14（動詞以外）

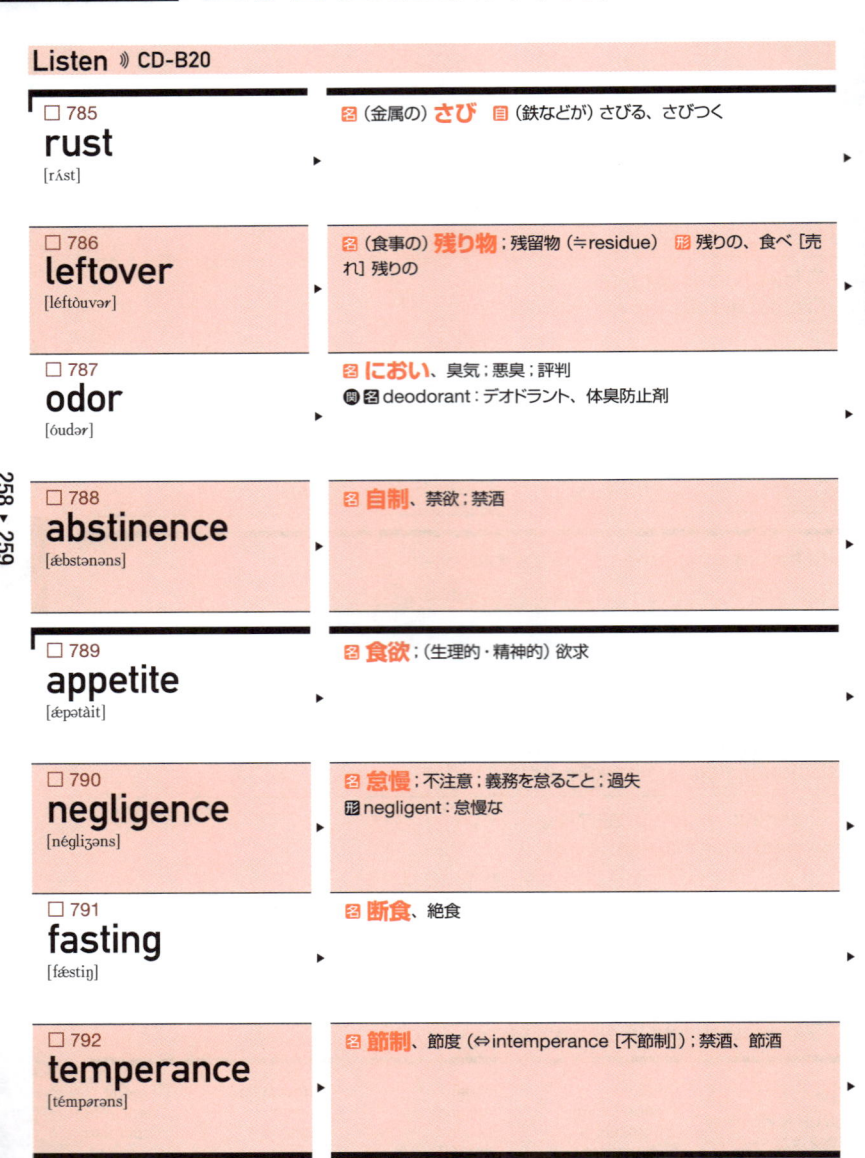

Listen)) CD-B20

□ 785 rust [rʌ́st]
名（金属の）**さび** 自（鉄などが）さびる、さびつく

□ 786 leftover [léftòuvər]
名（食事の）**残り物**；残留物（≒residue） 形 残りの、食べ［売れ］残りの

□ 787 odor [óudər]
名 **におい**、臭気；悪臭；評判
関 名 deodorant：デオドラント、体臭防止剤

□ 788 abstinence [ǽbstənəns]
名 **自制**、禁欲；禁酒

□ 789 appetite [ǽpətàit]
名 **食欲**；（生理的・精神的）欲求

□ 790 negligence [néglidʒəns]
名 **怠慢**；不注意；義務を怠ること；過失
形 negligent：怠慢な

□ 791 fasting [fǽstiŋ]
名 **断食**、絶食

□ 792 temperance [témpərəns]
名 **節制**、節度（⇔intemperance［不節制］）；禁酒、節酒

continued

引き続き「生活」に関係する単語を学んでいこう！ 最後のブロックは「時間」に関する単語だよ。

Listen モード ☐☐☐☐☐
Listen & Check モード ☐☐☐☐☐

Check

☐ **rust**-proofing（さび止め、処理、さび止め剤）

☐ take the **leftovers** home（食べ残しを持ち帰る）

☐ body **odor**（体臭）

☐ **abstinence** from food（絶食）

☐ a loss of **appetite**（食欲不振）
☐ increased **appetite**（食欲を増加させる）
☐ have a healthy **appetite**（食欲旺盛だ）

☐ due to **negligence**（怠慢による）
☐ medical **negligence**（医療過失）

☐ a **fasting** cure（絶食療法）
☐ overnight **fasting**（夜間絶食）

☐ a lack of **temperance**（自制心の欠如）
☐ a **temperance** movement（禁酒運動）

continued
▼

Day 50

Listen)) CD-B20

□ 793 substitute [sʌ́bstətjùːt]
- 名 (〜の) **代用品**；代理人；代役；補欠 (for 〜) 他 〜を代用する
- 名 substitution：代用、置換；代理人、代用品
- 熟 substitute A for B：Bの代わりにAを代用する

□ 794 gratitude [grǽtətjùːd]
- 名 (〜に対する) **感謝** (の気持ち) (for 〜)

□ 795 humility [hjuːmíləti]
- 名 **謙そん**、謙虚 (⇔arrogance [尊大、横柄])；(〜ies) 謙そんした態度 [行動]

□ 796 hatred [héitrid]
- 名 (〜に対する) **憎しみ**、強い嫌悪 (of [for, toward] 〜) (≒ dislike, rancor)

□ 797 genesis [dʒénəsis]
- 名 **起源**、起こり；創世記 (G〜)

□ 798 premature [prìːmətʃúər]
- 形 **早過ぎる**、時期尚早の；早産の；(判断などが) 早まった

□ 799 perpetual [pərpétʃuəl]
- 形 **永久の**、永続する (≒permanent、eternal)；絶え間のない、ひっきりなしの

□ 800 primary [práiməri]
- 形 **最初の**；最も重要な、主要な；(学校などが) 初級の
- 派 名 primate：霊長類

Day 49)) CD-B19 Quick Review
答えは右ページ下

- □ 虚弱な
- □ しわ
- □ 機器
- □ 組み立て
- □ 殺虫剤
- □ 障害のある
- □ 疲れた
- □ もうろくした
- □ コンドーム
- □ 毒
- □ 耳あか
- □ 元気の良い
- □ 痩せた
- □ 食べ物
- □ 補給剤
- □ 脳

Check

- [ ] as a substitute for ~ (~の代わりとして)

- [ ] express gratitude (感謝の意を表す)
- [ ] a feeling of gratitude (感謝の気持ち)

- [ ] learn humility (謙虚さを身に付ける)

- [ ] the hatred of war (戦争への憎悪)

- [ ] terrestrial genesis (地球起源)

- [ ] die a premature death (若くして死ぬ)
- [ ] premature aging (早期老化、早老、歳不相応に老けていること)
- [ ] premature babies (未熟児、早生児)
- [ ] be premature to do (~するのは時期尚早である)

- [ ] perpetual peace (恒久平和)

- [ ] primary care (プライマリ・ケア、一次医療)
- [ ] the primary cause (一番の原因、第一要因)
- [ ] the primary producers (一次生産者)
- [ ] primary importance (最重要、一番大事であること)

Chapter 1
Chapter 2
Chapter 3
Chapter 4
Chapter 5
Chapter 6

Day 49 ● CD-B19
Quick Review
答えは左ページ下

- [ ] frail
- [ ] wrinkle
- [ ] equipment
- [ ] makeup
- [ ] pesticide
- [ ] handicapped
- [ ] weary
- [ ] senile
- [ ] condom
- [ ] poison
- [ ] wax
- [ ] brisk
- [ ] lean
- [ ] diet
- [ ] supplement
- [ ] loaf

Day 51 医学部受験必須単語 15（動詞以外）

Listen 》CD-B21

□ 801
simultaneous
[sàiməltéiniəs]

形 (〜と) **同時の**、同時に起こる [存在する]（with 〜）
副 simultaneously：(〜と) 同時に（with 〜）；一斉に

□ 802
subsequent
[sʌ́bsikwənt]

形 (位置・順序が) **次の**、後の；後に起こる [来る]；(〜に) 続く (to 〜)（≒following）
副 subsequently：その後に、その次に、続いて

□ 803
abrupt
[əbrʌ́pt]

形 (意外なほど) **急な**、不意の；(言葉・態度が) ぶっきらぼうな、つっけんどんな
副 abruptly：突然（≒suddenly）

□ 804
incessant
[insésnt]

形 **絶え間のない**、ひっきりなしの（≒constant、continuous、ceaseless、seamless）

□ 805
indefinite
[indéfənit]

形 **無期限の**：不明確な、あいまいな

□ 806
persistent
[pərsístənt]

形 **持続する**、永続的な；粘り強い、根気強い；(〜に) 固執する (in 〜)
自 persist：固執する、持続する、存続する
名 persistence：固執、しつこさ、粘り強さ、永続

□ 807
possessed
[pəzést]

形 (悪霊などに) **取りつかれた**；冷静な；(〜を) 所有して (of 〜)
他 possess：〜を所有する、〜に取りつく

□ 808
preoccupied
[priːɑ́kjupàid]

形 **夢中になった**、(〜に) 没頭している（with [by] 〜）；先取りされた

continued
▼

引き続き「時間」に関係する単語から。その後は物や人の「状態」を表す形容詞が続くよ。

Listen モード　☐☐☐☐☐
Listen & Check モード　☐☐☐☐☐

Check

☐ simultaneous interpreter（同時通訳者）

☐ subsequent study（その後の研究）
☐ subsequent treatment（次の処理）

☐ an abrupt change in the global climate（急激な地球の気候変化）
☐ an abrupt halt（急停車、急停止）

☐ make incessant exertions（絶えず努力をする）

☐ for an indefinite term（無期限に）

☐ have a persistent pain（持続性の痛みがある、痛みが続いている）

☐ be possessed by ~（~に取りつかれている）

☐ be preoccupied with thoughts of ~（~のことで頭がいっぱいだ）

continued
▼

Day 51

Listen)) CD-B21

□ 809 rotten [rátn]
- 形 **腐った**：不快な、嫌な；ひどい；気分の優れない
- 自 rot：腐る、腐敗する、朽ちる (≒decay)
- 他 rot：〜を腐らせる、腐敗させる
- 熟 go bad：腐る
- 熟 be spoiled：駄目になる

□ 810 dense [déns]
- 形 **密集した**：濃い、濃密な
- 名 density：密度、濃度

□ 811 sanitary [sǽnətèri]
- 形 **衛生的な** (≒hygienic)、清潔な (≒clean)；(公衆) 衛生の
- 名 sanitation：公衆衛生

□ 812 tedious [tíːdiəs]
- 形 (単調・冗長・長時間で) **退屈な**、飽き飽きする、うんざりする (≒tiresome)

□ 813 tense [téns]
- 形 (〜で) **緊張した**、緊迫した (with 〜)；(筋肉などが) ぴんと張った
- 名 tension：(政治的・社会的な) 緊張関係；(精神的な) 緊張；ぴんと張ること

□ 814 transparent [trænspéərənt]
- 形 **透明な**、透き通った (⇔opaque [くすんだ])；明白な；見え透いた (≒obvious)；平明な、分かりやすい ● 「半透明の」は translucent

□ 815 coarse [kɔ́ːrs]
- 形 (生地・粒・肌などが) **きめの粗い** (≒rough、harsh ⇔fine [きめ細かい]、smooth [滑らかな])；(態度・言葉などが) 粗野 [粗暴] な、下品な

□ 816 elastic [ilǽstik]
- 形 **しなやかな** (≒flexible)、弾力のある；ゴムの；はずむ 名 ゴムひも
- 名 elasticity：弾力性、融通性

Day 50)) CD-B20 Quick Review 答えは右ページ下

- □ 感謝
- □ さび
- □ 永久の
- □ 代用品
- □ におい
- □ 断食
- □ 残り物
- □ 最初の
- □ 食欲
- □ 憎しみ
- □ 自制
- □ 早過ぎる
- □ 起源
- □ 節制
- □ 謙そん
- □ 怠慢

Check

☐ become rotten (腐敗して駄目になる)

☐ the densest concentrations of ~ (最も~が集中している状態)
☐ the dense woods (うっそうとした森、密林)
☐ become dense ([霧などが]濃くなる、密度が高くなる)

☐ in a sanitary manner (衛生的に)
☐ sanitary conditions (衛生状態)

☐ long and tedious work (長く退屈な作業)

☐ grow tense (緊張[緊迫]してくる)
☐ a very tense situation (緊張した場面、緊迫した情勢)

☐ little transparent containers (小さい透明な容器)

☐ coarse skin (荒れた肌)
☐ coarse dark hair (硬い黒髪)

☐ elastic tissue (弾性組織)
☐ an elastic metal (弾性金属)

Day 50 ● CD-B20
Quick Review
答えは左ページ下

☐ gratitude
☐ rust
☐ perpetual
☐ substitute

☐ odor
☐ fasting
☐ leftover
☐ primary

☐ appetite
☐ hatred
☐ abstinence
☐ premature

☐ genesis
☐ temperance
☐ humility
☐ negligence

Chapter 1
Chapter 2
Chapter 3
Chapter 4
Chapter 5
Chapter 6

Day 52 医学部受験必須単語 16 (動詞以外)

Listen))) CD-B22

□ 817
liable
[láiəbl]
> 形 (好ましくないこと) **をしがちである** (to do);(病気に) かかりやすい (to ~) (≒prone);(負債・損害などに) 法的責任がある (for ~)、~する法的義務がある (to do)

□ 818
obstinate
[ábstənət]
> 形 **頑固な**、強情な、意地地な (≒stubborn);(抵抗などが) 執拗な、粘り強い

□ 819
prudent
[prú:dnt]
> 形 **分別のある** (≒wise)、慎重な (≒careful)

□ 820
reluctant
[rilʌ́ktənt]
> 形 (~するのに) **気の進まない**、気乗りしない (to do) (≒unwilling、⇔willing [する気がある]);嫌々ながらの、不承不承の

□ 821
rigorous
[rígərəs]
> 形 **厳密な**、正確な、綿密な;厳格な、厳しい (≒strict);(気候などが) 非常に厳しい
> 名 rigor:苦しさ、厳しさ、厳密さ

□ 822
robust
[roubʌ́st]
> 形 **強健な**、強い;がっしりとした;(経済などが) 活気のある、活発な;(ワインなどが) こくのある、芳醇な;(意見などが) 確固たる、頑固な

□ 823
straightforward
[strèitfɔ́:rwərd]
> 形 (人・言動などが) **正直な**、率直な、不正 [偽り] のない;(仕事などが) 簡単な、分かりやすい

□ 824
strenuous
[strénjuəs]
> 形 **活発な**、精力的な;骨の折れる

continued
▼

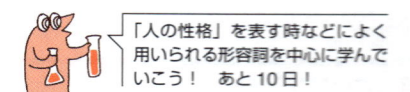

「人の性格」を表す時などによく用いられる形容詞を中心に学んでいこう！ あと10日！

Listen モード ☐☐☐☐☐
Listen & Check モード ☐☐☐☐☐

Check

☐ be liable to become addicted to ~ （~に対し中毒になりがちだ）

☐ obstinate disease （難病）

☐ be prudent in what one says （言葉を慎む）

☐ be reluctant to talk about oneself （自分についてあまり話したがらない）

☐ a rigorous study （精密な研究）

☐ be in robust health （壮健である）

☐ in a clear and straightforward manner （はっきりと率直に）

☐ strenuous exercise （激しい運動）

continued
▼

Day 52

Listen)) CD-B22

□ 825 superficial [sùːpərfíʃəl]
形 **表面的な**、うわべだけの、外見上の (⇔thorough [徹底的な]);表面(近く)の、浅い (⇔deep [深い]);(人が)思慮の浅い

□ 826 surly [sə́ːrli]
形 **無愛想な**、ぶっきらぼうな、いら立っている

□ 827 vulnerable [vʌ́lnərəbl]
形 (攻撃などに)**弱い**、(病気に)かかりやすい (to ~);(~に)傷つきやすい;(場所などが)攻撃を受けやすい

□ 828 misleading [mislíːdiŋ]
形 **誤解を招きやすい**、人を誤らせる;紛らわしい、惑わせる;誤った (≒false)

□ 829 rigid [rídʒid]
形 (意見・考えなどが)**厳格な**、柔軟性のない (≒strict ⇔elastic、flexible [柔軟性のある]);(人が)融通の利かない;硬い、硬くて曲がらない (≒hard、firm、stiff)
名 rigidity:堅いこと、硬直、剛性

□ 830 negligent [néɡlidʒənt]
形 **怠慢な**、怠りがちな;不注意な;無関心な;飾らない、自然な
動 neglect:(義務・仕事など)を怠る;~を軽視[無視]する (≒disregard、ignore)
名 negligence:怠慢

□ 831 obedient [oubíːdiənt]
形 **従順な**、素直な、おとなしい、服従する
名 obedience:服従、忠実

□ 832 optimistic [ɑ̀ptəmístik]
形 **楽観的な**、楽天的な;楽観主義の (⇔pessimistic [悲観的な])
名 optimism:楽観主義、楽天主義、楽観 (⇔pessimism [悲観主義])
名 optimist:楽天家、のんきもの

Day 51)) CD-B21 Quick Review 答えは右ページ下

- □ 無期限の
- □ 絶え間のない
- □ 緊張した
- □ 透明な
- □ しなやかな
- □ 急な
- □ きめの粗い
- □ 取りつかれた
- □ 同時の
- □ 退屈な
- □ 腐った
- □ 衛生的な
- □ 持続する
- □ 密集した
- □ 次の
- □ 夢中になった

Check

- [ ] a **superficial** change（うわべだけの変化、表面的な変化）
- [ ] **superficial** appearance qualities（表面的な外見の資質）

- [ ] look **surly**（不機嫌そうな様子だ）

- [ ] be **vulnerable** to disease（病気になりやすい）
- [ ] remain **vulnerable**（打撃を受けやすい）
- [ ] feel **vulnerable**（無防備だと感じる）

- [ ] a **misleading** term（誤解を招きやすい表現）
- [ ] **misleading** information（誤解を与える情報）

- [ ] **rigid** separation（厳格な分離）
- [ ] the **rigid** limitations（厳しい制限）

- [ ] **negligent** acts（過失行為）

- [ ] an **obedient** person（従順な人、素直な人）

- [ ] be **optimistic** about ~（~については楽観的である、~を気楽に考えている）
- [ ] an **optimistic** frame of mind（楽観的な気持ち）
- [ ] an **optimistic** outlook（楽観的な見通し）

Day 51 CD-B21
Quick Review
答えは左ページ下

☐ indefinite	☐ elastic	☐ simultaneous	☐ persistent
☐ incessant	☐ abrupt	☐ tedious	☐ dense
☐ tense	☐ coarse	☐ rotten	☐ subsequent
☐ transparent	☐ possessed	☐ sanitary	☐ preoccupied

Chapter 1
Chapter 2
Chapter 3
Chapter 4
Chapter 5
Chapter 6

Day 53 医学部受験必須単語 17（動詞以外）

Listen)) CD-B23

□ 833
toll
[tóul]
❶多義注意

名 **死傷者数**；被害、損害、犠牲；（道路・橋などの）通行料
他 （鐘）を鳴らす

□ 834
grave
[gréiv]

名 **墓** 形 厳粛な、重大な

□ 835
quick
[kwík]

形 **生きている**：素早い、せっかちな 名 （古語）生きている人々、生身 副 素早く

□ 836
suicide
[súːəsàid]

名 **自殺**、自害；自殺［自滅］行為 形 自殺の、決死の
形 suicidal：自殺の；自暴自棄な

□ 837
ethics
[éθiks]

名 **倫理**、道徳；倫理学、道徳学 ● 単数扱い。特定の集団に認められる行動規範や道理規範を指す場合は複数扱い

□ 838
upbringing
[ʌ́pbrìŋiŋ]

名 **しつけ**（方）、教育（方）

□ 839
vanity
[vǽnəti]

名 **虚栄心**（⇔ modesty［謙そん］）、うぬぼれ、慢心；化粧台、鏡台；空しさ、空虚

□ 840
vice
[váis]

名 **悪徳**、不道徳（⇔ virtue［美徳、高潔さ］）；悪習、悪癖
● vice- で「副 …」、「… 代理」などの意味になる。vice-president（副大統領）
形 vicious：邪悪な、非道の
熟 vicious cycle：悪循環

continued

今日は「死」や「道徳」、「倫理」に関する単語が多く登場！ちゃんとCDも使ってね！

Listen モード　☐☐☐☐☐
Listen & Check モード　☐☐☐☐☐

Check

☐ the death toll（事故死者、災害死者）

☐ mass graves（[戦死者などの] 共同墓所）
☐ a common grave（共同墓地）
☐ cradle-to-grave public services（ゆりかごから墓場までの公共サービス）

☐ the quick and the dead（生者と死者）
☐ be quick to do（〜するのが素早い）

☐ commit suicide（自殺する）
☐ assisted suicide（ほう助自殺）
☐ the suicide rate（自殺率）
☐ the suicide attempt（自殺未遂、自殺企図）

☐ medical ethics（医学的倫理、医療倫理）
☐ an ethics panel（倫理委員会）
☐ biomedical ethics（生物医学倫理）

☐ a Christian upbringing（キリスト教社会で育ったこと）
☐ a musical upbringing（音楽教育）

☐ feed one's vanity（虚栄心を満足させる）

☐ vice and virtue（不徳と徳）

continued
▼

Day 53

Listen)) CD-B23

□ 841 hypocrisy [hipάkrəsi]
- 名 **偽善**、見せかけ；偽善的行為
- 名 hypocrite：偽善者、猫かぶり

□ 842 harsh [hά:rʃ]
- 形 (態度・言動などが) **厳しい**、とげとげしい；残酷な、無情な；(気候・条件が) 過酷な、厳しい (⇔mild [穏やかな])

□ 843 brutal [brú:tl]
- 形 **残忍な**、粗暴な；(事実などが) 冷厳な；(現象などが) 厳しい
- 名 brutality：残忍性、残虐行為

□ 844 immoral [imɔ́:rəl]
- 形 **不道徳な**、ふしだらな；社会的倫理に反する

□ 845 hearty [hά:rti]
- 形 **心からの**、本心からの；心の温かい；豊富な

□ 846 humane [hju:méin]
- ❶ 発音注意
- 形 **人間味のある**、思いやりのある、人道的な；人文科学の

□ 847 virtuous [vɔ́:rtʃuəs]
- 形 **徳の高い**、高潔な (≒noble ⇔vicious [悪徳の])；(女性が) 貞節な

□ 848 vulgar [vʌ́lgər]
- 形 **粗野な**、下品な；わいせつな、卑わいな；品のない、悪趣味の；無教養な (⇔refined、cultured [洗練された])；一般大衆の；(言語が) 一般大衆の話す
- 名 vulgarity：下品であること、やぼったさ

Day 52)) CD-B22 Quick Review
答えは右ページ下

- □ 正直な
- □ 表面的な
- □ 誤解を招きやすい
- □ 頑固な
- □ 怠慢な
- □ 活発な
- □ 厳密な
- □ 厳格な
- □ 無愛想な
- □ 分別のある
- □ 楽観的な
- □ 〜をしがちである
- □ 弱い
- □ 従順な
- □ 気の進まない
- □ 強健な

Check

☐ expose one's hypocrisy (〜の偽善を暴く)

☐ be harsh with ~ (〜に対して厳しい)
☐ the harsh weather (厳しい天候)
☐ a harsh environment (厳しい環境)
☐ under harsh conditions (厳しい状況の下で)

☐ a brutal conflict (残酷な争い)

☐ commit immoral acts (不道徳な行いをする、不義をなす)

☐ a hearty welcome (心よりの歓迎)

☐ on humane grounds (人道的な見地で)

☐ a virtuous cycle (好循環)
☐ a virtuous act (立派な行い)

☐ use vulgar language (下品な言葉を使う)

Day 52 CD-B22	☐ straightforward	☐ negligent	☐ surly	☐ vulnerable
Quick Review	☐ superficial	☐ strenuous	☐ prudent	☐ obedient
答えは左ページ下	☐ misleading	☐ rigorous	☐ optimistic	☐ reluctant
	☐ obstinate	☐ rigid	☐ liable	☐ robust

Chapter 1
Chapter 2
Chapter 3
Chapter 4
Chapter 5
Chapter 6

Day 54 医学部受験必須単語 18（動詞以外）

Listen)) CD-B24

□ 849
wholesome
[hóulsəm]

形 （道徳的・精神的に）**健全な**；有益な；健康に良い

□ 850
repellent
[ripélənt]

形 **不快な**、いやらしい；はねつける、防虫の、防水の（≒waterproof） 名 防虫剤；寄せつけないもの

□ 851
paternal
[pətə́:rnl]

形 **父親の**、父親らしい、父方の（⇔maternal [母親の]）

□ 852
maternal
[mətə́:rnl]

形 **母親の**、母親らしい、母方の（⇔paternal [父親の]）

□ 853
trifle
[tráifl]

名 （a～）**少し**、少量、少額の金；つまらない物；トライフル（菓子） 自 （～を）粗末に扱う、軽くあしらう（with ～）

□ 854
trillion
[tríljən]

名 **1兆**、無数

□ 855
significant
[signífikənt]

形 （数・量が）**かなりの**；重大な、重要な（≒important）；意味深い
名 significance：（～の）重大さ、重要性（of ～）（≒importance）；意味、意義（≒meaning）
熟 of significance≒important、significant

□ 856
moderate
[mάdərət]

形 （量・程度・質などが）**適度の**、普通の、並の（⇔excessive [過度の]）；穏健な 他 ～を適度にする；～を和らげる 自 和らぐ 名 穏健な人、穏健主義者

continued
▼

今回は「数」や「程度」に関する単語を中心に学ぼう。意外と知らない「1兆」の英語……！

Listen モード ☐☐☐☐☐
Listen & Check モード ☐☐☐☐☐

Check

☐ **wholesome** emotions（健全な感情）

☐ a **repellent** fellow（嫌な奴）
☐ water-**repellent**（はっ水加工の）

☐ one's **paternal** grandmother（父方の祖母）

☐ **maternal** feelings（母親らしい感情）
☐ **maternal** behaviors（母性行動）

☐ receive a **trifle**（少額を受け取る）
☐ be angry over **trifles**（ささいなことに腹を立てる）

☐ an estimated $2.7 **trillion**（推定2.7兆ドル）

☐ a **significant** proportion of ~（かなりの割合の~）
☐ a **significant** amount of ~（かなりの量[金額]の）
☐ show a **significant** increase in ~（~が激増している）

☐ **moderate** exercise（適度の運動）
☐ at a **moderate** pace（適度な速度で）
☐ **moderate** Alzheimer's disease（中等度のアルツハイマー病）

continued

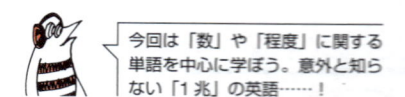

Day 54

Listen)) CD-B24

□ 857
substantial
[səbstǽnʃəl]

形 (量・大きさなどが) **相当な**、かなりの; 丈夫な、堅固な; 裕福な、資産のある (≒wealthy)
副 substantially: 実質上、だいたいは; 大いに

□ 858
gigantic
[dʒaigǽntik]
❶ 発音注意

形 **巨大な**、非常に大きな、膨大な (≒giant、huge) ● 「巨大な」を表す一般語は huge, enormous。massive は「巨大で硬くて重い」

□ 859
immense
[iméns]

形 **非常に大きな**、巨大な、計り知れない (≒huge、enormous)
副 immensely: 非常に、広大に

□ 860
minute
[mainjúːt]
❶ 発音注意

形 **微小な**、極めて小さい; 詳細な; ささいな ● 「分」の意味では [mínit]
副 minutely [mainjúːtli]: 詳細に、微細に、綿密に
形 minutely [mínitli]: 1分おきの

□ 861
supreme
[səpríːm]

形 (地位・権力などが) **最高 (位) の**; (重要性などが) 最高の、最大の、この上ない (≒greatest); 究極の、最後の (≒final)

□ 862
superior
[səpíəriər]

形 (〜より) **優れた**; 上級の、上位の (to 〜) (⇔inferior [下位の、〈品質が〉劣る]); 優秀な; 高慢な、うぬぼれた

□ 863
subtle
[sʌ́tl]
❶ 発音注意

形 **微妙な**、捕らえ難い (≒delicate); (においなどが) かすかな (≒faint、dim); (問題などが) 難解な (≒difficult) 器用; (感覚などが) 鋭敏な (≒sensitive)

□ 864
thorough
[θə́ːrou]
❶ 発音注意

形 **完全な**、徹底的な; 細心な、周到な; 全くの
副 thoroughly: 完全に、すっかり、徹底的に

Day 53)) CD-B23
Quick Review
答えは右ページ下

□ 残忍な
□ 偽善
□ 人間味のある
□ 生きている
□ 粗野な
□ 徳の高い
□ 厳しい
□ 悪徳
□ 虚栄心
□ 倫理
□ しつけ
□ 死傷者数
□ 自殺
□ 不道徳な
□ 墓
□ 心からの

Check

- ☐ a substantial number of ~ (相当な数の~)
- ☐ a substantial part of ~ (~のかなりの部分)
- ☐ a substantial increase (大幅な増加)
- ☐ require substantial funds (相当な資金を要する)

- ☐ a gigantic full moon (巨大な満月)

- ☐ an immense problem (非常に大きな問題)
- ☐ make an immense difference (巨大な差を生む)
- ☐ provide an immense amount of information (大量の情報を与える)

- ☐ minute amounts of ~ (微量の~)
- ☐ minute living organisms (微生物)

- ☐ the Supreme Court (最高裁判所)
- ☐ the Supreme Being (神)

- ☐ feel superior (優越感を抱く)
- ☐ a superior way of doing (よりよく~する方法)
- ☐ have far superior intelligence to ~ (~をはるかに上回る知性を持っている)

- ☐ subtle gradations of color (微妙な色の変化)
- ☐ notice subtle changes in ~ (~の微妙な変化に気付く)

- ☐ a thorough reform (徹底的改革)
- ☐ a more thorough examination (より徹底的な調査、より精密な検査)
- ☐ a thorough education in ~ (~に関する十分な教育)
- ☐ a thorough cleaning (徹底的な掃除)

Chapter 1
Chapter 2
Chapter 3
Chapter 4
Chapter 5
Chapter 6

Day 53 ◉ CD-B23
Quick Review
答えは左ページ下

- ☐ brutal
- ☐ hypocrisy
- ☐ humane
- ☐ quick
- ☐ vulgar
- ☐ virtuous
- ☐ harsh
- ☐ vice
- ☐ vanity
- ☐ ethics
- ☐ upbringing
- ☐ toll
- ☐ suicide
- ☐ immoral
- ☐ grave
- ☐ hearty

Day 55 医学部受験必須単語 19（動詞以外）

Listen) CD-B25

□ 865
trivial
[tríviəl]
> 形 **ささいな**、取るに足らない、つまらない

□ 866
ultimate
[ʌ́ltəmət]
> 形 **究極の**、最後の；最高の、極限の；最も重要な 名 (the ~) 究極（点）；最高［究極］の物
> 副 ultimately：結局、最後に、ついに

□ 867
utmost
[ʌ́tmòust]
> 形 (程度・数量などの点で) **最大の**、最高の 名 (the／one's ~) (程度・量などの) 最大限、極限

□ 868
uniform
[júːnəfɔ̀ːrm]
> 形 **一定の**、均一の；同じ形の 名 制服 他 ~を均一にする
> 名 uniformity：均一性、同一性、統一性

□ 869
considering
[kənsídəriŋ]
> 前 **~を考慮すれば** 接 ~であることを考えれば
> 関 前 regarding：~に関して、~について
> 関 前 concerning：~に関して、~について

□ 870
concerning
[kənsə́ːrniŋ]
> 前 **~に関して**、~について (≒regarding, as to ~、as for ~、with respect to ~)

□ 871
consequently
[kánsəkwèntli]
> 副 **従って**、それゆえ (≒therefore)；その結果として (≒as a result)

□ 872
hence
[héns]
> 副 **それゆえに**、従って、だから、その結果 (≒so, therefore, consequently)；今から (先) (≒later) ● 商業文・法律文・契約書などに用いることが多い

continued
▼

いよいよあと1週間！ 今日は「前置詞」と「副詞」がまとめて登場。副詞の一部は例文で覚えよう。

Listen モード　☐☐☐☐☐
Listen & Check モード　☐☐☐☐☐

Check

☐ trivial matters (ささいな事)

☐ the ultimate goal (究極の目標、最終目的)
☐ the ultimate tools (究極のツール)
☐ the ultimate danger (究極の脅威)

☐ utmost importance (最重要性)
☐ with utmost care (細心の注意を払って)

☐ at a uniform depth (一様な深さで)
☐ relatively uniform (比較的均一な)
☐ a uniform society (均質社会)

☐ Considering this fact, ~ (この事実を考えると~)
☐ considering the changes in lifestyle (生活様式の変化を考慮すると)

☐ concerning one's problem (~の問題について)
☐ problems concerning ~ (~に関わる問題)
☐ answer questions concerning ~ (~に関する質問に答える)
☐ in research concerning ~ (~に関する調査において)

☐ Consequently, it is estimated that undernutrition contributes to the deaths of around 5.6 million children each year. (従って、栄養不足は毎年約560万人の子どもの死の一因となっていると見込まれる) [京都府立医科大]

☐ Hence the problem to them is how to be loved, how to be lovable. (だから、彼らにとっての問題は、愛される方法や魅力的になる方法なのだ) [弘前大]

continued
▼

Day 55

Listen))) CD-B25

□ 873 incidentally
[ìnsədéntəli]

副 **ちなみに**、ついでながら；付随的に、偶然に

□ 874 indefinitely
[indéfənitli]

副 **無期限に**；漠然と、あいまいに

□ 875 peculiarly
[pikjú:ljərli]

副 **特有に**、独特に；特に、特別に（≒especially）；奇妙に

□ 876 accidentally
[æksədéntəli]

副 **偶然に**、はからずも；誤って
形 accidental：偶然の、予期しない（⇔deliberate［故意の、計画［意図］的な）

□ 877 accordingly
[əkɔ́:rdiŋli]

副 **それに応じて**（ふさわしく）；それゆえに、従って（≒therefore）
名 accordance：合致、与えること
熟 in accordance with ~：~に従って、~に一致［合致］して
熟 according to ~：~によれば、~の言うところによれば

□ 878 supposedly
[səpóuzidli]

副 **たぶん**、おそらく；仮に、もしも

□ 879 approximately
[əpráksəmətli]

副 **おおよそ**、約、だいたい ⊕ about よりフォーマルな語
形 approximate：おおよその、だいたい正確な；（条件・目標などに）近い（to ~）
類 副 roughly：大ざっぱに

□ 880 virtually
[və́:rtʃuəli]

副 **事実上**、実質的には；ほぼ、ほとんど（≒almost）
類 副 practically：事実上は、実際には

Day 54))) CD-B24
Quick Review
答えは右ページ下

□ 非常に大きな
□ 1兆
□ 少し
□ 母親の

□ 優れた
□ かなりの
□ 適度の
□ 微妙な

□ 不快な
□ 巨大な
□ 健全な
□ 微小な

□ 相当な
□ 完全な
□ 父親の
□ 最高の

Check

- [ ] The mine, incidentally, remained in operation until 1997. (ちなみに、その鉱山は1997年まで操業されていた）[中部大]

- [ ] continue indefinitely (永久に続く)
- [ ] prolong life indefinitely (いつまでも命を長らえさせる)

- [ ] a peculiarly English response (英語特有の応答)

- [ ] accidentally on purpose (わざと偶然を装って、偶然に見せかけて)
- [ ] accidentally take too much acetaminophen (偶然、アセトアミノフェンを過剰摂取することがある)

- [ ] alter one's movements accordingly (それに応じて行動を変える)
- [ ] allocate aid accordingly (それに応じて援助を割り当てる)
- [ ] react accordingly (状況に応じて対応する)

- [ ] supposedly harmless background noise (無害だと思われる暗騒音)
- [ ] supposedly intelligent mammals (知性を持っていると思われる哺乳類)

- [ ] approximately every 2 days (約2日ごとに)
- [ ] be approximately equal to ~ (おおよそ~に等しい)
- [ ] an approximately 3-week period (およそ3週間の周期をもって)
- [ ] approximately half the size of ~ (~の約半分)

- [ ] It is virtually impossible for ~ to do (~が…するのは事実上不可能だ)
- [ ] have virtually no side effects (事実上、副作用はない)
- [ ] contribute virtually nothing (事実上、何の寄与もしない)

Day 54 CD-B24 Quick Review 答えは左ページ下	□ immense □ trillion □ trifle □ maternal	□ superior □ significant □ moderate □ subtle	□ repellent □ gigantic □ wholesome □ minute	□ substantial □ thorough □ paternal □ supreme

Chapter 1
Chapter 2
Chapter 3
Chapter 4
Chapter 5
Chapter 6

Day 56 医学部受験必須単語 20 (動詞以外)

Listen)) CD-B26

□ 881
resemblance
[rizémbləns]

名 **類似**、似ていること、類似性；肖像、類似物
他 resemble：～に似ている (≒look like～)

□ 882
complement
[kámpləmənt]

名 **補完物**、補足；(対になった物の) 片方　他 ～を完全にする、補完する
形 complementary：補充する、補足的な

□ 883
segment
[ségmənt]

名 **部分**、区分、切片；(生物の) 体節、環節；(円の) 弧；(直線の) 線分　他 ～を分割 [区分] する

□ 884
phase
[féiz]

名 (変化・発展の) **段階**、局面、時期 (≒stage)；(月・惑星などの) 相、位相　他 ～を段階的に調整 [計画、実行] する

□ 885
sequence
[síːkwəns]

名 **連続**、相次いで起こること (≒series)；(～の) 続発 (of ～)；(映画の) 一続きの場面　他 ～を並べる
名 sequencing：配列

□ 886
fragmentation
[fræɡməntéiʃən]

名 **分裂**、崩壊；断片化；フラグメンテーション
名 fragment：破片、断片、かけら

□ 887
synthesis
[sínθəsis]
❶ 複数形注意

名 (化合物の) **合成**；(異なる要素の) 統合；総合 (⇔analysis [分解])　❶ 複数形は syntheses [sínθəsìːz]
他 synthesize：～を合成する
形 synthetic：合成の

□ 888
omission
[oumíʃən]

名 **省略** (する [される] こと)；脱落；怠慢

continued
▼

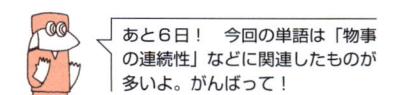

あと6日！ 今回の単語は「物事の連続性」などに関連したものが多いよ。がんばって！

Listen モード ☐☐☐☐☐
Listen & Check モード ☐☐☐☐☐

Check

- ☐ show a resemblance to ~ (~と似ている)
- ☐ the resemblance of fraternal twins (二卵性双生児の類似)
- ☐ a family resemblance (家族的類似)

- ☐ as a complement to medical therapy (内科的治療を補うものとして)

- ☐ the poorest segment of American society (アメリカ社会の最貧困層)

- ☐ a series of predictable phases (一連の予想できる段階)
- ☐ the acute phase (急性期)
- ☐ the intermediate phase (中間段階)
- ☐ the last phase (最終段階)

- ☐ a sequence of steps (一連のステップ)
- ☐ in the normal developmental sequence (通常の発展過程において)
- ☐ in a logical sequence (論理的なつながりによって)
- ☐ the sequence of DNA (DNA配列)

- ☐ with fragmentation of ~ (~が粉々になって)

- ☐ chemical synthesis (化学的な合成)

- ☐ the omission of essential detail (肝心な部分の省略)

continued

Day 56

Listen)) CD-B26

□ 889 hospitality
[hàspətǽləti]

名 親切なもてなし、厚遇、歓待
形 hospitable：(もてなしなどが) 手厚い、親切な

□ 890 sympathy
[símpəθi]

名 同情 (⇔antipathy [反感])、思いやり；共感、共鳴；悔やみ
自 sympathize：(〜に) 同情する (with 〜)；(人・提案などに) 共鳴する、賛同する (with 〜)
形 sympathetic：(〜に) 同情的な、思いやりのある (to [toward, over, with] 〜)；(計画などに) 共感する (to [toward] 〜)

□ 891 solace
[sάləs]

名 慰め 他 〜を慰める、(苦痛など) を和らげる

□ 892 nuisance
[njúːsns]

名 迷惑 [不愉快] な物 [人、こと]；迷惑；(不法) 生活妨害

□ 893 precaution
[prikɔ́ːʃən]

名 (〜に対する) **予防措置**、予防策 (against 〜)；(〜する) 用心、警戒 (of -ing)

□ 894 formula
[fɔ́ːrmjulə]
❶ 多義注意

名 (計画などの) **解決策**；(成功などの) 秘けつ (for 〜)；(〜の) 公式、式 (for 〜)；処方箋 (≒prescription)、(薬などの) 製法、調理法 (for 〜) (≒recipe)；粉ミルク；(あいさつなどの) 決まり文句

□ 895 assault
[əsɔ́ːlt]

名 (〜への) **猛攻撃**、猛襲 (on 〜) (≒attack)；暴行、(暴力による) 脅迫；非難　他 〜を猛烈に攻撃する

□ 896 hazard
[hǽzərd]

名 (偶然性の強い) **危険** (≒danger、risk)；(〜に) 危険を引き起こす原因 [要因] (to 〜)
形 hazardous：危険な、有害な、冒険的な

Day 55)) CD-B25
Quick Review
答えは右ページ下

□ 事実上　□ たぶん　□ おおよそ　□ それゆえに
□ 特有に　□ 一定の　□ 〜を考慮すれば　□ ささいな
□ それに応じて　□ 無期限に　□ ちなみに　□ 〜に関して
□ 従って　□ 偶然に　□ 究極の　□ 最大の

Check

- ☐ the food and hospitality industry (飲食業と接客業)

- ☐ have sympathy for ~ (~に同情する、~に共感を持つ)
- ☐ show sympathy (同情を示す)
- ☐ a natural sympathy (自然な共感)
- ☐ with sympathy (同情を込めて)

- ☐ take solace from ~ (~から慰めを得る)

- ☐ a nuisance for pedestrians (歩行者にとって迷惑な物)

- ☐ take sensible precautions (賢明な予防策を取る)
- ☐ as a precaution (予防措置として、万一に備えて)
- ☐ take precautions against flu (インフルエンザに対する予防策を取る)

- ☐ There is no formula for ~ (~のための解決方法はない)

- ☐ air assault (空爆)
- ☐ be accused of assault (暴行を理由に起訴される)

- ☐ issue a hazard warning (危険警報を出す)
- ☐ a hazard vulnerability analysis (災害危険性分析)
- ☐ health hazards (健康にとって有害なもの)

Day 55 ◆ CD-B25
Quick Review
答えは左ページ下

- ☐ virtually
- ☐ peculiarly
- ☐ accordingly
- ☐ consequently
- ☐ supposedly
- ☐ uniform
- ☐ indefinitely
- ☐ accidentally
- ☐ approximately
- ☐ considering
- ☐ incidentally
- ☐ ultimate
- ☐ hence
- ☐ trivial
- ☐ concerning
- ☐ utmost

Chapter 1
Chapter 2
Chapter 3
Chapter 4
Chapter 5
Chapter 6

Day 57 医学部受験必須単語 21（動詞以外）

Listen 》CD-B27

□ 897
account
[əkáunt]
❶ 多義注意
> 名 (詳しい)**話**、談話；報告、説明、記述；計算；口座；取引　自 (〜の理由・原因を) 説明する (for 〜)
> 形 accountable：責任がある；もっともな、無理もない

□ 898
cheat
[tʃíːt]
> 名 **いかさま** (をする人)、いんちき (をする人)　他 〜をだます (≒ deceive)
> 熟 cheat 〜 into ...：〜をだまして…させる

□ 899
scheme
[skíːm]
> 名 **計画**、案；(〜s) 陰謀、たくらみ；構成、組織　他 〜を計画する

□ 900
retention
[riténʃən]
> 名 **記憶** (≒ recollection)；保有；(分泌物の) 滞留

□ 901
spot
[spát]
> 名 **場所**；斑点、しみ　他 〜を見つける、配置する

□ 902
counterpart
[káuntərpàːrt]
> 名 **対応** [相当] **するもの**：互いによく似た人 [物] (の一方)

□ 903
ability
[əbíləti]
> 名 **能力**、性能；手腕、力量
> 形 able：できる、能力のある
> 関 他 enable：〜にできるようにする

□ 904
characteristic
[kæ̀riktərístik]
> 名 (〜s) **特性**、特質　形 (〜に) 特有の、独特の (of 〜)

continued

あと5日！ 医学部受験用の単語の完全マスターは近い！CDを最大限に活用して！

Listen モード ☐☐☐☐☐
Listen & Check モード ☐☐☐☐☐

Check

- ☐ **hear one's** account **of . . .**（…について〜の話［説明］を聞く）
- ☐ **eyewitness** accounts（目撃者の話［証言］）
- ☐ **by all** accounts（誰に聞いても、皆の話では）

- ☐ **catch a** cheat（不正を見つける）

- ☐ **the introduction of recycling** schemes（リサイクル計画の導入）
- ☐ **build an organizational** scheme（組織の企画を立てる）

- ☐ **memory** retention（記憶維持）

- ☐ **a blind** spot（盲点）
- ☐ **a fishing** spot（釣り場）
- ☐ **a famous beauty** spot（有名な観光名所）

- ☐ **have a** counterpart **to ~**（〜に対応するものがある）

- ☐ **have the** ability **to adapt to stress**（ストレスへの適応能力がある）
- ☐ **the lack of an** ability **to do**（〜する能力の不足）
- ☐ **technical** ability（技術能力）

- ☐ **distinctive** characteristics（際立った特徴）
- ☐ **the physical** characteristics **of ~**（〜の身体的特徴、〜の物理的特性）
- ☐ **genetic** characteristics（遺伝的な特徴）
- ☐ **a natural** characteristic **of the human species**（人類の本性［自然的特質］）

continued ▼

Day 57

Listen)) CD-B27

□ 905 void [vɔ́id]
> 名 **空虚感**、喪失感、むなしさ；虚空、空間、真空；欠如、ないこと

□ 906 verge [vɔ́ːrdʒ]
> 名 (the 〜) **間際**、瀬戸際、寸前；(場所などの) 縁、端、へり

□ 907 exposure [ikspóuʒər]
> 名 (危険などに) **身をさらすこと** (to 〜)；(真実などに) 接すること (to 〜)；(秘密などの) 暴露 (of 〜)；(人前に) 姿を見せること；(写真の) 露光 (時間)、被ばく
> 他 expose：〜を (…に) さらす (to . . .)

□ 908 moan [móun]
> 名 **うめき声**；愚痴、不平 　自 (苦痛・悲しみなどで) うめき声を出す、うなる (≒ groan)；不平 [不満] を言う

□ 909 intake [íntèik]
> 名 **摂取** (量)、取り入れ、吸い込み
> 関 take in 〜：〜を摂取する

□ 910 stigma [stígmə]
> 名 **汚名**、汚点；焼き印、烙印

□ 911 adversity [ædvə́ːrsəti]
> 名 **逆境**、不運；不運な出来事、災難
> 形 adverse：不利な、不都合な、有害な、反する

□ 912 predisposition [prìːdispəzíʃən]
> 名 **傾向** (≒ tendency)、性質；(病気に対する) 素因

Day 56)) CD-B26
Quick Review
答えは右ページ下

- □ 迷惑な物
- □ 分裂
- □ 危険
- □ 親切なもてなし
- □ 猛攻撃
- □ 解決策
- □ 省略
- □ 段階
- □ 同情
- □ 類似
- □ 部分
- □ 慰め
- □ 連続
- □ 予防措置
- □ 合成
- □ 補完物

Check

☐ feel a void in one's heart (心に空虚感 [むなしさ] を覚える)

☐ on the verge of tears (今にも泣き出しそうで)

☐ exposure to secondhand tobacco smoke (間接喫煙の害にさらされること)
☐ frequent exposure to ~ (~に繰り返しさらされること)
☐ exposure to pesticides (農薬 [殺虫剤] にさらされること)

☐ with a moan of pain (苦しみのうめき声を立てて)

☐ an excessive intake of fat (脂肪の取り過ぎ)
☐ food intake (食糧摂取量)
☐ daily average energy intake (1日平均エネルギー摂取量)
☐ too much caloric intake (カロリーの過剰摂取)

☐ a social stigma (社会的不名誉)

☐ deal with adversity (逆境に対処する)

☐ a predisposition to a disease (病気にかかりやすい傾向、疾病素因)
☐ a genetic predisposition (遺伝性素因)

Day 56 ◆ CD-B26
Quick Review
答えは左ページ下

☐ nuisance
☐ fragmentation
☐ hazard
☐ hospitality

☐ assault
☐ formula
☐ omission
☐ phase

☐ sympathy
☐ resemblance
☐ segment
☐ solace

☐ sequence
☐ precaution
☐ synthesis
☐ complement

Day 58 医学部受験必須単語 22（動詞以外）

Listen)) CD-B28

□ 913
subject
[sʌ́bdʒikt]
❶ 多義注意

名 **課題**；主題；被験者　形 ～にかかりやすい、しがちである（to ～）　他 ～を支配する　➕ 医学、医療系では「被験者」「患者」の意味も重要

□ 914
monotony
[mənɑ́təni]

名 **単調さ**、変化のなさ
形 monotonous：単調な、変化のない；退屈な

□ 915
indication
[ìndikéiʃən]

名 **兆候**、目安；適応（症）；指示、暗示するもの

□ 916
perseverance
[pə̀ːrsəvíərəns]

名 **忍耐**、粘り強さ

□ 917
zeal
[zíːl]

名 **熱意**（≒zest）、熱心、熱中
形 zealous：熱心な、熱狂的な
副 zealously：熱心に、熱狂的に（≒enthusiastically）

□ 918
motor
[móutər]

形 **運動の**；動力を作る［起こす］；自動車の　名 モーター、エンジン

□ 919
notorious
[noutɔ́ːriəs]

形 （～で）**悪名の高い**、悪評の高い（for ～）（≒infamous ⇔famous［＜良い意味で＞有名な］）

□ 920
innate
[inéit]

形 **生まれつき持っている**、生まれながらの（≒inborn, natural, native, inherent, congenital）、先天的な（≒inborn ⇔acquired［後天的な］）；固有の、本質的な；本能の、直感的な

continued
▼

あと4日！「水平の」「垂直の」「湾曲した」など、「位置・状態」の単語に注目！

Listen モード ☐☐☐☐☐
Listen & Check モード ☐☐☐☐☐

Check

☐ experimental subjects（実験[研究]課題）

☐ the monotony of monastery life（単調な修道院生活）

☐ the first indication of the disease（その病気の最初の兆候）
☐ a digital indication（デジタル指示）

☐ preach the virtue of perseverance（忍耐という美徳を説き勧める）

☐ with zeal（熱狂的に、熱心に）

☐ motor ability（運動能力）
☐ the motor areas of the brain（脳の運動領域）
☐ motor neuron disease（運動ニューロン[神経]疾患）
☐ motor abnormalities（運動機能）

☐ a notorious reputation（悪評）

☐ an innate talent（生まれつきの才能）
☐ an innate ability to do（～するという生得的な能力）
☐ an innate desire（人間本来の欲求）
☐ an innate capacity（本来備わった能力）

continued
▼

Day 58

Listen)) CD-B28

□ 921 horizontal
[hɔ̀ːrəzɑ́ntl]

形 **水平の**、(⇔vertical [垂直の]); 水平 [横] になった 名 (the ～) 水平線 [面、位置]

□ 922 vertical
[və́ːrtikəl]

形 **垂直の**、直立した (⇔horizontal [水平の]) 名 (the ～) 垂直線 [面]

□ 923 crooked
[krúkid]

形 **湾曲した**；不正な、心の曲がった；奇形の

□ 924 adjacent
[ədʒéisnt]

形 (～に) **隣接した**、隣り合った、接した；(～の) 近隣の、近辺の (to ～) ❶ close、next よりフォーマルな語
形 adjoining：隣の、接している

□ 925 relevant
[réləvənt]

形 (当面の問題と) (密接な) **関連がある**、関係のある (to ～) (≒be concerned with ～、correlate with ～、have to do with ～)、適切な；(～に) 相当する (to ～)；意義のある (⇔irrelevant [無関係の])
名 relevance：適切さ；関連性；重要

□ 926 rational
[rǽʃənl]

形 (物事が) **合理的な**、道理にかなった (⇔irrational [不合理な])；理性の (ある)、理性的な (≒reasonable)
名 rationality：合理性

□ 927 requisite
[rékwəzit]

形 (～に) **必要な**、不可欠の、必須の (for [to] ～) (≒necessary)
動 require：～を必要とする、～を要求する

□ 928 tangible
[tǽndʒəbl]

形 (理由・根拠などが) **明確な**、確実な (≒clear)；(物などが) 触れることができる、触れて分かる (⇔intangible [触れることのできない、無形の])

Day 57)) CD-B27
Quick Review
答えは右ページ下

□ 傾向　□ うめき声　□ 身をさらすこと　□ 摂取
□ 汚名　□ 間際　□ 記憶　□ 空虚感
□ 逆境　□ 特性　□ 場所　□ 話
□ 能力　□ 対応するもの　□ いかさま　□ 計画

Check

- a horizontal line（水平線、横線）
- the horizontal axis（水平軸、横軸）

- composed of vertical lines（縦線でできている）
- the vertical axis（垂直軸、縦軸）

- a man with a crooked back（背骨が曲がった男）

- adjacent slopes（隣接斜面）
- adjacent to a supermarket（スーパーマーケットに隣接した）

- relevant information（[当面の問題と] 関わりのある情報）
- identify the relevant brain regions（関連する脳領域を特定する）
- medically relevant（医学関連の）

- a rational reason（合理的理由）
- rational approaches（合理的な方法）
- a rational choice（合理的な選択）

- the minimum requisite information（最低必要な情報量）

- tangible proof（確実 [明白] な証拠）

Day 57 CD-B27
Quick Review
答えは左ページ下

- predisposition
- stigma
- adversity
- ability
- moan
- verge
- characteristic
- counterpart
- exposure
- retention
- spot
- cheat
- intake
- void
- account
- scheme

Day 59 医学部受験必須単語 23 (動詞以外)

Listen 》CD-B29

929 abnormal
[æbnɔ́ːrməl]

形 **異常な**、正常 [基準] から外れた (≒eccentric)

930 verbal
[vɔ́ːrbəl]

形 **口頭の** (≒oral, spoken ⇔written [書かれた]); 言葉の [に関する]; 言葉での; 言葉の上の; 動詞の

931 elaborate
[ilǽbərət]

形 **手の込んだ**、精巧 [精密] な、入念な、複雑な (≒complicated ⇔simple [単純な], plain [明白な]) 他 (〜について) 詳しく述べる (on 〜); 〜を念入りに作る
名 elaboration : 入念に作り上げること、推敲

932 unprecedented
[ʌ̀nprésədəntid]

形 **前例のない**、空前の; 無比の; 新しい、新奇な

933 shrewd
[ʃrúːd]

形 **抜け目のない**; 鋭い、明敏な、鋭敏な、洞察力のある; 賢明な

934 wanting
[wántiŋ]

形 (人などが) (〜に) **欠けている** (in 〜); (物が) 欠けている、足りない
名 want : 欠如、不足、欲しいもの
関 for want [lack] of 〜 : 〜の不足のために
関 in want of 〜 : 〜が必要で

935 skeptical
[sképtikəl]

形 (〜に) **懐疑的な**、疑い深い (of [about] 〜)
名 skeptic : 懐疑論者; 無神論者
名 skepticism : 懐疑的な態度; 無神論

936 proficient
[prəfíʃənt]

形 (〜に) **熟達した**、堪能な (in [at] 〜) (≒skilled)
名 proficiency : 上達、熟練

continued

あと3日！重要な形容詞が目白押し。フレーズもしっかりチェックしよう！

Listen モード　☐☐☐☐☐
Listen & Check モード　☐☐☐☐☐

Check

- ☐ abnormal cells (異常細胞)
- ☐ an abnormal state (異常な状態)
- ☐ abnormal heart rhythms (心拍リズムの異常、心調律動の異常)

- ☐ a verbal reward (口頭で褒めること、言葉でのねぎらい)
- ☐ a verbal description (言葉による描写)
- ☐ verbal disputes (口論)
- ☐ verbal ability (言語能力)

- ☐ an elaborate system (複雑なシステム)
- ☐ cook an elaborate meal (手の込んだ食事を作る)

- ☐ an unprecedented growth of ~ (~の未曽有の増大)
- ☐ an unprecedented increase (空前の増加)
- ☐ unprecedented levels of ~ (前例のないレベルの~)
- ☐ unprecedented in human history (人類史上前例のない)

- ☐ a shrewd man (要領のいい [抜け目のない] 男)
- ☐ be shrewd about money (金に抜け目がない)

- ☐ be wanting in ability (能力に欠けている)

- ☐ be downright skeptical (実に懐疑的な)
- ☐ exchange skeptical looks (疑わしげな顔を見合わせる)

- ☐ proficient in the language (その言語の達人だ)

continued
▼

Day 59

Listen)) CD-B29

937 hostile [hástl]
形 (〜に) **敵意のある**、反感を持った (to [toward] 〜);敵の、敵軍の;(会社乗っ取りなどが)強引な、敵対的な;(環境などが)適さない
名 hostility:敵意、対立

938 absent [ǽbsənt]
形 (〜に) **不在の**、欠席の (from 〜) (⇔present [出席して]);上の空の、放心状態の
名 absence:不在、欠席;不足

939 vital [váitl]
形 (〜にとって) **不可欠な** (to [for] 〜);極めて重要な;活気のある;生命の維持に必要な (≒fatal, crucial)
名 vitality:活力、バイタリティー

940 consequent [kάnsəkwènt]
形 (〜の) **結果として起こる** (on [upon、to] 〜) (≒due to 〜);(論理的に)当然の、必然的な
副 consequently:従って、それゆえ

941 ambiguous [æmbígjuəs]
形 (2つ以上の解釈が可能で) **あいまいな** (≒subtle, obscure, vague ⇔unambiguous [あいまいでない]);2つ以上の意味に取れる;紛らわしい;不確かな、不明瞭な

942 unambiguous [ʌ̀næmbígjuəs]
形 **あいまいでない**、明白な (⇔ambiguous [あいまいな])

943 magnificent [mægnífəsnt]
形 (外観・景観などが) **壮大な**、堂々たる、華麗な;素晴らしい、とびきり上等な
名 magnificence:壮大、華麗、荘厳な雰囲気 [美しさ]

944 coherent [kouhíərənt]
形 (議論などが) **首尾一貫した**、筋の通った、論理的な;(〜に)密着した (to [with] 〜) (⇔incoherent [つじつまの合わない])
名 coherence:首尾一貫性、一致
名 cohesion:つながり;粘着;団結

Day 58)) CD-B28
Quick Review
答えは右ページ下

☐ 垂直の ☐ 運動の ☐ 関連がある ☐ 熱意
☐ 単調さ ☐ 忍耐 ☐ 合理的な ☐ 生まれつき持っている
☐ 隣接した ☐ 明確な ☐ 湾曲した ☐ 課題
☐ 悪名の高い ☐ 必要な ☐ 水平の ☐ 兆候

Check

- survive in this hostile environment (この厳しい環境を生き残る)

- the absent father (不在の父親)
- absent-mindedness ([考え事などをして] ぼんやりしていること)

- be especially vital for ~ (~に死活的に重要な)
- a vital aspect of ~ (~に欠かせない性質)
- as a vital part of ~ (~の重要な部分として)

- a consequent shortage in ~ (結果としての~の不足)

- ambiguous words (あいまいな言葉)
- have an ambiguous stance (あいまいな態度を取る)

- find unambiguous evidence (明白な証拠を見つける)

- a magnificent view (絶景、壮大な景色)

- a coherent story (筋の通った話)

Day 58 CD-B28
Quick Review
答えは左ページ下

- vertical
- monotony
- adjacent
- notorious

- motor
- perseverance
- tangible
- requisite

- relevant
- rational
- crooked
- horizontal

- zeal
- innate
- subject
- indication

Day 60 医学部受験必須単語 24（動詞以外）

Listen))) CD-B30

□ 945
futile
[fjúːtl]

形 (行為が) **無駄な**、役に立たない、無益な；つまらない、くだらない
名 futility：無益、無用；くだらないもの

□ 946
dubious
[djúːbiəs]

形 (人・行為などが) **怪しい**、いかがわしい；(結果などが) 不明な、疑わしい；(名誉などが) ありがたくない；(〜に) 半信半疑の (about 〜)

□ 947
equivalent
[ikwívələnt]

形 (大きさ・価値などの点で)（〜と）**同等の**、等価値の、等量の、同意義の (to 〜)；(〜に) 相当する (to 〜)　名 〜と同等 [同量] のもの、(〜に) 相当するもの (of 〜)

□ 948
identical
[aidéntikəl]

形 (通例 the 〜) **同一の** (⇔nonidentical [同一でない])、全く同じ；(〜と) 等しい、一致する (to [with] 〜)
名 identification：身分証明書；身元確認；同一であることの確認
他 identify：〜を見分ける、(身元) を確認する、〜を同一視する

□ 949
plausible
[plɔ́ːzəbl]

形 (話などが) **妥当な** (≒reasonable)；もっともらしい；(人が) 口先のうまい

□ 950
unanimous
[juːnǽnəməs]

形 (意見・票決などが) **満場一致の**、全員一致の；(〜に／…ということに) 意見が一致して、同意見で (in [for, as to, about] 〜／that 節)
副 unanimously：満場一致で、全会一致で

□ 951
cardinal
[káːrdənl]

形 **非常に重要な**、主要な、主な、基本的な；深紅色の、緋色の

□ 952
pathetic
[pəθétik]

形 **哀れな**、痛ましい (≒pitiful)、感傷的な；お粗末な、救いようのない、とても悪い

---

continued
▼

あと2日！ みんな本当にすごい！ ここまできたら最後まで突っ走るのみ！ さあ行こう！

Listen モード ☐☐☐☐☐
Listen & Check モード ☐☐☐☐☐

Check

- ☐ **prove futile**（無駄だと分かる）
- ☐ **a futile attempt**（無益な試み）

- ☐ **a dubious move**（怪しげな動き）
- ☐ **be dubious about the governor's plan**（知事の計画を怪しむ）

- ☐ **the grass equivalent to 450 kcal**（450キロカロリー相当の草）

- ☐ **an identical twin**（一卵性双生児の片方）
- ☐ **the identical expressions**（［意味や形などが］同一の表現）
- ☐ **appear identical to ～**（～と同一のものに見える）
- ☐ **be identical in nature with ～**（～と全く同一である）

- ☐ **a plausible scenario**（妥当な筋書き）
- ☐ **sound plausible**（［話などが］もっともらしく聞こえる）

- ☐ **unanimous agreement**（満場一致［全員］の合意）
- ☐ **by a unanimous show of hands**（満場一致で）

- ☐ **the cardinal aim**（非常に重要な目的）

- ☐ **a pathetic story**（かわいそうな話、ほろりとさせる話、泣かせる話）

---

continued
▼

Day 60

Listen))) CD-B30

953 deliberate [dilíbərət]
形 **意図的な**、計画的な (≒intentional、planned);慎重な、よく考えた ➕ careful よりフォーマルな語
副 deliberately:故意に、慎重に

954 agile [ǽdʒəl] ❶発音注意
形 **機敏な**、素早い、すばしこい (⇔awkward [ぎこちない]);頭の切れる、頭の回転が速い

955 compulsory [kəmpʌ́lsəri]
形 **義務的な**、必須の (≒obligatory、mandatory ⇔elective、optional [選択の]);強制的な (⇔voluntary [自発的な])

956 voluntary [vάləntèri]
形 **自発的な**、ボランティアの、自由意志の (⇔compulsory [強制的な]);(病院・学校などが) 任意の寄付で運営される;随意の

957 defective [diféktiv]
形 **欠陥のある**、欠点のある、不完全な

958 telling [téliŋ]
形 **効果的な**、効き目のある
熟 tell on ~:~に影響を及ぼす

959 ubiquitous [ju:bíkwətəs]
形 **至る所にある** [いる]、遍在する (≒omnipresent)

960 pragmatic [prægmǽtik]
形 **実用的な**、実践 [実利、実際] 的な (≒practical);実用主義の

Day 59))) CD-B29
Quick Review
答えは右ページ下

☐不可欠な ☐手の込んだ ☐欠けている ☐あいまいでない
☐懐疑的な ☐首尾一貫した ☐熟達した ☐不在の
☐前例のない ☐あいまいな ☐口頭の ☐敵意のある
☐結果として起こる ☐抜け目のない ☐異常な ☐壮大な

Check

- [ ] **deliberate** fraud（計画的な詐欺）

- [ ] **agile** birds（機敏な鳥）
- [ ] keep one's mind **agile**（頭脳を明敏に保つ）

- [ ] **compulsory** education[schooling]（義務教育）
- [ ] **compulsory** service（義務的なサービス）
- [ ] be **compulsory** for ~（~には［主語］の義務がある）

- [ ] **voluntary** breath control（自発的な呼吸調節）
- [ ] **voluntary** service（奉仕活動、志願兵役）

- [ ] **defective** products（欠陥商品）

- [ ] a **telling** phrase（効果的な文句）
- [ ] with **telling** effect（効果十分に、極めて効果的に、よく効いて）

- [ ] the **ubiquitous** use of ~（~の普及、浸透）
- [ ] the **ubiquitous** vending machine（どこにでもある自動販売機）

- [ ] a **pragmatic** reason（実利的理由）

Day 59 ◈ CD-B29
Quick Review
答えは左ページ下

- [ ] vital
- [ ] skeptical
- [ ] unprecedented
- [ ] consequent
- [ ] elaborate
- [ ] coherent
- [ ] ambiguous
- [ ] shrewd
- [ ] wanting
- [ ] proficient
- [ ] verbal
- [ ] abnormal
- [ ] unambiguous
- [ ] absent
- [ ] hostile
- [ ] magnificent

Chapter 1
Chapter 2
Chapter 3
Chapter 4
Chapter 5
Chapter 6

Day 61 医学部受験必須単語 25（動詞以外）

Listen 》CD-B31

□ 961
habitual
[həbítʃuəl]

形 **習慣の**、習慣による；常用する
副 habitually：習慣的に、いつも

□ 962
infamous
[ínfəməs]
❶ 発音・アクセント注意

形 （〜で）**悪名の高い**、非常に評判の悪い (for 〜)（≒ notorious ⇔famous [評判の良い]）；破廉恥な、不名誉な (≒ dishonorable)

□ 963
psychic
[sáikik]

形 **心霊**（現象）**の**；超自然的な；霊能力 [超能力] を持った；精神の、精神的な (⇔physical [身体的な])；心的な

□ 964
static
[stǽtik]

形 **静的な**、静止の；ほとんど変化しない；動き [発展、活気] のない (⇔dynamic [動的な])

□ 965
intellectual
[ìntəléktʃuəl]

形 **知力の**、知能の；聡明な、知的な (≒intelligent、brilliant)、知性を重んじる；理論的な
形 intellect：知力の、知能の
名 intelligence：知能、知性
形 intelligent：知能の高い　形 intelligible：理解しやすい

□ 966
given
[gívən]

形 **定められた**、既定の、特定の；(〜の) 癖がある (to 〜)；（前置詞・接続詞的に）〜を考慮に入れると (≒considering)；〜と仮定すると (≒if)；（計算・推論の根拠として）〜が与えられると

□ 967
resistant
[rizístənt]

形 （〜に）**抵抗力のある** (to 〜)；耐える；妨害する　名 抵抗者
他 resist：〜に抵抗する
名 resistance：抵抗、反抗

□ 968
intricate
[íntrikət]

形 **入り組んだ**、込み入った、もつれた；複雑 [難解] な、分かりにくい (≒complicated ⇔simple [簡素な])

continued
▼

ついに最後！ ここまでやれば、医学部合格も現実的になってくる！ 自分を信じてがんばろう！

Listen モード　☐☐☐☐☐
Listen & Check モード　☐☐☐☐☐

Check

- ☐ the habitual use of drugs (薬の習慣的用法［常用］)
- ☐ a habitual snorer (いつも［習慣的に］いびきをかく人)

- ☐ be infamous for doing (〜することで評判が悪い、〜することで悪名高い)

- ☐ psychic powers (心霊能力、念力)
- ☐ a psychic state (精神状態)

- ☐ static electricity (静電気)

- ☐ the intellectual qualities (知的資質)
- ☐ intellectual growth (知能の発達)
- ☐ an intellectual revolution (知的革命)
- ☐ an intellectual history (精神史、文化史)

- ☐ at any given time (いつでも、どんなときでも)
- ☐ in a given amount of time (一定時間内に)
- ☐ a given set of circumstances (一定の環境)
- ☐ in a given context (ある状況下で)

- ☐ antibiotic-resistant (耐抗生物質の、抗生物質が効かない)
- ☐ water-resistant (耐水性の)
- ☐ shatter-resistant (飛散防止の、防砕性の、耐破損性)

- ☐ the staggeringly intricate workings of the brain (驚くほど複雑な脳の仕組み)

continued

Day 61

Listen 》CD-B31

□ 969
invaluable
[inváljuəbl]

形 **非常に貴重な** (≒priceless、precious) ● valuable よりも強いニュアンス。valuable の対義語ではない

□ 970
imperative
[impérətiv]

形 **必須の**、避けられない；緊急の；(態度などが) 命令的な；(文法で) 命令法 [形] の

□ 971
unparalleled
[ʌnpǽrəlèld]

形 **並ぶもののない**、無比の、前代未聞の

□ 972
prospective
[prəspéktiv]

形 **有望な**、見込みのある、期待される；将来の、予想される
名 prospect：(成功などの) 見込み、可能性 (≒outlook、expectation)；有望な候補者；眺望 (≒view)

□ 973
obscure
[əbskjúər]

形 **世に知られていない**、有名でない (⇔well-known [よく知られている])；不明瞭な、不鮮明な (≒vague、⇔clear [鮮明な])；分かりにくい

□ 974
unpredictable
[ʌnpridíktəbl]

形 **予測** [予測、予報、予知] **できない**、予測不可能な、気まぐれな 名 予測 [予言] できないこと

□ 975
harmful
[háːrmfəl]

形 **有害な**、害を及ぼす (≒injurious、detrimental ⇔harmless [無害な])；危険な

□ 976
harmless
[háːrmlis]

形 **無害な**、害を及ぼさない、安全な (⇔harmful [有害な])

Day 60 》CD-B30
Quick Review
答えは右ページ下

□ 意図的な
□ 哀れな
□ 満場一致の
□ 無駄な

□ 同等の
□ 実用的な
□ 機敏な
□ 非常に重要な

□ 至る所にある
□ 欠陥のある
□ 自発的な
□ 怪しい

□ 同一の
□ 義務的な
□ 効果的な
□ 妥当な

Check

- ☐ an invaluable role (重要な役割)
- ☐ an invaluable asset (貴重な人材、貴重な資産)

- ☐ be imperative for a patient with ~ (~の患者に不可欠である)

- ☐ be unparalleled in history (史上に例を見ない、前代未聞である)

- ☐ prospective clients (顧客になりそうな人、見込み客)
- ☐ a prospective candidate (有望な候補者)

- ☐ an obscure fact (よく知られていない事実)

- ☐ in unpredictable ways (予測もつかない仕方で)
- ☐ unpredictable results (予測できない結果)
- ☐ become increasingly unpredictable (次第に予測不可能になる)

- ☐ the harmful effect of ~ (~の有害性)
- ☐ the sun's harmful ultraviolet rays (太陽の有害な紫外線)
- ☐ harmful proteins (有害タンパク質)
- ☐ be harmful to ~ (~に有害である)

- ☐ harmless substances (無害な物質)
- ☐ relatively harmless gene variants (比較的無害な遺伝子変異)
- ☐ harmless virus (無害のウイルス)
- ☐ harmless lies (害のない嘘)

Day 60 CD-B30 Quick Review 答えは左ページ下			
☐ deliberate	☐ equivalent	☐ ubiquitous	☐ identical
☐ pathetic	☐ pragmatic	☐ defective	☐ compulsory
☐ unanimous	☐ agile	☐ voluntary	☐ telling
☐ futile	☐ cardinal	☐ dubious	☐ plausible

Chapter 1
Chapter 2
Chapter 3
Chapter 4
Chapter 5
Chapter 6

Column

求められる医師像

今回のコラムは医師という職業について考えてみましょう。

戦前の日本は衛生状態も今ほどよくはなく、病気は感染症がほとんどでした。平均寿命も短く、医師の仕事は専ら感染との闘いでした。しかし、戦後の高度経済成長と共に衛生状態が飛躍的に改善され、抗生物質の普及の成果もあって感染症での死亡率は激減します。一方、寿命の向上に伴い、がんの症例数は増加し、現在、日本人の死因の No.1 となっています。

また、高齢化に伴う生活習慣病や、都市型の生活や経済至上主義の弊害として社会的弱者の増加が顕著になっています。

医師の責任

医師の役割は単に病巣の発見と除去・治療にとどまらず、生活の質（Quality Of Life）の向上や、患者との信頼関係の構築といった領域に広がってきました。

また、医療の高度化と同時に、医療の限界も見えてきました。医療に対する期待の増幅が、医療訴訟の増加の一因とも言えます。医師は未知の分野を探求する知力と、超高度な技術を習得する根気だけでなく、倫理的な資質や人間性が求められるようになりました。非常に責任の重い、カバーすべき領域の広い大変な仕事だと思います。しかし、他人の人生にこれほどまでにプラスの影響を残せる職業は医師をおいて他にないといっても過言ではありません。

医学部を目指す皆さんは、きっと病める人、困った人たちの支えになりたい、一人でも多くの人の命を助けたいという高い志の下に受験勉強に励んでいるのだと思いますが、難関と言われる医学部入試の突破は並大抵のことではなく、ハードな勉強をする中で徐々に気持ちが弱くなってくることもあるかもしれません。

そのため、モチベーションを高く維持することがとても大切です。

医学・医療に触れてみる

受験勉強の傍らで、ノーベル賞受賞者を始めとする医学者、神の手を持つとされる外科医、人間味あふれる診療で多くの患者の心の支えとなっている町医者、世界を舞台に医療行政に手腕を振るう国際機関の医務官、医療過疎地で活動する NGO の医療者などの先輩方の活躍ぶりを知ることも大事です。彼らの姿をこれからの自分と重ね合わせることで、受験へのモチベーションが高まります。

本、漫画、映画など、なんでも結構です。医学とは、医療とは何か、ということを伝えるさまざまな情報に、進んで触れてみましょう。

Day 61 》 CD-B31
Quick Review
答えは右ページ下

□ 有害な
□ 定められた
□ 習慣の
□ 世に知られていない
□ 有望な
□ 必須の
□ 悪名の高い
□ 入り組んだ
□ 予測できない
□ 抵抗力のある
□ 知力の
□ 並ぶもののない
□ 静的な
□ 心霊の
□ 非常に貴重な
□ 無害な

Review Quiz 1

このチャプターで学習した単語をきちんと覚えているかチェックしてみよう！

1. ごくわずかな進歩
   a (m   ) improvement

2. 伸縮性包帯
   an (e   ) bandage

3. 健康によい・有益な影響
   a (s   ) effect

4. 子どもを養育する
   (n   ) a child

5. 地熱発電
   geothermal power (g   ion)

6. この考えは仮説に過ぎない。
   This idea is merely a (h   ).

7. 夢の領域
   the (r   ) of dreams

8. 犬を庭から出さないようにしなさい。（庭に閉じ込めるべきです）
   You should (c   ) your dog to the yard.

9. 支払いを差し控える
   (w   ) payment

10. 彼らはそれは彼の責任だと推測した。
    They (s   ed) that it was his fault.

Day 61　CD-B31
Quick Review
答えは左ページ下

- ☐ harmful
- ☐ given
- ☐ habitual
- ☐ obscure
- ☐ prospective
- ☐ imperative
- ☐ infamous
- ☐ intricate
- ☐ unpredictable
- ☐ resistant
- ☐ intellectual
- ☐ unparalleled
- ☐ static
- ☐ psychic
- ☐ invaluable
- ☐ harmless

Review Quiz 1 Answer

※ カッコ内は見出し語番号

1. minute [860]
「分」の意味の時と発音が違うので気を付けよう。

2. elastic [816]
「弾力のある」という意味。ゴムのような伸縮をする場合にも使う。

3. salutary [768]

4. nurture [734]
名詞では「養育」の意味。動詞の意味も重要だ。

5. generation [622]
「〜を生み出す」の名詞で（電気の）発生を意味する。

6. hypothesis [716]
複数形に注意したい。言えるだろうか。

7. realm [705]

8. confine [582]

9. withhold [611]

10. surmised [693]
assume や guess などと似た動詞。あわせてチェックしよう。

Review Quiz 2

1. あなたがそれを選択した理由は何ですか。
   What reasons (u   ) your choice?

2. 強靭な精神
   a (r   ) mind

3. 雇い主たちは従業員を搾取した。
   The employers (e   ed) their workers.

4. 彼らは彼に不利な証言をした。
   They (t   ed) against him.

5. その少年は先生を質問攻めで困らせた。
   The boy (ed) the teacher with many questions.

6. 正当な主張
   a (l   ) claim

7. もうろくする
   become (s   )

8. 涼しい風が歩行者を活気づけた。
   The cool breeze (ed) the walkers.

9. その知らせに仰天した。
   We were (ed) at the news.

10. 怪しげな計画
    a dubious (s   )

11. かすかな煙のにおい
    a subtle (o   ) of smoke

12. それらの人々は特定の疾病に対して特に弱い。
    Those people are especially (v   ) to certain diseases.

Review Quiz 2 Answer

※ カッコ内は見出し語番号

1. **underlie** [592]
   直訳すると「どんな理由があなたの選択の基礎となっているのか」。

2. **robust** [822]

3. **exploited** [680]
   「〜を搾取する」の意味の他に「〜を不当に使う」という意味もある。どちらも確実に押さえよう。

4. **testified** [685]
   法廷などで証言すること。頻出の動詞。

5. **perplexed** [660]
   be perplexed だと「当惑する」。

6. **legitimate** [753]

7. **senile** [769]

8. **exhilarated** [604]
   形容詞の exhilarated では「うきうきした」という意味になる。

9. **astounded** [646]
   受け身で「驚く」「仰天する」という意味になる。

10. **scheme** [899]
    体系的な(枠組みのある)計画を指す言葉。

11. **odor** [787]

12. **vulnerable** [827]

ねぇねぇ、今までの全部覚えてる?
Hey, how many do you remember?

Index

＊見出し語は色文字、それ以外の派生語と関連語は黒字で示されています。それぞれの語の右側にある数字は、見出し語の番号を表しています。

Index

A

- a throbbing headache 182
- a wet compress 166
- **abbreviate** 676
- abbreviation 676
- **abdomen** 199
- **abdominal** 200
- **abhor** 243
- **ability** 903
- able 903
- **abnormal** 929
- abort 065
- **abortion** 065
- **abrupt** 803
- abruptly 803
- **abscess** 336
- absence 938
- **absent** 938
- **absorb** 398
- absorption 398
- **abstinence** 788
- abstract 711
- **abuse** 733
- **accelerate** 690
- acceleration 690
- accident 731
- accidental 876
- **accidentally** 876
- **accommodate** 619
- accommodation 619
- accordance 877
- **according to ~** 877
- **accordingly** 877
- **account** 897
- **accountability** 718
- accountable 718, 897
- **accumulate** 610
- accumulation 610
- accumulative 610
- accuse 657
- ache 767
- **acknowledge** 692
- acknowledgment 692
- acquire 131
- **acquired** 131, 920
- acquisition 131
- **action potential** 432
- **activate** 483
- activation 483
- **acupuncture** 085
- **acute** 365, 366
- **adapt** 559
- adaptability 559
- adaptable 559
- adaptation 559
- **addict** 032
- addicted 032
- addiction 032
- addictive 032
- adhere to ~ 636
- **adjacent** 924
- adjoining 924
- **administer** 153
- administration 153
- **adolescence** 458
- adolescent 458
- adopt 649
- adverse 911
- **adversity** 911
- advocacy 678
- **advocate** 678
- **aerobic** 179, 475
- **affirm** 671
- affirmative 671
- aged 122
- aggravate 282
- **agile** 954
- **aging** 122
- **agitate** 679
- agonize 767
- agonizing 767
- **agony** 767
- agree 656
- aid 595
- **AIDS** 338
- ail 290
- **ailment** 290
- **airborne** 148
- alcohol 377
- **alcoholic** 377
- alcoholism 377
- alimentotherapy 075
- allege 671
- allergic 358
- allergist 358
- **allergy** 358
- **alleviate** 008
- **allot** 615
- **allowance** 726
- almost 880
- alter 083
- **alternative** 083
- alternatively 083
- **ambiguous** 941, 942
- **ambivalent** 249
- ameliorate 282
- **amino acid** 493
- **amnesia** 340
- **amphibian** 414
- amuse 659
- anaerobic 179, 475
- **analogy** 714
- **analysis** 481, 532, 887
- **analyze** 481, 532
- anatomist 045
- **anatomy** 003, 045
- **ancestor** 425, 426
- ancestral 426
- ancestry 426
- **anemia** 301
- **anesthesia** 066
- anesthetic 066
- anger 255
- **anguish** 272, 764
- annoy 246, 664
- **anorexia** 347
- antarctic 566
- anthropologist 537
- **anthropology** 537
- **antibiotic** 163
- **antibody** 111, 112
- **anticipate** 694
- anticipation 694
- **antigen** 111, 112
- antipathy 890
- **antiseptic** 132
- **ape** 411
- **apparatus** 088
- appear 647
- **appendicitis** 328
- appendix 328, 781

☐ appetite	789	☐ awkward	250, 954	☐ born	480
☐ apply	156	☐ axis	218	☐ botanical	536
☐ appoint	687	☐ axon	239	☐ botanist	536
☐ approximate	879			☐ botany	536
☐ approximately	879	**B**		☐ bout	306
☐ aquatic	519	☐ backache	316	☐ bovine	410
☐ archaeologist	538	☐ backbone	219, 220	☐ bowel	212
☐ archaeology	538	☐ bacteria	406	☐ brain	777
☐ arctic	566	☐ bacterium	403	☐ breakdown	292
☐ armpit	198	☐ bandage	086	☐ breathe	179
☐ arouse	580	☐ barren		☐ breathe in ~	178
☐ arrange	591	473, 474, 478, 479		☐ breathing	179
☐ arrogance	795	☐ be allergic to ~	358	☐ breathless	179
☐ artery	225, 226	☐ be concerned with ~	925	☐ breathtaking	179
☐ arthritis	330	☐ be descended from ~	391	☐ breed	020, 388
☐ articulate	672	☐ be on the staff of ~	743	☐ breeding	388
☐ articulation	672	☐ be sorry for ~	658	☐ brilliant	965
☐ as a result	871	☐ be spoiled	809	☐ bring ~ (back) to life	022
☐ as for ~	870	☐ bear	702	☐ bring up ~	020
☐ as to ~	870	☐ bearing	072	☐ brisk	771
☐ ascend	391	☐ bedridden	139	☐ bronchitis	329
☐ ascertain	600	☐ belly	201	☐ bronchus	329
☐ ascribe	699	☐ benevolence	257	☐ bruise	281
☐ ask	028	☐ benevolent	257	☐ brutal	843
☐ aspiration	114, 117, 179	☐ benign	371, 372	☐ brutality	843
☐ aspirin	162	☐ beta carotene	492	☐ BSE (bovine spongiform encephalopathy)	410
☐ assault	895	☐ bewilder	241	☐ bug	098
☐ assert	671	☐ biochemistry	534	☐ bulimia	347
☐ assign	615	☐ biodegrade	562	☐ burnout	296
☐ assimilate	180, 184	☐ biodiversity	563	☐ by-product	
☐ assimilation	184	☐ biological	540	118, 127, 300	
☐ assist	595	☐ biology	540		
☐ assume	693, 696	☐ biopsy	078	**C**	
☐ assumption	696	☐ biotechnology	535	☐ call for ~	608
☐ asthma	331	☐ birthrate	721	☐ calm	160
☐ astonish	584, 646	☐ bladder	215	☐ cancer	323
☐ astonishing	584	☐ blame	657, 662	☐ candidate	744
☐ astound	584, 646	☐ bleed	279	☐ capillary	227
☐ atmosphere	516	☐ blister	318	☐ capsule	161
☐ atmospheric	516	☐ blood pressure	104	☐ carbohydrate	490
☐ atrium	228	☐ blood sugar	106	☐ carbon dioxide	505
☐ attack	895	☐ blood vessel	225, 226	☐ carcass	150
☐ attract	669	☐ bloodborne	148	☐ carcinogen	099
☐ attribute	699	☐ bloodstream	105	☐ cardiac	055
☐ attribution	699	☐ bloom	400	☐ cardinal	951
☐ autism	346	☐ blur	640	☐ cardiologist	055
☐ autonomous	717	☐ body fluid	101	☐ cardiology	055
☐ autonomy	717	☐ boil	485		

☐ cardiovascular	055	☐ clinic	133	☐ **congestion**	108
☐ career	093	☐ **clinical**	133	☐ conquer	019
☐ careful	819	☐ clinician	056, 133	☐ conscious	141
☐ **carnivore**	418	☐ **clone**	524	☐ **consciousness**	265
☐ **carrier**	093	☐ **clot**	109	☐ **consequent**	940
☐ carry out ~	614	☐ clumsy	250	☐ **consequently**	
☐ **case**	039, 123	☐ **coarse**	815		871, 872, 940
☐ **cast**	091	☐ **cocaine**	174	☐ **conservation**	567
☐ casualty	745	☐ **coexist**	558	☐ conservative	375, 754
☐ **cataract**	359, 360	☐ coexistence	558	☐ **consider**	697
☐ cause	580	☐ **cognitive**	270	☐ considerable	697
☐ cave	299	☐ cognition	270	☐ considerate	697
☐ **cavity**	299	☐ coherence	944	☐ **considering**	869, 966
☐ CDC (Centers for Disease Control and Prevention)	002	☐ **coherent**	944	☐ **console**	661
		☐ cohesion	944	☐ constant	804
☐ ceaseless	804	☐ **coincide**	624	☐ contagion	119, 147
☐ **cell**	433, 435	☐ coincidence	624	☐ **contagious**	147
☐ **cellular**	435	☐ **collide**	630	☐ contaminant	556
☐ **cerebral**	233	☐ collision	630	☐ **contaminate**	556
☐ cerebral cortex	234	☐ **colon**	213	☐ contaminated	571
☐ cerebrum	233	☐ **color-blind**	378	☐ contamination	556
☐ ceremony	760	☐ colorblind	378	☐ continuous	804
☐ challenged	655	☐ **coma**	125	☐ **contraception**	067
☐ **chamber**	228	☐ come to oneself	141, 273	☐ contraceptive	067
☐ change	083, 428	☐ comfort	661	☐ **contradict**	645
☐ **chaos**	736	☐ **complement**	882	☐ contradiction	645
☐ chaotic	736	☐ complementary	882	☐ contradictory	645
☐ **characteristic**	904	☐ complicated	931, 968	☐ **control**	002, 019
☐ **cheat**	898	☐ **complication**	302	☐ controversial	732
☐ cheat ~ into . . .	898	☐ **comprehend**	701	☐ **controversy**	732
☐ **chemical**	550	☐ comprehensible	701	☐ **convulsion**	313
☐ chemotherapy	075, 550	☐ comprehension	701	☐ **cornea**	187
☐ chickenpox	352, 354	☐ comprehensive	701	☐ **coronary**	229
☐ **childbirth**	070	☐ **compulsory**	955, 956	☐ **corpse**	150
☐ **choke**	278	☐ conceivable	024	☐ correlate with ~	925
☐ **cholera**	355	☐ **conceive**	024	☐ **corrupt**	571
☐ **cholesterol**	100	☐ concentrate	484	☐ **cortex**	234
☐ **chromosome**	424	☐ **conception**	024, 116	☐ cosmic	736
☐ **chronic**	365, 366	☐ **concerning**	869, 870	☐ cosmos	736
☐ **circulate**	181	☐ **condemn**	657, 662	☐ **cough**	314
☐ circulation	181	☐ condemnation	662	☐ **counterpart**	902
☐ civilized	748	☐ **condition**	527	☐ cramp	313
☐ clash	630	☐ conditioning	527	☐ crash	630
☐ clean	811	☐ **condom**	780	☐ crease	776
☐ cleanliness	129	☐ **confine**	582	☐ credit	699
☐ clear	928, 973	☐ confuse	241	☐ **critical**	369, 374
☐ clear A of B	017	☐ confusion	736	☐ criticize	657
☐ **cling**	636	☐ congenital	920	☐ **crooked**	923

☐ crucial	939	☐ demonstration	634	☐ dishonorable	962
☐ crush	578	☐ den	299	☐ dislike	796
☐ CT (computerized tomography)	080	☐ denounce	657	☐ **dismal**	251
☐ **culture**	525	☐ **dense**	810	☐ dismay	241
☐ cultured	848	☐ density	810	☐ **disorder**	295, 736
☐ curable	009	☐ deodorant	787	☐ dispensary	158
☐ curative	009	☐ **deplore**	244	☐ **dispense**	158
☐ **cure**	009, 014	☐ **depressant**	165	☐ dispenser	158
☐ cure 人 of 病気	017	☐ **depression**	345	☐ disposal	591
		☐ dermatologist	054	☐ **dispose**	591
D		☐ **dermatology**	054	☐ **disposition**	259
☐ damage	284	☐ **descend**	391	☐ disregard	830
☐ danger	896	☐ descendant	391, 425	☐ **dissect**	003
☐ daring	258	☐ descendent	391	☐ dissection	003
☐ **deadly**	149, 152, 374	☐ **design**	596	☐ distinguish	392
☐ death rate	152	☐ **desperate**	258	☐ distribute	158
☐ debatable	732	☐ desperately	258	☐ diurnal	476
☐ debate	732	☐ desperation	258	☐ dizziness	310
☐ **debilitate**	637	☐ destroy	011	☐ **donor**	094, 097
☐ decay	809	☐ **detect**	035	☐ **dormant**	477
☐ deceive	898	☐ **deteriorate**	282	☐ dosage	171
☐ decelerate	690	☐ deterioration	282	☐ **dose**	171, 172
☐ **decipher**	674	☐ detrimental	975	☐ **drawback**	320
☐ declare	684	☐ **develop**	283	☐ drought	574
☐ **decoy**	469, 669	☐ **diabetes**	322	☐ drugstore	168
☐ **deduce**	698	☐ **diagnose**	001	☐ **dubious**	946
☐ deep	825	☐ diagnosis	001	☐ due to ~	940
☐ **defective**	957	☐ **diameter**	542	☐ dynamic	964
☐ defensive	248	☐ **diarrhea**	311	☐ **dyslexia**	343
☐ deficiency	135	☐ die	581	☐ dyslexic	343
☐ **deficient**	135	☐ **diet**	784		
☐ **deforestation**	568	☐ **differentiate**	392	**E**	
☐ **deform**	036	☐ difficult	863	☐ ease	018, 030
☐ deformity	036	☐ **digest**	180, 184, 711	☐ easy	256
☐ **degenerate**	390	☐ digestion	180	☐ **eccentric**	260, 929
☐ degeneration	390	☐ digestive	180	☐ ecological	562
☐ **deliberate**	876, 953	☐ **dilute**	484	☐ **ecology**	562
☐ deliberately	953	☐ dilution	484	☐ **ecosystem**	561
☐ delicate	863	☐ dim	261, 863	☐ educated	712
☐ **deliver**	025	☐ **disable**	655	☐ **egg**	451
☐ delivery	025, 070	☐ disabled	655	☐ **elaborate**	931
☐ **dementia**	341	☐ **disagree**	656	☐ elaboration	931
☐ demographic	707	☐ disappoint	245	☐ **elastic**	816, 829
☐ **demography**	707	☐ **discharge**	034	☐ elasticity	816
☐ **demolish**	603	☐ discourage	245	☐ elective	955
☐ demolition	603	☐ discriminate	392	☐ **eliminate**	010
☐ **demonstrate**	634	☐ discrimination	727	☐ embarrass	241
		☐ disgusting	248	☐ **embryo**	453

☐ embryologist	453	
☐ embryonic	453	
☐ embryonic stem cell	453	
☐ **emergency room**	042	
☐ emigrate	681, 686	
☐ **emphysema**	324	
☐ empty	555	
☐ enable	903	
☐ endanger	572	
☐ **endangered**	572	
☐ endoscope	523	
☐ endure	702	
☐ **engineer**	482	
☐ enormous	859	
☐ enthusiastically	917	
☐ **epidemic**	128, 362	
☐ **epilepsy**	348	
☐ **equipment**	782	
☐ equipped	782	
☐ **equivalent**	947	
☐ **eradicate**	011	
☐ **eruption**	569	
☐ erythrocyte	339	
☐ **esophagus**	206	
☐ especially	875	
☐ eternal	799	
☐ **ethics**	837	
☐ **eugenics**	706	
☐ **euthanasia**	069	
☐ **evacuate**	555	
☐ evacuation	555	
☐ **evaporate**	485	
☐ evaporation	485	
☐ evoke	580	
☐ **evolution**	389	
☐ **evolve**	389	
☐ **exaggerate**	670	
☐ exaggeration	670	
☐ examine	016	
☐ example	092	
☐ excel	606	
☐ excessive	856	
☐ **exclusive**	752	
☐ exclusively	752	
☐ **execute**	614	
☐ **exert**	613	
☐ exertion	613	
☐ **exhale**	177, 178	

☐ **exhaust**	277	
☐ exhausted	277	
☐ exhaustion	277	
☐ **exhibit**	586	
☐ exhibition	586	
☐ **exhilarate**	604	
☐ expectation	972	
☐ **exploit**	680	
☐ exploitation	680	
☐ expose	907	
☐ **exposure**	907	
☐ extinct	431	
☐ **extinction**	431	
☐ extinguish	431	
☐ extraterrestrial	519	
☐ **extrovert**	271	

F

☐ **facilitate**	595	
☐ **faint**	273, 287, 863	
☐ false	828	
☐ famine	746	
☐ famous	919, 962	
☐ fascinate	659	
☐ **fasting**	791	
☐ fat	490	
☐ fatal	149, 152, 374, 939	
☐ **fatality**	745	
☐ **fatigue**	277, 765	
☐ **fauna**	420, 421	
☐ **feeble**	142	
☐ female	462, 463	
☐ **feminine**	462, 463	
☐ **fertile**	473, 474, 478, 479	
☐ fertility	474	
☐ fertilization	474	
☐ fertilize	474	
☐ **fetus**	454	
☐ figurative	713	
☐ final	861	
☐ fine	815	
☐ firm	829	
☐ **fit**	307	
☐ **flex**	183	
☐ flexibility	183	
☐ flexible	183, 816, 829	
☐ **flora**	420, 421	
☐ flu	351	

☐ **fluid**	514	
☐ following	802	
☐ food passage	206	
☐ for want [lack] of ～	934	
☐ **forage**	385	
☐ forced	549	
☐ forefather	425	
☐ **formula**	894	
☐ **fossil**	520	
☐ **foster**	020, 649	
☐ **fracture**	315	
☐ fragile	772	
☐ fragment	886	
☐ **fragmentation**	886	
☐ **frail**	772	
☐ fret	246	
☐ frighten	667	
☐ fructose	489	
☐ **frustrate**	245	
☐ frustrating	245	
☐ frustration	245	
☐ fuddle	037	
☐ fundamental	754	
☐ **fungus**	405	
☐ **furious**	252	
☐ fury	252	
☐ **futile**	945	
☐ futility	945	

G

☐ **gargle**	026	
☐ gasp	652	
☐ **gastric**	208	
☐ gastritis	208	
☐ gather	610	
☐ **gene**	422, 423	
☐ **generalize**	577	
☐ **generate**	622	
☐ **generic**	170	
☐ **genesis**	797	
☐ genetic	423	
☐ genetic engineering	482	
☐ genetics	423	
☐ **genital**	442	
☐ **geometric**	710	
☐ geometry	710	
☐ **germ**	406	
☐ gestation	140	

どれだけチェックできた？ 1 ☐ 2 ☐

Word	Page
get on one's nerves	246
get rid of ~	011
giant	858
gigantic	858
given	966
gland	443
glaucoma	359, 360
gloom	261
gloomy	261
glucose	489
go bad	809
go down	391
graft	013, 015, 063
gratitude	794
grave	834
gravitation	515
gravity	515
greatest	861
grief	253
grieve	247
groan	908
grow	020
guarantee	588
guess	693, 696, 700
gullet	206
gut	211
gynecologist	046
gynecology	046

H

Word	Page
habitat	467
habitual	961
habitually	961
hallucination	263
hand in ~	617
handicapped	655, 774
hang	605
hangover	127, 300
harass	665
harassment	665
hard	829
harmful	975, 976
harmless	975, 976
harmonious	751
harmonize	623
harsh	815, 842
hate	243
hatred	796
have to do with ~	925
hazard	896
hazardous	896
heal	014
healthful	768
hearing impaired	284
heart attack	333
hearty	845
help	595
hemisphere	518
hemorrhage	107
hence	872
hepatitis	327
herbivore	418
heredity	422
heroin	173
heterogeneous	552
high blood pressure	312
hippocampus	235
hole	299
holistic	084
homogeneous	552
horizontal	921, 922
hormone	444
horrify	667
hospitable	889
hospitality	889
hospitalize	027
hostile	937
hostility	937
house	688
huge	858, 859
human resources	722
humane	846
humanism	761
humanity	761
humid	575
humidity	575
humiliate	242
humility	795
hydrogen	498
hygiene	129
hygienic	811
hypertension	312
hypnosis	126
hypocrisy	841
hypocrite	841
hypothalamus	236
hypothesis	716

I

Word	Page
iceberg	564
identical	948
identification	948
identify	948
ideology	757
if	966
ignore	830
ill at ease	256
illiterate	712
illusion	264
image	704
imagine	024
immature	457, 459
immense	859
immensely	859
immigrant	686
immigrate	681, 686
immigration	720
immoral	844
immortal	152
immune	471
immunity	471
immunization	471
immunize	471
impair	284
impediment	655
imperative	970
implant	013, 015
implication	703
implicit	703
implicitly	703
imply	703
impolite	248
importance	855
important	855
improvise	590
in accordance with ~	877
in vitro	145
in vivo	145
in want of ~	934
inborn	480, 920
incessant	804
incident	731
incidentally	873
incite	033

Term	Page
☐ incline	629
☐ inclined	629
☐ inclusive	701
☐ incoherent	944
☐ incubation	130
☐ incurable	009, 370
☐ indefinite	805
☐ indefinitely	874
☐ independence	717
☐ indicate	601, 684
☐ indication	915
☐ indicator	601
☐ indigestion	180, 298
☐ induce	004, 580
☐ induced pluripotent stem cell	004
☐ inducer	004
☐ inert	545
☐ inexpert	250
☐ infamous	919, 962
☐ infect	119
☐ infection	119
☐ infectious	119, 147
☐ infectious agent	119
☐ infectious disease	119
☐ inferior	862
☐ infertile	474, 479
☐ inflammation	303
☐ influenza	351
☐ infuse	154
☐ ingredient	526
☐ inhabit	386
☐ inhabitant	386
☐ inhale	177, 178
☐ inherent	393, 472, 920
☐ inherit	393, 422
☐ inheritable	393
☐ inheritance	393
☐ inherited	393
☐ inject	155
☐ injection	155
☐ injure	274, 284
☐ injured	274
☐ injurious	274, 975
☐ injury	274
☐ innate	480, 920
☐ inoculate	159
☐ inoculation	159
☐ inquire	028
☐ inquiry	028
☐ insane	266, 269
☐ insanity	266, 269
☐ insect	098
☐ insomnia	344
☐ install	687
☐ instinct	464
☐ instinctive	464
☐ institute	044
☐ institution	044
☐ institutional	044
☐ insulting	248
☐ intake	909
☐ intangible	928
☐ intellect	965
☐ intellectual	965
☐ intelligence	965
☐ intelligent	965
☐ intelligible	965
☐ intemperance	792
☐ intensive	144
☐ intentional	953
☐ interact	644
☐ interaction	644
☐ interactive	644
☐ interfere	079
☐ intern	058
☐ internal	145
☐ intervene	079
☐ intervention	079
☐ intestine	214
☐ intoxicate	037
☐ intricate	968
☐ intrigue	659
☐ intrinsic	137
☐ introvert	271
☐ invade	136
☐ invalid	289, 749
☐ invaluable	969
☐ invasion	136
☐ invasive	136
☐ invertebrate	419
☐ investigate	016
☐ iodine	504
☐ iris	186
☐ irrational	926
☐ irrelevant	925
☐ irreversible	551
☐ irritate	246, 664
☐ it is no exaggeration to say that ~	670
☐ itch	381
☐ itchy	381

J

Term	Page
☐ jeopardize	593
☐ jeopardy	593
☐ job	522
☐ justification	588
☐ juvenile	457

K

Term	Page
☐ keep	573
☐ kidney	209, 326
☐ kill	010
☐ kinesics	533
☐ kinetic	544
☐ kingdom	705

L

Term	Page
☐ labor	522
☐ laboratory	522
☐ laborious	522
☐ lame	383
☐ lament	247
☐ lamentable	247
☐ large intestine	212
☐ larva	401
☐ larynx	194
☐ latent	267, 367
☐ later	872
☐ launch	689
☐ layer	521
☐ lean	773
☐ leftover	384, 786
☐ legitimate	753
☐ lesion	297
☐ let out	034
☐ lethal	149, 152, 374
☐ leukemia	339
☐ leukocyte	339
☐ liable	817
☐ life expectancy	461
☐ ligament	204
☐ likeness	714

☐ limb	197	☐ maturate	459	**N**	
☐ limit	631	☐ maturation	459		
☐ linger	285	☐ mature	459	☐ naked eye	188, 189
☐ literacy	712, 713	☐ meaning	855	☐ narcolepsy	126
☐ literal	713	☐ measles	352	☐ narcotic	175
☐ literally	713	☐ medication	064	☐ nasal	190
☐ literary	713	☐ membrane	436	☐ native	920
☐ literate	712	☐ menopause	460	☐ natural	920
☐ liver	210	☐ mentor	060	☐ nature preservation	567
☐ loaf	777	☐ mercury	502	☐ nausea	310
☐ loathe	243	☐ metabolic	439	☐ necessary	927
☐ loiter	653	☐ metabolism	439	☐ neglect	830
☐ longevity	461	☐ metamorphosis	395	☐ negligence	790, 830
☐ look into ~	028	☐ microbe	404	☐ negligent	790, 830
☐ look like ~	881	☐ microorganism	404	☐ negotiate	682
☐ luminous	546	☐ microscope	523	☐ negotiation	682
☐ lung	207	☐ microscopic	523	☐ negotiator	682
☐ lure	669	☐ midwife	061	☐ neonatal period	121
☐ lymphocyte	445	☐ migrate	681	☐ neonate	455
		☐ migration	681	☐ nephritis	326
M		☐ mild	576, 842	☐ nerve	237
☐ mad	269	☐ minute	860	☐ nervous	237, 256
☐ magnificence	943	☐ minutely	860	☐ neurology	053
☐ magnificent	943	☐ misleading	828	☐ neuron	238
☐ make efforts	613	☐ moan	908	☐ neuroscience	053, 238
☐ make fun of ~	663	☐ moderate	856	☐ neuroscientist	053
☐ make great strides in ~	648	☐ modesty	839	☐ neurosis	238, 342
☐ make use of ~	642	☐ modification	427	☐ neurotic	238, 342
☐ makeup	783	☐ molecular	509	☐ neutron	508
☐ malady	304	☐ molecule	509	☐ newborn	455
☐ male	462, 463	☐ monotonous	914	☐ nitrogen	494
☐ malformation	036	☐ monotony	914	☐ noble	847
☐ malign	371, 372	☐ morbid	376	☐ nocturnal	476
☐ malignant	371, 372	☐ moribund	151	☐ nonidentical	948
☐ malnourished	020	☐ mortal	149, 152, 374	☐ nostril	191
☐ malpractice	731	☐ mortality	152	☐ notice	651
☐ mammal	412	☐ mortality rate	152	☐ notify	695
☐ mandatory	750, 955	☐ motor	918	☐ notorious	919, 962
☐ maneuver	654	☐ mourn	658	☐ nourish	020
☐ maniac	741	☐ MRI	080	☐ nuclear	512
☐ manifest	647	☐ mucus	448	☐ nucleus	512
☐ manifestation	647	☐ muggy	575	☐ nuisance	892
☐ manifesto	647	☐ multiplication	468	☐ numb	038, 382
☐ marrow	223	☐ mutant	428	☐ nurse	081
☐ masculine	462, 463	☐ mutation	428, 429	☐ nursing	081
☐ maternal	851, 852	☐ myocardial infarction	332	☐ nurture	734
☐ maternity	043			☐ nutrition	102
				☐ nutritious	102

どれだけチェックできた？ 1 ☐ 2 ☐

O

- [ ] obedience 831
- [ ] **obedient** 831
- [ ] obese 321
- [ ] **obesity** 321
- [ ] obligatory 955
- [ ] **obscure** 941, 973
- [ ] obsession 268
- [ ] **obsessive** 268
- [ ] obstetrician 047
- [ ] **obstetrics** 047
- [ ] **obstinate** 818
- [ ] obvious 814
- [ ] odd 260
- [ ] **odor** 787
- [ ] of significance 855
- [ ] **offend** 248
- [ ] offensive 248
- [ ] **offset** 633
- [ ] **offspring** 425, 426
- [ ] **ointment** 164
- [ ] **omission** 888
- [ ] omnipresent 959
- [ ] oncologist 048
- [ ] **oncology** 048
- [ ] opaque 814
- [ ] open 752
- [ ] **operation** 082
- [ ] **opium** 176
- [ ] **optic** 185
- [ ] optical 185
- [ ] **optimism** 762, 763, 832
- [ ] optimist 832
- [ ] **optimistic** 832
- [ ] optional 955
- [ ] **oral** 192, 930
- [ ] **organ** 441
- [ ] organ donor card 063
- [ ] **organic** 547
- [ ] **organism** 465, 547
- [ ] **orphan** 735
- [ ] outbreak 569
- [ ] outcome 425
- [ ] outgoing 271
- [ ] outlook 972
- [ ] **outpatient** 096
- [ ] **ovary** 231
- [ ] overdose 171
- [ ] **overwhelm** 616
- [ ] overwhelming 616
- [ ] ovum 451
- [ ] **oxygen** 495
- [ ] **ozone** 506

P

- [ ] pain 767
- [ ] painful 380
- [ ] palliative care 008
- [ ] pandemic 569
- [ ] **pant** 652
- [ ] **paradox** 715
- [ ] paradoxical 715
- [ ] paradoxically 715
- [ ] paralysis 038
- [ ] **paralyze** 038, 382
- [ ] **parameter** 528
- [ ] **parasite** 416
- [ ] **Parkinson's disease** 357
- [ ] **particle** 510
- [ ] parturition 070
- [ ] **paternal** 851, 852
- [ ] **pathetic** 952
- [ ] pathological 050
- [ ] pathologist 050
- [ ] **pathology** 050
- [ ] **patience** 124
- [ ] **patient** 039, 095
- [ ] peaceful 160
- [ ] peculiar 260
- [ ] **peculiarly** 875
- [ ] **pedestrian** 742
- [ ] pediatrician 049
- [ ] **pediatrics** 049
- [ ] **pelvis** 222
- [ ] **penetrate** 486
- [ ] penetration 486
- [ ] **penis** 232
- [ ] **pension** 719
- [ ] **perceive** 651
- [ ] perception 651
- [ ] **perform** 023, 614
- [ ] **peril** 737
- [ ] **perish** 650
- [ ] perishables 650
- [ ] **permanent** 799
- [ ] **perpetual** 799
- [ ] **perplex** 660
- [ ] perplexed 660
- [ ] perplexity 660
- [ ] **persecute** 683
- [ ] persecution 683
- [ ] **perseverance** 916
- [ ] persist 806
- [ ] persistence 806
- [ ] **persistent** 806
- [ ] **personnel** 722
- [ ] **pessimism** 762, 763, 832
- [ ] pessimistic 832
- [ ] **pesticide** 778
- [ ] **pharmaceutical** 168
- [ ] pharmaceuticals 168
- [ ] pharmacy 168
- [ ] **phase** 884
- [ ] **phenomenon** 529
- [ ] phobia 741
- [ ] physical 963
- [ ] **physician** 056
- [ ] physiological 539
- [ ] **physiology** 539
- [ ] **pierce** 594
- [ ] pill 161
- [ ] pitiful 952
- [ ] **placebo** 167
- [ ] **plague** 362
- [ ] plain 931
- [ ] planned 953
- [ ] plaster 091
- [ ] plastic surgeon 051
- [ ] **plausible** 949
- [ ] plot 659
- [ ] **pneumonia** 325
- [ ] **poison** 779
- [ ] poisonous 779
- [ ] **polio** 353
- [ ] **pollen** 466
- [ ] pollutant 560
- [ ] **pollute** 560
- [ ] polluted 571
- [ ] pollution 560
- [ ] poppy 176
- [ ] population 707
- [ ] **pore** 196

Word	Page
possess	807
possessed	807
posterity	426
potassium	496
potion	172
poultice	166
powder	161
practical	960
practically	880
practice	029
practitioner	029, 056
pragmatic	960
precaution	893
precede	626
precious	969
precipitation	574
predator	417
predatory	417
predisposition	912
pregnancy	140
pregnant	140
premature	798
preoccupied	808
prescribe	157, 158
prescription	157, 894
present	938
preservables	557
preservation	557
preservative	557
preserve	557
pretend	609
prevail	363
prevalance	363
prevalent	363
prevent	005
prevention	005
preventive	005
priceless	969
primary	800
primate	415, 800
primitive	748
probe	016
procedure	062
proclaim	684
produce	580, 617, 622
profane	756
proficiency	936
proficient	936
progression	375
progressive	375
proliferate	394
prompt	033
prone	143, 817
propagate	394
proportion	709
prospect	972
prospective	972
protect	557
protein	491, 493
provoke	033, 580
prudent	819
psychiatric	052
psychiatrist	052
psychiatry	052
psychic	963
psychotherapy	075, 076
PTSD (post-traumatic stress disorder)	319
pull one's leg	663
pulse	113
put up with ~	702
puzzle	660, 673
puzzling	673

Q

Word	Page
quake	275
qualification	625
qualified	625
qualify	625
quantum	511
quarantine	077
question	028
quick	835
quiet	160
quiver	275, 286
quotation	675
quote	675

R

Word	Page
rabies	361
race	755
racial	755
racism	755
radiate	487
radiation	487
radical	754
radioactive	513
radioactivity	513
radiotherapy	075
radium	499, 513, 543
radius	543
rage	252, 255
rainfall	574
raise	020
rally from ~	031
rampant	364
rancor	796
rapport	723
rapture	254
rash	309
rate	709
ratio	709
rational	926
rationality	926
react	488
reaction	488
reactive	488
reactor	488
realm	705
rear	020
reasonable	926, 949
reassurance	030
reassure	030
rebirth	022, 071
rebuke	657
receptor	438
recipe	894
recipient	094, 097
reckless	258
recollect	668
recollection	668, 900
recount	677
recover	031
recovery	031
rectangle	541
rectum	212
recurrence	291, 305
refined	848
reflex	450
refuge	740
refugee	740
regarding	869, 870
regenerate	115
regeneration	115

☐ **regimen**	073, 074
☐ **rehabilitate**	006
☐ rehabilitation	006
☐ **relapse**	305
☐ relevance	925
☐ **relevant**	925
☐ relief	017
☐ **relieve**	017, 030
☐ **reluctant**	820
☐ **remedy**	021, 073
☐ **render**	628
☐ **repellent**	850
☐ **represent**	579
☐ representation	579
☐ representative	579
☐ reproach	657
☐ **reproduce**	394, 396
☐ reproduction	396
☐ reproductive	396
☐ **reptile**	413
☐ **repute**	728
☐ require	927
☐ **requisite**	927
☐ **resemblance**	881
☐ resemble	881
☐ **resident**	058, 059
☐ **residual**	384
☐ residue	384, 786
☐ **resilient**	138
☐ resist	638, 702, 967
☐ resistance	967
☐ **resistant**	967
☐ **resort**	627
☐ **respect**	666
☐ respectable	666
☐ respectful	666
☐ respective	666
☐ **respiration**	117
☐ respirator	117
☐ respiratory	117
☐ restless	256
☐ **restrict**	631
☐ restricted	631
☐ restriction	631
☐ **retard**	691
☐ retarded	691
☐ **retention**	900
☐ **retina**	188
☐ retrieval	641
☐ **retrieve**	641
☐ **reversible**	551
☐ revival	022
☐ **revive**	022, 071
☐ **rib**	221
☐ **rigid**	829
☐ rigidity	829
☐ rigor	821
☐ **rigorous**	821
☐ risk	896
☐ rite	760
☐ **ritual**	760
☐ **robust**	772, 822
☐ roentgenize	068
☐ rot	809
☐ **rotten**	809
☐ rough	815
☐ roughly	879
☐ round	041
☐ **rust**	785

S

☐ **sacred**	756
☐ sadness	253
☐ **saliva**	446
☐ **salutary**	768
☐ sane	266, 269
☐ **sanitary**	811
☐ sanitation	811
☐ **sanity**	266
☐ **satellite**	517
☐ **saturation**	531
☐ **savage**	748
☐ **scalpel**	089
☐ **scheme**	899
☐ **screen**	007
☐ screening	007
☐ seamless	804
☐ **secrete**	397
☐ secular	756
☐ sedation	169
☐ **sedative**	169
☐ **segment**	883
☐ **segregation**	727
☐ select	752
☐ send	040
☐ **senile**	769
☐ sensation	449
☐ **sense**	449
☐ sensible	449
☐ sensitive	449, 863
☐ sensory	449
☐ sentient	449
☐ **sequence**	885
☐ sequencing	885
☐ series	885
☐ serious	369
☐ **serum**	103
☐ **severe**	368
☐ **sewage**	570
☐ shake	275
☐ shame	242
☐ **shed**	553
☐ **shiver**	275, 286
☐ show	647
☐ show clearly	684
☐ **shrewd**	933
☐ **shrink**	589
☐ **shudder**	275, 286
☐ **side effect**	118, 127, 300
☐ sign	293
☐ significance	855
☐ **significant**	855
☐ simple	931, 968
☐ **simulate**	609
☐ simulation	609
☐ **simultaneous**	801
☐ simultaneously	801
☐ **single**	639
☐ situation	527
☐ **skeleton**	216
☐ skeptic	935
☐ **skeptical**	935
☐ skepticism	935
☐ skilled	936
☐ **skull**	217
☐ **slaughter**	554
☐ small intestine	212
☐ **smallpox**	352, 354
☐ smooth	815
☐ **smuggle**	607
☐ snoop	724
☐ so	872
☐ **sodium**	500
☐ **solace**	891

どれだけチェックできた？ 1 ☐ 2 ☐

☐ soothe	018, 030	
☐ sore	380	
☐ sorely	380	
☐ spasm	313	
☐ species	430	
☐ specimen	092	
☐ speculate	700	
☐ speculation	700	
☐ speculative	700	
☐ sperm	452	
☐ spinal	219	
☐ spinal cord	219	
☐ spine	219, 220	
☐ spoken	930	
☐ spontaneous	549	
☐ spot	901	
☐ staff	722, 743	
☐ stage	884	
☐ stand	702	
☐ stand up to ~	702	
☐ starvation	746	
☐ static	964	
☐ statistics	708	
☐ stem cell	434	
☐ sterile	132, 473, 474, 478, 479	
☐ sterilize	478	
☐ stick to ~	636	
☐ stiff	379, 829	
☐ stigma	910	
☐ stimulant	033, 165	
☐ stimulate	033	
☐ stimulus	033	
☐ sting	399	
☐ stipulate	583	
☐ stir	621	
☐ stirring	621	
☐ stomach	180	
☐ straightforward	823	
☐ strain	407	
☐ strange	260	
☐ strength	766	
☐ strenuous	824	
☐ stricken	747	
☐ strict	821, 829	
☐ stride	648	
☐ stroke	307, 334	
☐ stroll	653	
☐ strong	772
☐ stubborn	818
☐ stun	599
☐ stunning	599
☐ stupor	038
☐ subconscious	267
☐ subdue	019
☐ subject	039, 913
☐ submission	617
☐ submit	617
☐ subsequent	802
☐ subsequently	802
☐ substantial	857
☐ substantially	857
☐ substitute	793
☐ substitute A for B	793
☐ substitution	793
☐ subtle	863, 941
☐ succumb	581
☐ suddenly	803
☐ sue	739
☐ suffer	039
☐ sufferer	039
☐ sufficient	135
☐ suffocate	278
☐ suicidal	836
☐ suicide	836
☐ suit	739
☐ sulfur	501
☐ summarize	711
☐ summary	711
☐ summon	608
☐ superficial	825
☐ superior	862
☐ superstition	758
☐ superstitious	758
☐ supervise	635
☐ supervision	635
☐ supervisor	635
☐ supervisory	635
☐ supine	143
☐ supplement	781
☐ supplementary	781
☐ supposedly	878
☐ suppress	578
☐ suppression	578
☐ supreme	861
☐ surgeon	051, 056
☐ surgery	051
☐ surgical	051
☐ surgical knife	051, 089
☐ surly	826
☐ surmise	693, 696
☐ surpass	606
☐ surveillance	724
☐ survey	530
☐ survival	470
☐ survive	470
☐ susceptibility	120, 146
☐ susceptible	120, 146
☐ suspend	605
☐ sustain	573
☐ sustainable	573
☐ swell	276, 308
☐ swelling	276, 308
☐ swine	410
☐ swirl	602
☐ swollen	276, 308
☐ swoon	273, 287
☐ sympathetic	890
☐ sympathize	890
☐ sympathy	890
☐ symptom	293
☐ synapse	240
☐ syndrome	294
☐ synopsis	711
☐ synthesis	887
☐ synthesize	887
☐ synthetic	887
☐ system	729
☐ systemic	729

T

☐ tablet	161
☐ take ~ in stride	648
☐ take advantage of ~	642
☐ take in ~	909
☐ tangible	928
☐ tantalize	643
☐ tantalizing	643
☐ tease	663
☐ tedious	812
☐ tell on ~	958
☐ telling	958
☐ temperance	792
☐ temperate	576

どれだけチェックできた？ 1 ☐ 2 ☐

☐ tempt	669	
☐ tendency	912	
☐ **tendon**	203	
☐ **tense**	813	
☐ tension	813	
☐ **tentacle**	440	
☐ **terminal**	373	
☐ terminally	373	
☐ terminate	373	
☐ **terrestrial**	519	
☐ terrible	251	
☐ terrify	667	
☐ **testify**	685	
☐ **tetanus**	349	
☐ the autonomic nervous system	717	
☐ **the periodic table**	507	
☐ **therapeutic**	134	
☐ **therapy**	075, 134	
☐ therefore	871, 872, 877	
☐ **thigh**	202	
☐ think	024	
☐ **thorough**	825, 864	
☐ thoroughly	864	
☐ thoughtful	697	
☐ **throat**	193	
☐ **throb**	182	
☐ throw up	288	
☐ **thyroid**	195	
☐ tidal	565	
☐ tidal wave	565	
☐ **tide**	565	
☐ **timid**	262	
☐ tiresome	812	
☐ **tissue**	437, 521	
☐ **toddler**	456	
☐ tolerance	702	
☐ tolerant	702	
☐ **tolerate**	702	
☐ **toll**	833	
☐ **torment**	764	
☐ torture	764	
☐ **toxic**	548	
☐ toxicity	548	
☐ toxin	548	
☐ tranquil	160	
☐ **tranquilize**	160	
☐ tranquilizer	160	

☐ **transform**	395
☐ transformation	395
☐ **transfusion**	110
☐ transmission	040
☐ **transmit**	040
☐ **transparent**	814
☐ **transplant**	063
☐ transplantation	063
☐ **trauma**	319
☐ **treat**	014, 021
☐ treatment	021
☐ tremble	275, 286
☐ **trickle**	620
☐ **trifle**	853
☐ trigger	580
☐ **trillion**	854
☐ **trivial**	865
☐ **tuberculosis**	350
☐ **tumble**	585
☐ **tumor**	048, 335
☐ turn [put] ～ to (good) account	642
☐ turn in ～	617
☐ twitch	313
☐ **typhoid**	356

U

☐ **ubiquitous**	959
☐ **ulcer**	337
☐ **ultimate**	866
☐ ultimately	866
☐ **umbilical cord**	205
☐ **unambiguous**	941, 942
☐ **unanimous**	950
☐ unanimously	950
☐ uncomfortable	256
☐ **unconscious**	141
☐ **underlie**	592
☐ underlying	592
☐ **undermine**	280
☐ understand	651
☐ **uneasy**	256
☐ **unification**	725
☐ **uniform**	868
☐ uniformity	868
☐ **unify**	618
☐ **unleash**	587
☐ **unparalleled**	971

☐ **unprecedented**	932
☐ **unpredictable**	974
☐ unsaturated fatty acid	531
☐ unwilling	820
☐ **upbringing**	838
☐ upset	241
☐ **uranium**	503
☐ urea	447
☐ **urine**	447
☐ use	613
☐ utilitarian	642
☐ utility	642
☐ utilization	642
☐ **utilize**	642
☐ **utmost**	867

V

☐ vaccinate	090
☐ **vaccine**	090
☐ vague	941, 973
☐ **valid**	749
☐ validate	749
☐ validity	749
☐ **vandalism**	759
☐ **vanity**	839
☐ **variation**	429
☐ variety	429
☐ **vector**	402
☐ **vein**	225, 226
☐ **ventilate**	012
☐ ventilation	012
☐ **verbal**	930
☐ **verge**	906
☐ **verify**	597
☐ vertebra	220
☐ vertebrate	419
☐ **vertical**	921, 922
☐ **vessel**	224
☐ **veterinarian**	057
☐ veterinary	057
☐ **vex**	664
☐ **vice**	840
☐ vicious	840, 847
☐ vicious cycle	840
☐ view	972
☐ **vigor**	766
☐ vigorous	766
☐ viral	408

- ☐ **virtually** 880
- ☐ virtue 840
- ☐ **virtuous** 847
- ☐ **virus** 408
- ☐ **visualize** 704
- ☐ **vital** 152, 369, 374, 939
- ☐ vitality 113, 939
- ☐ **void** 749, 905
- ☐ **voluntary** 955, 956
- ☐ **vomit** 288
- ☐ **vulgar** 848
- ☐ vulgarity 848
- ☐ **vulnerable** 827

W

- ☐ walker 742
- ☐ wander 653
- ☐ **wane** 612
- ☐ want 934
- ☐ **wanting** 934
- ☐ **ward** 041
- ☐ **warfare** 730
- ☐ **warrant** 588
- ☐ warranty 588
- ☐ **wasp** 409
- ☐ watch 724
- ☐ waterproof 850
- ☐ **wax** 775
- ☐ waxing and waning 612
- ☐ weaken 280, 284, 484
- ☐ wealthy 857
- ☐ **wean** 387
- ☐ **weary** 770
- ☐ **weigh** 632
- ☐ **well-being** 738
- ☐ well-known 973
- ☐ **wheelchair** 087
- ☐ **wholesome** 849
- ☐ widespread 363
- ☐ willing 820
- ☐ wise 819
- ☐ with respect to ~ 870
- ☐ **withdraw** 598
- ☐ **withhold** 611
- ☐ **withstand** 638, 702
- ☐ **womb** 230
- ☐ work 522
- ☐ **wound** 317
- ☐ wrath 252
- ☐ **wrinkle** 776
- ☐ written 930

X

- ☐ **X-ray** 068

Y

- ☐ yield 581
- ☐ young 457

Z

- ☐ **zeal** 917
- ☐ zealous 917
- ☐ zealously 917
- ☐ zest 917
- ☐ **zinc** 497

出典

010 eliminate
http://nobelprize.org/nobel_prizes/medicine/laureates/2005/presentation-speech.html

018 soothe
Dan Ferber, "How Acupuncture Pierces Chronic Pain" 〈Science NOW（ON LINE）〉May 30, 2010

023 perform
Gardiner Harris "New for Aspiring Doctors, the People Skills Test" 〈New York Times Online,2011〉10-Jul

033 stimulate
Dan Ferber "How Acupuncture Pierces Chronic Pain" 〈2010,Science NOW（ONLINE）〉May 30, 2010

035 detect
J. Madeleine Nash "Every Woman's Dilemma" 〈TIME,1997〉June 30, 1997

040 transmit
〈The Sunday Times〉

149 lethal
Alexandra Goho "Signs of Stress" 〈2008〉

242 humiliate
Kiyosaki R. T. "If you want to be rich & happy, don't go to school?: ensuring lifetime security for yourself and your children. Rev. ed." 〈1993,Farefield, CT: Aslan Publishing〉pp.145-147

243 abhor
Jagdish Bhagwati "The Wind of the Hundred Days: How Washington Mismanaged Globalization" 〈The Ecologist,2000,The MIT Press〉

273 faint
Aaron Miller "A Lesson about Life"

275 shudder
Claudia Kalb "Erasing Autism" 〈Newsweek,2009〉16-May-09

279 bleed
Lynn Rosellini 〈Reader's Digest,2007〉2007年3月号より。pp.43-44

284 impair
M. Hanson "The Goals of Medicine"

388 breed
V. S. Ramachandran 〈The Tell-Tale Brain, 2011, W.W.Norton & Company〉

389 evolve
"Life Over Time" 〈2007〉

390 degenerate
Raff, M. "New Routes into the Human Brain. Cell 139: 1209-1211" 〈2009〉

395 transform
Alan Burdick "Four Ears to the Ground" 〈Natural History〉（2002）

398 absorb
Nutrition http://www.healthline.com/galecontent/nutrition

481 analyze
Steven Mithen "The Singing Neanderthals" 〈Harvard University Press; Paperback Edition,2007〉

483 activate
Steven Johnson "Everything Bad is Good for You" Allen Lane（2005）

484 dilute
"Food & Drug Law Weekly via LawRx.com" 〈2005〉

488 react
Voice of America（http://www.voanews.com/english/news/health/）

554 slaughter
Cowley, G, "How Progress Makes Us Sick" 〈Newsweek, 2003〉May 5

555 evacuate
Jo McEntire "READ AHEAD 2"

580 provoke
Lee McIntyre "Dark Ages"

584 astonish
Kathy Marks, Daniel Howden "The World's rubbish dump: a garbage tip that stretches from Hawaii to Japan" 〈The Independent,2008,〉February 5, 2008, http://www.independent.co.uk

586 exhibit
Nicholas Wade "Can life span be extended? Biologist offer some hope" 〈The Science Times Book of Genetics〉The Lyons Press（1998）

596 design
Nicholas Wade "Can life span be extended? Biologist offer some hope" 〈The Science Times Book of Genetics〉The Lyons Press（1998）

597 verify
Martyn Shuttleworth "Falsifiability" 〈2008〉

598 withdraw
"In Spinal-Fluid Test, an Early Warning on Alzheimer's" 〈The New York Times,2010,The New York Times〉August, 2010

601 indicate
Alexandra Horowitz "Inside of a Dog" 〈2009,Scribner〉

605 suspend
2010年7月31日付け　The Japan Times 掲載　"A call for death penalty debate (Editorial)"

613 exert
Tim Harford "The Logic of Life: Uncovering the New Economics of Everything" 〈Little, Brown〉

619 accommodate
Helen Huntley "Introduction to Academic Reading" 〈2008,Cengage Learning K. K.〉 pp.70-71

628 render
M. LeBaron, V. Pillay, T. Arai "Conflict Across Culture" 〈2006,Intercultural Press〉 pp. 92-93

636 cling
Time for Kids Almanac 2009 による

642 utilize
Steve Chen 〈Sustainable Society USA,2007〉 2007-09-13, http://www.sustainablesocietyusa.com/html/SustainableSociety/ 20070913/24.html

646 astound
Andrew Buncombe "From India to Mozambique, the insect world's greatest migrant" 〈The Independent,2009〉 July 21, 2009

648 stride
David Pilling "Absolutely everything Tokyo is not" 〈Financial Times, 2007〉 December 15/16

649 foster
〈Psychology Today for a Healthier Life,2009〉 May/June 2009, Volume 42, No.3

651 perceive
Alan Burdick "Four Ears to the Ground" 〈Natural History〉 〈2002〉

652 pant
Jablonski, Nina G. "The Naked Truth" 〈2010, Scientific American〉 2月,pp.30-31

658 mourn
〈TIME,2009〉 April 6, 2009

660 perplex
Fareed Zakaria "The Post-American World" 〈2008,W. W. Norton & Company〉 pp.31-33

663 tease
Joel Assogba "Humor and laughter" 〈Shukan ST,2010〉 February 12

667 horrify
J. Peoples and G. Baily "Humanity: An Introduction to Culutural Anthropology" 〈1988,West Publishing Company〉 pp. 440-441

670 exaggerate
Jean Zukowski-Faust "Between the Lines"

671 affirm
Peter J. Bentley 〈The Undercover Scientist,2009〉

674 decipher
Dylan Evans "Emotion"

681 migrate
Garry Bassin 〈Shukan Student Times〉

682 negotiate
Robert M. March, THE JAPANESE NEGOTIATOR - Subtlety and Strategy Beyond Western Logic 〈Kodansha International, 1989〉

683 persecute
Jonathan Leake, www.timesonline.co.uk, slightly modified

684 proclaim
Beatrice S. Mikulecky & Linda Jeffries 〈More Reading Power Test Booklet,Addison Wesley Longman Inc. A Pearson Education Company〉

686 immigrate
Sam Y. Yamanaka "From Plantation Poverty to Millionaire Wealth" 〈1900〉

689 launch
V. S. Ramachandran 〈The Tell-Tale Brain, 2011,W.W.Norton & Company〉

692 acknowledge
〈The Sunday Times〉

696 assume
Anne V. Gormly "Understanding Psychology" 〈1992,Macmillan/McGraw-Hill〉

702 tolerate
Lynne Schwartz "At a Certain Age" 〈The Threepenny Review,1999〉 spring 1999

703 imply
Hugh LaFollette "Personal Relationships: Love, Identity, and Morality" 〈Oxford:Blackwell 1996〉

871 consequently
Lancet 367; 1459, 2006

872 hence
Erich Fromm 〈The Art of Loving,1956〉

873 incidentally
Yoshio Komatsu, "Norway: Roros, by Yoshio Komatsu, Bob Yampolosky 〈週刊 ST〉 〈May 9, 2003〉" ,The Japan Times

聞いて覚えるコーパス英単語

キクタン
【医学部受験】

アルクのシンボル「地球人マーク」です。
地球人ネットワークを創る

書名	キクタン 医学部受験
発行日	2013年4月22日（初版） 2024年4月3日（第4刷）
著者	井上賢一／七沢英文（YMS 代々木メディカル進学舎）
編集	文教編集部
英文執筆・校正	Peter Branscombe、Owen Schaefer
翻訳	青島律子
アートディレクション	細山田光宣
デザイン	相馬敬徳（細山田デザイン事務所）
イラスト	shimizu masashi（gaimgraphics）、REDHOT
ナレーション	Peter von Gomm、Julia Yermakov、桑島三幸
音楽制作	ハシモトカン（ジェイルハウス・ミュージック）
録音・編集	ジェイルハウス・ミュージック
CDプレス	株式会社プロスコープ
DTP	株式会社秀文社
印刷・製本	図書印刷株式会社
発行者	天野智之
発行所	株式会社アルク 〒102-0073 東京都千代田区九段北4-2-6 市ヶ谷ビル Website : https://www.alc.co.jp/

中学・高校での一括採用に関するお問い合わせ
koukou@alc.co.jp（アルクサポートセンター）

・落丁本・乱丁本は、弊社にてお取り替えいたしております。Webお問い合わせフォームにてご連絡ください。
　https://www.alc.co.jp/inquiry/
・本書の全部または一部の無断転載を禁じます。
・著作権法上で認められた場合を除いて、本書からのコピーを禁じます。
・製品サポート：https://www.alc.co.jp/usersupport/

©2013 ALC PRESS INC.
Kenichi Inoue / Hidefumi Nanasawa /
shimizu masashi（gaimgraphics）/
REDHOT / Kan Andy Hashimoto
Printed in Japan.
PC：7013039　ISBN：978-4-7574-2281-0

Profile

井上賢一
（いのうえ・けんいち）
日本大学法学部、米国BYU卒。英国A. S. Media社（現フィリピン本社）より転職の際、本当のことを言って仕事になる職業を求め、教育を選択。現在医学部専門予備校YMS英語講師。特技は説明。2005年春より花粉と闘争中。杉の生えない沖縄を愛す。

七沢英文
（ななさわ・ひでふみ）
中央大学法学部卒。数年にわたる闘病生活をきっかけに医学部専門予備校YMSの英語講師となる。教壇に立つ傍ら『Lattice　熱き医療人たち』という医師を目指す若者向けの書籍を編集。認定NPO法人「ジャパンハート」理事。熱き医療人を求めて国内外の医療現場を飛び回る。